AF286428

Theodor Storm
Der Schimmelreiter

Theodor Storm

Der Schimmelreiter

Erarbeitet von   Jelko Peters

Schroedel
westermann

Texte **. Medien**

Herausgegeben von Peter Bekes und Volker Frederking

westermann GRUPPE

© 2008 Bildungshaus Schulbuchverlage
Westermann Schroedel Diesterweg Schöningh Winklers GmbH,
Braunschweig
www.westermann.de

Das Werk und seine Teile sind urheberrechtlich geschützt. Jede Nutzung in
anderen als den gesetzlich zugelassenen bzw. vertraglich zugestandenen
Fällen bedarf der vorherigen schriftlichen Einwilligung des Verlages.
Nähere Informationen zur vertraglich gestatteten Anzahl von Kopien finden
Sie auf www.schulbuchkopie.de.
Für Verweise (Links) auf Internet-Adressen gilt folgender Haftungshinweis:
Trotz sorgfältiger inhaltlicher Kontrolle wird die Haftung für die Inhalte der
externen Seiten ausgeschlossen. Für den Inhalt dieser externen Seiten sind
ausschließlich deren Betreiber verantwortlich. Sollten Sie daher auf
kostenpflichtige, illegale oder anstößige Inhalte treffen, so bedauern wir dies
ausdrücklich und bitten Sie, uns umgehend per E-Mail davon in Kenntnis zu
setzen, damit beim Nachdruck der Verweis gelöscht wird.

Druck A 3 / Jahr 2019
Alle Drucke der Serie A sind im Unterricht parallel verwendbar.

Redaktion: Frank Sauer
Herstellung: Ira Petersohn, Ellerbek
Reihentypografie: Iris Farnschläder, Hamburg
Satz: UMP Utesch Media Processing GmbH, Hamburg
Druck und Bindung: Westermann Druck GmbH, Braunschweig
Titelbild: August Johan Strindberg (1849–1912): The Town.
© bridgemanart.com/Nationalmuseum, Stockholm, Sweden.

ISBN 978-3-507-47059-0

Inhalt

Verstehen und Deuten

Der Text folgt der Ausgabe Theodor Storm: Der Schimmelreiter. In: Theodor Storm: Sämtliche Werke in vier Bänden. Hg. von Peter Goldammer. Band 4: Novellen, Kleine Prosa. 3. Aufl. Berlin (Ost) und Weimar: Aufbau Verlag, 1972. S. 251–372.

Die Rechtschreibung und Zeichensetzung wurde den amtlichen Regeln vom August 2006 angepasst, originaler Lautstand, grammatische und niederdeutsche Eigenheiten und Eigennamen blieben unverändert.

Theodor Storm

Der Schimmelreiter _____ 1888

Was ich zu berichten beabsichtige, ist mir vor reichlich einem halben Jahrhundert im Hause meiner Urgroßmutter, der alten Frau Senator Feddersen, kundgeworden, während ich, an ihrem Lehnstuhl sitzend, mich mit dem Lesen eines in blaue Pappe eingebundenen Zeitschriftenheftes beschäftigte; ich vermag mich nicht mehr zu entsinnen, ob von den »Leipziger« oder von »Pappes Hamburger Lesefrüchten«. Noch fühl ich es gleich einem Schauer, wie dabei die linde Hand der über Achtzigjährigen mitunter liebkosend über das Haupthaar ihres Urenkels hinglitt. Sie selbst und jene Zeit sind längst begraben; vergebens auch habe ich seitdem jenen Blättern nachgeforscht, und ich kann daher um so weniger weder die Wahrheit der Tatsachen verbürgen, als, wenn jemand sie bestreiten wollte, dafür aufstehen; nur so viel kann ich versichern, dass ich sie seit jener Zeit, obgleich sie durch keinen äußeren Anlass in mir aufs Neue belebt wurden, niemals aus dem Gedächtnis verloren habe.

Es war im dritten Jahrzehnt unseres Jahrhunderts, an einem Oktobernachmittag – so begann der damalige Erzähler –, als ich bei starkem Unwetter auf einem nordfriesischen Deich entlangritt. Zur Linken hatte ich jetzt schon seit über einer Stunde die öde, bereits von allem Vieh geleerte Marsch, zur Rechten, und zwar in unbehaglichster Nähe, das Wattenmeer der Nordsee; zwar sollte man vom Deiche aus auf Halligen und Inseln sehen können; aber ich sah nichts als die gelbgrauen Wellen, die unaufhörlich wie mit Wutgebrüll an den Deich

Senator Stadtrat einer Handels- und Küstenstadt
Feddersen → S. 232
kundgeworden erzählt worden
»Leipziger« … »Pappes Hamburger Lesefrüchten« Zeitschriften
linde sanfte
verbürgen bestätigen

unseres Jahrhunderts hier: 19. Jh.

Marsch → S. 232

Hallig → S. 232

hinaufschlugen und mitunter mich und das Pferd mit schmutzigem Schaum bespritzten; dahinter wüste Dämmerung, die Himmel und Erde nicht unterscheiden ließ; denn auch der halbe Mond, der jetzt in der Höhe stand, war meist von treibendem Wolkendunkel überzogen. Es war eiskalt; meine verklommenen Hände konnten kaum den Zügel halten, und ich verdachte es nicht den Krähen und Möwen, die sich fortwährend krächzend und gackernd vom Sturm ins Land hineintreiben ließen. Die Nachtdämmerung hatte begonnen, und schon konnte ich nicht mehr mit Sicherheit die Hufen meines Pferdes erkennen; keine Menschenseele war mir begegnet, ich hörte nichts als das Geschrei der Vögel, wenn sie mich oder meine treue Stute fast mit den langen Flügeln streiften, und das Toben von Wind und Wasser. Ich leugne nicht, ich wünschte mich mitunter in sicheres Quartier.

Das Wetter dauerte jetzt in den dritten Tag, und ich hatte mich schon über Gebühr von einem mir besonders lieben Verwandten auf seinem Hofe halten lassen, den er in einer der nördlicheren Harden besaß. Heute aber ging es nicht länger; ich hatte Geschäfte in der Stadt, die auch jetzt wohl noch ein paar Stunden weit nach Süden vor mir lag, und trotz aller Überredungskünste des Vetters und seiner lieben Frau, trotz der schönen selbstgezogenen Perinette- und Grand- Richard- Äpfel, die noch zu probieren waren, am Nachmittag war ich davongeritten. »Wart nur, bis du ans Meer kommst«, hatte er noch an seiner Haustür mir nachgerufen: »Du kehrst noch wieder um; dein Zimmer wird dir vorbehalten!«

Und wirklich, einen Augenblick, als eine schwarze Wolkenschicht es pechfinster um mich machte und gleichzeitig die heulenden Böen mich samt meiner Stute vom Deich herab zu drängen suchten, fuhr es mir wohl durch den Kopf: ›Sei kein Narr! Kehr um und setz dich zu deinen Freunden ins warme Nest.‹ Dann aber fiel's mir ein, der Weg zurück war

verklommenen frierend, vor Kälte und Nässe starr

Quartier Unterkunft

Gebühr hier: übliches, statthaftes Maß *Harde* Verwaltungsbezirk

wohl noch länger als der nach meinem Reiseziel; und so trabte ich weiter, den Kragen meines Mantels um die Ohren ziehend.

Jetzt aber kam auf dem Deiche etwas gegen mich heran; ich hörte nichts; aber immer deutlicher, wenn der halbe Mond ein karges Licht herabließ, glaubte ich eine dunkle Gestalt zu erkennen, und bald, da sie näher kam, sah ich es, sie saß auf einem Pferde, einem hochbeinigen hageren Schimmel; ein dunkler Mantel flatterte um ihre Schultern, und im Vorbeifliegen sahen mich zwei brennende Augen aus einem bleichen Antlitz an.

Wer war das? Was wollte der? – Und jetzt fiel mir bei, ich hatte keinen Hufschlag, kein Keuchen des Pferdes vernommen; und Ross und Reiter waren doch hart an mir vorbeigefahren!

In Gedanken darüber ritt ich weiter, aber ich hatte nicht lange Zeit zum Denken, schon fuhr es von rückwärts wieder an mir vorbei; mir war, als streifte mich der fliegende Mantel, und die Erscheinung war, wie das erste Mal, lautlos an mir vorübergestoben. Dann sah ich sie fern und ferner vor mir; dann war's, als säh ich plötzlich ihren Schatten an der Binnenseite des Deiches hinuntergehen.

Etwas zögernd ritt ich hinterdrein. Als ich jene Stelle erreicht hatte, sah ich hart am Deich im Kooge unten das Wasser einer großen Wehle blinken – so nennen sie dort die Brüche, welche von den Sturmfluten in das Land gerissen werden und die dann meist als kleine, aber tiefgründige Teiche stehen bleiben.

Das Wasser war, trotz des schützenden Deiches, auffallend bewegt; der Reiter konnte es nicht getrübt haben; ich sah nichts weiter von ihm. Aber ein anderes sah ich, das ich mit Freuden jetzt begrüßte: vor mir, von unten aus dem Kooge, schimmerten eine Menge zerstreuter Lichtscheine zu mir her-

Antlitz
Gesicht
fiel mir bei
fiel mir ein

Binnenseite
→ S. 232

Koog
→ S. 232
Wehle
→ S. 232

auf; sie schienen aus jenen lang gestreckten friesischen Häusern zu kommen, die vereinzelt auf mehr oder minder hohen Werften lagen; dicht vor mir aber auf halber Höhe des Binnendeiches lag ein großes Haus derselben Art; an der Südseite, rechts von der Haustür, sah ich alle Fenster erleuchtet; dahinter gewahrte ich Menschen und glaubte trotz des Sturmes sie zu hören. Mein Pferd war schon von selbst auf den Weg am Deich hinabgeschritten, der mich vor die Tür des Hauses führte. Ich sah wohl, dass es ein Wirtshaus war; denn vor den Fenstern gewahrte ich die sogenannten »Ricks«, das heißt auf zwei Ständern ruhende Balken mit großen eisernen Ringen, zum Anbinden des Viehes und der Pferde, die hier haltmachten.

Ich band das meine an einen derselben und überwies es dann dem Knechte, der mir beim Eintritt in den Flur entgegenkam. »Ist hier Versammlung?«, frug ich ihn, da mir jetzt deutlich ein Geräusch von Menschenstimmen und Gläserklirren aus der Stubentür entgegendrang.

»Is wull so wat«, entgegnete der Knecht auf plattdeutsch und ich erfuhr nachher, dass dieses neben dem Friesischen hier schon seit über hundert Jahren im Schwange gewesen sei –, »Diekgraf und Gevollmächtigten un wecke von de annern Interessenten! Dat is um't hoge Water!«

Als ich eintrat, sah ich etwa ein Dutzend Männer an einem Tische sitzen, der unter den Fenstern entlanglief; eine Punschbowle stand darauf, und ein besonders stattlicher Mann schien die Herrschaft über sie zu führen.

Ich grüßte und bat, mich zu ihnen setzen zu dürfen, was bereitwillig gestattet wurde. »Sie halten hier die Wacht!«, sagte ich, mich zu jenem Manne wendend, »es ist bös Wetter draußen; die Deiche werden ihre Not haben!«

»Gewiss«, erwiderte er, »wir, hier an der Ostseite, aber glauben, jetzt außer Gefahr zu sein; nur drüben an der andern Seite

Werfte
→ S. 232

gewahrte
vermutete

Ricks
→ S. 232

frug
alte Form von
»fragte«

Is wull so wat
Das mag so sein

im Schwange sein
üblich, bekannt
sein
Diekgraf …
Water
→ S. 232
Deichgraf
→ S. 232
Gevollmächtigter
→ S. 232

bös Wetter
Sturm

ist's nicht sicher, die Deiche sind dort meist noch mehr nach altem Muster; unser Hauptdeich ist schon im vorigen Jahrhundert umgelegt. – Uns ist vorhin da draußen kalt geworden, und Ihnen«, setzte er hinzu, »wird es ebenso gegangen sein; aber wir müssen hier noch ein paar Stunden aushalten; wir haben sichere Leute draußen, die uns Bericht erstatten.« Und ehe ich meine Bestellung bei dem Wirte machen konnte, war schon ein dampfendes Glas mir hingeschoben.

umgelegt
angepasst

Ich erfuhr bald, dass mein freundlicher Nachbar der Deichgraf sei; wir waren ins Gespräch gekommen, und ich hatte begonnen, ihm meine seltsame Begegnung auf dem Deiche zu erzählen. Er wurde aufmerksam, und ich bemerkte plötzlich, dass alles Gespräch umher verstummt war. »Der Schimmelreiter!«, rief einer aus der Gesellschaft, und eine Bewegung des Erschreckens ging durch die übrigen.

Der Deichgraf war aufgestanden. »Ihr braucht nicht zu erschrecken«, sprach er über den Tisch hin, »das ist nicht bloß für uns; Anno 17 hat es auch denen drüben gegolten; mögen sie auf alles vorgefasst sein!«

Anno 17
im Jahr 1717

Mich wollte nachträglich ein Grauen überlaufen. »Verzeiht!«, sprach ich, »was ist das mit dem Schimmelreiter?«

Abseits hinter dem Ofen, ein wenig gebückt, saß ein kleiner hagerer Mann in einem abgeschabten schwarzen Röcklein; die eine Schulter schien ein wenig ausgewachsen. Er hatte mit keinem Worte an der Unterhaltung der andern teilgenommen, aber seine bei dem spärlichen grauen Haupthaar noch immer mit dunklen Wimpern besäumten Augen zeigten deutlich, dass er nicht zum Schlaf hier sitze.

Röcklein
kurzer Mantel
ausgewachsen
schief, krumm

besäumt
bewachsen

Gegen diesen streckte der Deichgraf seine Hand. »Unser Schulmeister«, sagte er mit erhobener Stimme, »wird von uns hier Ihnen das am besten erzählen können; freilich nur in seiner Weise und nicht so richtig, wie zu Haus meine alte Wirtschafterin Antje Vollmers es beschaffen würde.«

Drachen
hier: schreck-
liche Frau

»Ihr scherzet, Deichgraf!«, kam die etwas kränkliche Stimme des Schulmeisters hinter dem Ofen hervor, »dass Ihr mir
Euern dummen Drachen wollt zur Seite stellen!«

»Ja, ja, Schulmeister!«, erwiderte der andere, »aber bei den
Drachen sollen derlei Geschichten am besten in Verwahrung
sein!«

»Freilich!«, sagte der kleine Herr, »wir sind hierin nicht
ganz derselben Meinung«, und ein überlegenes Lächeln glitt
über das feine Gesicht.

»Sie sehen wohl«, raunte der Deichgraf mir ins Ohr, »er ist
immer noch ein wenig hochmütig; er hat in seiner Jugend einmal Theologie studiert und ist nur einer verfehlten Brautschaft wegen hier in seiner Heimat als Schulmeister behangen
geblieben.«

verfehlten
Brautschaft
aufgelöste
Verlobung
behangen
geblieben
nicht mehr fort
gekommen

Dieser war inzwischen aus seiner Ofenecke hervorgekom-
men und hatte sich neben mir an den langen Tisch gesetzt.
»Erzählt, erzählt nur, Schulmeister«, riefen ein paar der Jüngeren aus der Gesellschaft.

»Nun freilich«, sagte der Alte, sich zu mir wendend, »will
ich gern zu Willen sein; aber es ist viel Aberglaube dazwischen
und eine Kunst, es ohne diesen zu erzählen.«

zu Willen sein
übernehmen

»Ich muss Euch bitten, den nicht auszulassen«, erwiderte
ich, »traut mir nur zu, dass ich schon selbst die Spreu vom
Weizen sondern werde!«

Spreu vom
Weizen sondern
hier: Wahres
vom Unwahren
trennen
Mitte des vorigen
Jahrhunderts
um 1750

Der Alte sah mich mit verständnisvollem Lächeln an.
„Nun also!", sagte er. „In der Mitte des vorigen Jahrhunderts,
oder vielmehr, um genauer zu bestimmen, vor und nach derselben, gab es hier einen Deichgrafen, der von Deich- und
Sielsachen mehr verstand, als Bauern und Hofbesitzer sonst
zu verstehen pflegen; aber es reichte doch wohl kaum, denn
was die studierten Fachleute darüber niedergeschrieben, davon hatte er wenig gelesen; sein Wissen hatte er sich, wenn
auch von Kindesbeinen an, nur selber ausgesonnen. Ihr hörtet

Siel
Schleuse im
Deich zum
Ablassen von
Wasser
ausgesonnen
ausgedacht

wohl schon, Herr, die Friesen rechnen gut, und habet auch
wohl schon über unsern Hans Mommsen von Fahretoft reden
hören, der ein Bauer war und doch Bussolen und Seeuhren,
Teleskopen und Orgeln machen konnte. Nun, ein Stück von
solch einem Manne war auch der Vater des nachherigen
Deichgrafen gewesen; freilich wohl nur ein kleines. Er hatte
ein paar Fennen, wo er Raps und Bohnen baute, auch eine
Kuh graste, ging unterweilen im Herbst und Frühjahr auch
aufs Landmessen und saß im Winter, wenn der Nordwest von
draußen kam und an seinen Läden rüttelte, zu ritzen und zu
prickeln, in seiner Stube. Der Junge saß meist dabei und sah
über seine Fibel oder Bibel weg dem Vater zu, wie er maß und
berechnete, und grub sich mit der Hand in seinen blonden
Haaren. Und eines Abends frug er den Alten, warum denn
das, was er eben hingeschrieben hatte, gerade so sein müsse
und nicht anders sein könne, und stellte dann eine eigene Meinung darüber auf. Aber der Vater, der darauf nicht zu antworten wusste, schüttelte den Kopf und sprach: »Das kann ich dir
nicht sagen; genug, es ist so, und du selber irrst dich. Willst du
mehr wissen, so suche morgen aus der Kiste, die auf unserm
Boden steht, ein Buch, einer, der Euklid hieß, hat's geschrieben; das wird's dir sagen!«
– – Der Junge war tags darauf zum Boden gelaufen und
hatte auch bald das Buch gefunden; denn viele Bücher gab es
überhaupt nicht in dem Hause; aber der Vater lachte, als er es
vor ihm auf den Tisch legte. Es war ein holländischer Euklid,
und Holländisch, wenngleich es doch halb Deutsch war, verstanden alle beide nicht. »Ja, ja«, sagte er, »das Buch ist noch
von meinem Vater, der verstand es; ist denn kein deutscher
da?«
Der Junge, der von wenig Worten war, sah den Vater ruhig
an und sagte nur: »Darf ich's behalten? Ein deutscher ist nicht
da.«

Hans Mommsen
→ S. 233
Bussolen
Kompass
nachherigen
späteren
Fenne
→ S. 233
Landmessen
ausmessen von
Land
Nordwest
Sturm aus Nord-
westen
Läden
Fensterläden
ritzen
hier: zeichnen
prickeln
stechen, sticheln
Fibel
erstes Lesebuch

Euklid
→ S. 233

Und als der Alte nickte, wies er noch ein zweites, halb zerrissenes Büchlein vor. »Auch das?«, frug er wieder.

»Nimm sie alle beide!«, sagte Tede Haien, »sie werden dir nicht viel nützen.«

Aber das zweite Buch war eine kleine holländische Grammatik, und da der Winter noch lange nicht vorüber war, so hatte es, als endlich die Stachelbeeren in ihrem Garten wieder blühten, dem Jungen schon so weit geholfen, dass er den Euklid, welcher damals stark im Schwange war, fast überall verstand.

Es ist mir nicht unbekannt, Herr«, unterbrach sich der Erzähler, »dass dieser Umstand auch von Hans Mommsen erzählt wird; aber vor dessen Geburt ist hier bei uns schon die Sache von Hauke Haien – so hieß der Knabe – berichtet worden. Ihr wisset auch wohl, es braucht nur einmal ein Größerer zu kommen, so wird ihm alles aufgeladen, was in Ernst oder Schimpf seine Vorgänger einst mögen verübt haben.

Als der Alte sah, dass der Junge weder für Kühe noch Schafe Sinn hatte und kaum gewahrte, wenn die Bohnen blühten, was doch die Freude von jedem Marschmann ist, und weiterhin bedachte, dass die kleine Stelle wohl mit einem Bauer und einem Jungen, aber nicht mit einem Halbgelehrten und einem Knecht bestehen könne, ingleichen, dass er auch selber nicht auf einen grünen Zweig gekommen sei, so schickte er seinen großen Jungen an den Deich, wo er mit andern Arbeitern von Ostern bis Martini Erde karren musste. ›Das wird ihn vom Euklid kurieren‹, sprach er bei sich selber.

Und der Junge karrte; aber den Euklid hatte er allzeit in der Tasche, und wenn die Arbeiter ihr Frühstück oder Vesper aßen, saß er auf seinem umgestülpten Schubkarren mit dem Buche in der Hand. Und wenn im Herbst die Fluten höher stiegen und manch ein Mal die Arbeit eingestellt werden musste, dann ging er nicht mit den andern nach Haus, sondern

Schimpf
Scherz

ingleichen
in gleicher Weise

Martini
→ S. 233
kurieren
heilen

Vesper
Abendbrot

blieb, die Hände über die Knie gefaltet, an der abfallenden Seeseite des Deiches sitzen und sah stundenlang zu, wie die trüben Nordseewellen immer höher an die Grasnarbe des Deiches hinaufschlugen; erst wenn ihm die Füße überspült waren und der Schaum ihm ins Gesicht spritzte, rückte er ein paar Fuß höher und blieb dann wieder sitzen. Er hörte weder das Klatschen des Wassers noch das Geschrei der Möwen und Strandvögel, die um oder über ihm flogen und ihn fast mit ihren Flügeln streiften, mit den schwarzen Augen in die seinen blitzend; er sah auch nicht, wie vor ihm über die weite, wilde Wasserwüste sich die Nacht ausbreitete; was er allein hier sah, war der brandende Saum des Wassers, der, als die Flut stand, mit hartem Schlage immer wieder dieselbe Stelle traf und vor seinen Augen die Grasnarbe des steilen Deiches auswusch.

Nach langem Hinstarren nickte er wohl langsam mit dem Kopfe oder zeichnete, ohne aufzusehen, mit der Hand eine weiche Linie in die Luft, als ob er dem Deiche damit einen sanfteren Abfall geben wollte. Wurde es so dunkel, dass alle Erdendinge vor seinen Augen verschwanden und nur die Flut ihm in die Ohren donnerte, dann stand er auf und trabte halb durchnässt nach Hause.

Als er so eines Abends zu seinem Vater in die Stube trat, der an seinen Messgeräten putzte, fuhr dieser auf: »Was treibst du draußen? Du hättest ja versaufen können; die Wasser beißen heute in den Deich.«

Hauke sah ihn trotzig an.

– »Hörst du mich nicht? Ich sag, du hättst versaufen können.«

»Ja«, sagte Hauke, »ich bin doch nicht versoffen!«

»Nein«, erwiderte nach einer Weile der Alte und sah ihm wie abwesend ins Gesicht – »diesmal noch nicht.«

»Aber«, sagte Hauke wieder, »unsere Deiche sind nichts wert!«

Grasnarbe
Gras- oder
Rasendecke,
Oberfläche

brandende Saum
Brandung,
Wellen

versaufen
ertrinken

– »Was für was, Junge?«

»Die Deiche, sag ich!«

– »Was sind die Deiche?«

»Sie taugen nichts, Vater!«, erwiderte Hauke.

Der Alte lachte ihm ins Gesicht. »Was denn, Junge? Du bist wohl das Wunderkind aus Lübeck!«

Aber der Junge ließ sich nicht irren. »Die Wasserseite ist zu steil«, sagte er, »wenn es einmal kommt, wie es mehr als einmal schon gekommen ist, so können wir hier auch hinterm Deich ersaufen!«

Der Alte holte seinen Kautabak aus der Tasche, drehte einen Schrot ab und schob ihn hinter die Zähne. »Und wie viel Karren hast du heut geschoben?«, frug er ärgerlich; denn er sah wohl, dass auch die Deicharbeit bei dem Jungen die Denkarbeit nicht hatte vertreiben können.

»Weiß nicht, Vater«, sagte dieser, »so, was die andern machten; vielleicht ein halbes Dutzend mehr; aber – die Deiche müssen anders werden!«

»Nun«, meinte der Alte und stieß ein Lachen aus, »du kannst es ja vielleicht zum Deichgraf bringen; dann mach sie anders!«

»Ja, Vater!«, erwiderte der Junge.

Der Alte sah ihn an und schluckte ein paarmal; dann ging er aus der Tür; er wusste nicht, was er dem Jungen antworten sollte.

Auch als zu Ende Oktobers die Deicharbeit vorbei war, blieb der Gang nordwärts nach dem Haff hinaus für Hauke Haien die beste Unterhaltung; den Allerheiligentag, um den herum die Äquinoktialstürme zu tosen pflegen, von dem wir sagen, dass Friesland ihn wohl beklagen mag, erwartete er, wie heut die Kinder, das Christfest. Stand eine Springflut bevor, so konnte man sicher sein, er lag trotz Sturm und Wetter weit

das Wunderkind
aus Lübeck
→ S. 233

Schrot
Stück vom
Kautabak

Haff
hier: Meer
Allerheiligentag
1. November
Äquinoktial-
stürme
→ S. 233
Springflut
→ S. 233

draußen am Deiche mutterseelenallein; und wenn die Möwen gackerten, wenn die Wasser gegen den Deich tobten und beim Zurückrollen ganze Fetzen von der Grasdecke mit ins Meer hinabrissen, dann hätte man Haukes zorniges Lachen hören können. »Ihr könnt nichts Rechtes«, schrie er in den Lärm hinaus, »so wie die Menschen auch nichts können!« Und endlich, oft im Finstern, trabte er aus der weiten Öde den Deich entlang nach Hause, bis seine aufgeschossene Gestalt die niedrige Tür unter seines Vaters Rohrdach erreicht hatte und darunter durch in das kleine Zimmer schlüpfte.

Manchmal hatte er eine Faust voll Kleierde mitgebracht; dann setzte er sich neben den Alten, der ihn jetzt gewähren ließ, und knetete bei dem Schein der dünnen Unschlittkerze allerlei Deichmodelle, legte sie in ein flaches Gefäß mit Wasser und suchte darin die Ausspülung der Wellen nachzumachen, oder er nahm seine Schiefertafel und zeichnete darauf das Profil der Deiche nach der Seeseite, wie es nach seiner Meinung sein musste.

Mit denen zu verkehren, die mit ihm auf der Schulbank gesessen hatten, fiel ihm nicht ein; auch schien es, als ob ihnen an dem Träumer nichts gelegen sei. Als es wieder Winter geworden und der Frost hereingebrochen war, wanderte er noch weiter, wohin er früher nie gekommen, auf den Deich hinaus, bis die unabsehbare eisbedeckte Fläche der Watten vor ihm lag.

Im Februar bei dauerndem Frostwetter wurden angetriebene Leichen aufgefunden; draußen am offenen Haff auf den gefrorenen Watten hatten sie gelegen. Ein junges Weib, die dabei gewesen war, als man sie in das Dorf geholt hatte, stand redselig vor dem alten Haien. »Glaubt nicht, dass sie wie Menschen aussahen«, rief sie, »nein, wie die Seeteufel! So große Köpfe«, und sie hielt die ausgespreizten Hände von weitem gegeneinander, »gnidderschwarz und blank, wie

Öde
flache, unendliche Ebene
Rohrdach
Reetdach, Dach aus Schilfrohr
Kleierde
Klei, fette, fruchtbare Erde der Marsch
Unschlittkerze
Kerze aus tierischem Fett, Talglicht

Profil
Quer- und Längenschnitt eines Deichs

Watten
→ S. 233

Seeteufel
Fischart mit großem Kopf
gnidderschwarz
pechschwarz

frischgebacken Brot! Und die Krabben hatten sie angeknabbert; und die Kinder schrien laut, als sie sie sahen!«

just
gerade, eben

Dem alten Haien war so was just nichts Neues. »Sie haben wohl seit November schon in See getrieben!«, sagte er gleichmütig. Hauke stand schweigend daneben; aber sobald er konnte, schlich er sich auf den Deich hinaus; es war nicht zu sagen, wollte er noch nach weiteren Toten suchen, oder zog ihn nur das Grauen, das noch auf den jetzt verlassenen Stellen brüten musste. Er lief weiter und weiter, bis er einsam in der Öde stand, wo nur die Winde über den Deich wehten, wo nichts war als die klagenden Stimmen der großen Vögel, die rasch vorüberschossen; zu seiner Linken die leere weite Marsch, zur andern Seite der unabsehbare Strand mit seiner jetzt vom Eise schimmernden Fläche der Watten; es war, als liege die ganze Welt in weißem Tod.

Hauke blieb oben auf dem Deiche stehen, und seine scharfen Augen schweiften weit umher; aber von Toten war nichts mehr zu sehen; nur wo die unsichtbaren Wattströme sich darunter drängten, hob und senkte die Eisfläche sich in stromartigen Linien.

Er lief nach Hause; aber an einem der nächsten Abende war er wiederum da draußen. Auf jenen Stellen war jetzt das Eis gespalten; wie Rauchwolken stieg es aus den Rissen, und über das ganze Watt spann sich ein Netz von Dampf und Nebel, das sich seltsam mit der Dämmerung des Abends mischte. Hauke sah mit starren Augen darauf hin; denn in dem Nebel schritten dunkle Gestalten auf und ab, sie schienen ihm so groß wie Menschen. Würdevoll, aber mit seltsamen, erschreckenden Gebärden; mit langen Nasen und Hälsen sah er sie fern an den rauchenden Spalten auf und ab spazieren; plötzlich begannen sie wie Narren unheimlich auf und ab zu springen, die großen über die kleinen und die kleinen gegen die großen; dann breiteten sie sich aus und verloren alle Form.

›Was wollen die? Sind es die Geister der Ertrunkenen?‹, dachte Hauke. »Hoiho!«, schrie er laut in die Nacht hinaus; aber die draußen kehrten sich nicht an seinen Schrei, sondern trieben ihr wunderliches Wesen fort.

Da kamen ihm die furchtbaren norwegischen Seegespenster in den Sinn, von denen ein alter Kapitän ihm einst erzählt hatte, die statt des Angesichts einen stumpfen Pull von Seegras auf dem Nacken tragen; aber er lief nicht fort, sondern bohrte die Hacken seiner Stiefel fest in den Klei des Deiches und sah starr dem possenhaften Unwesen zu, das in der einfallenden Dämmerung vor seinen Augen fortspielte. »Seid ihr auch hier bei uns?«, sprach er mit harter Stimme, »ihr sollt mich nicht vertreiben!«

Erst als die Finsternis alles bedeckte, schritt er steifen, langsamen Schrittes heimwärts. Aber hinter ihm drein kam es wie Flügelrauschen und hallendes Geschrei. Er sah nicht um; aber er ging auch nicht schneller und kam erst spät nach Hause; doch niemals soll er seinem Vater oder einem andern davon erzählt haben. Erst viele Jahre später hat er sein blödes Mädchen, womit später der Herrgott ihn belastete, um dieselbe Tages- und Jahreszeit mit sich auf den Deich hinausgenommen, und dasselbe Wesen soll sich derzeit draußen auf den Watten gezeigt haben; aber er hat ihr gesagt, sie solle sich nicht fürchten, das seien nur die Fischreiher und die Krähen, die im Nebel so groß und fürchterlich erschienen; die holten sich die Fische aus den offenen Spalten.

»Weiß Gott, Herr!«, unterbrach sich der Schulmeister, »es gibt auf Erden allerlei Dinge, die ein ehrlich Christenherz verwirren können; aber der Hauke war weder ein Narr noch ein Dummkopf.«

Da ich nichts erwiderte, wollte er fortfahren; aber unter den übrigen Gästen, die bisher lautlos zugehört hatten, nur mit dichterem Tabaksqualm das niedrige Zimmer füllend,

einst
früher
Pull
Kopf

possenhaft
spaßig, komisch,
verdreht

blöd
hier: geistig
zurückgeblieben

entstand eine plötzliche Bewegung; erst einzelne, dann fast alle wandten sich dem Fenster zu. Draußen – man sah es durch die unverhangenen Fenster – trieb der Sturm die Wolken, und Licht und Dunkel jagten durcheinander; aber auch mir war es, als hätte ich den hageren Reiter auf seinem Schimmel vorbeisausen gesehen.

»Wart Er ein wenig, Schulmeister!«, sagte der Deichgraf leise.

»Ihr braucht Euch nicht zu fürchten, Deichgraf!«, erwiderte der kleine Erzähler, »ich habe ihn nicht geschmäht und hab auch dessen keine Ursach«, und er sah mit seinen kleinen, klugen Augen zu ihm auf.

»Ja, ja«, meinte der andere, »lass Er Sein Glas nur wieder füllen.« Und nachdem das geschehen war und die Zuhörer, meist mit etwas verdutzten Gesichtern, sich wieder zu ihm gewandt hatten, fuhr er in seiner Geschichte fort:

„So für sich, und am liebsten nur mit Wind und Wasser und mit den Bildern der Einsamkeit verkehrend, wuchs Hauke zu einem langen, hageren Burschen auf. Er war schon über ein Jahr lang eingesegnet, da wurde es auf einmal anders mit ihm, und das kam von dem alten weißen Angorakater, welchen der alten Trin' Jans einst ihr später verunglückter Sohn von seiner spanischen Seereise mitgebracht hatte. Trin' wohnte ein gut Stück hinaus auf dem Deiche in einer kleinen Kate, und wenn die Alte in ihrem Hause herum arbeitete, so pflegte diese Uniform von einem Kater vor der Haustür zu sitzen und in den Sommertag und nach den vorüberfliegenden Kiebitzen hinaus zu blinzeln. Ging Hauke vorbei, so mauzte der Kater ihn an, und Hauke nickte ihm zu; die beiden wussten, was sie miteinander hatten.

Nun aber war's einmal im Frühjahr, und Hauke lag nach seiner Gewohnheit oft draußen am Deich, schon weiter unten dem Wasser zu, zwischen Strandnelken und dem duftenden

Seewermut, und ließ sich von der schon kräftigen Sonne bescheinen. Er hatte sich tags zuvor droben auf der Geest die Taschen voll von Kieseln gesammelt, und als in der Ebbezeit die Watten bloßgelegt waren und die kleinen grauen Strand-
5 läufer schreiend darüber hinhuschten, holte er jählings einen Stein hervor und warf ihn nach den Vögeln. Er hatte das von Kindesbeinen an geübt, und meistens blieb einer auf dem Schlicke liegen; aber ebenso oft war er dort auch nicht zu holen; Hauke hatte schon daran gedacht, den Kater mitzuneh-
10 men und als apportierenden Jagdhund zu dressieren. Aber es gab auch hier und dort feste Stellen oder Sandlager; solchenfalls lief er hinaus und holte sich seine Beute selbst. Saß der Kater bei seiner Rückkehr noch vor der Haustür, dann schrie das Tier vor nicht zu bergender Raubgier so lange, bis Hauke
15 ihm einen der erbeuteten Vögel zuwarf.

Als er heute, seine Jacke auf der Schulter, heimging, trug er nur einen ihm noch unbekannten, aber wie mit bunter Seide und Metall gefiederten Vogel mit nach Hause, und der Kater mauzte wie gewöhnlich, als er ihn kommen sah. Aber Hauke
20 wollte seine Beute – es mag ein Eisvogel gewesen sein – diesmal nicht hergeben und kehrte sich nicht an die Gier des Tieres. »Umschicht!«, rief er ihm zu, »heute mir, morgen dir; das hier ist kein Katerfressen!« Aber der Kater kam vorsichtigen Schrittes herangeschlichen; Hauke stand und sah ihn an,
25 der Vogel hing an seiner Hand, und der Kater blieb mit erhobener Tatze stehen. Doch der Bursche schien seinen Katzenfreund noch nicht so ganz zu kennen; denn während er ihm seinen Rücken zugewandt hatte und eben fürbass wollte, fühlte er mit einem Ruck die Jagdbeute sich entrissen, und
30 zugleich schlug eine scharfe Kralle ihm ins Fleisch. Ein Grimm, wie gleichfalls eines Raubtiers, flog dem jungen Menschen ins Blut; er griff wie rasend um sich und hatte den Räuber schon am Genicke gepackt. Mit der Faust hielt er das

Geest
im Gegensatz zur Marsch höheres, sandiges Land
jählings
plötzlich

Schlick
grauer Boden des Wattenmeers

umschicht
umgekehrt

fürbass
weiter

Grimm
Zorn, Wut

mächtige Tier empor und würgte es, dass die Augen ihm aus den rauen Haaren vorquollen, nicht achtend, dass die starken Hintertatzen ihm den Arm zerfleischten. »Hoiho!«, schrie er und packte ihn noch fester, »wollen sehen, wer's von uns beiden am längsten aushält!«

Plötzlich fielen die Hinterbeine der großen Katze schlaff herunter, und Hauke ging ein paar Schritte zurück und warf sie gegen die Kate der Alten. Da sie sich nicht rührte, wandte er sich und setzte seinen Weg nach Hause fort.

Aber der Angorakater war das Kleinod seiner Herrin; er war ihr Geselle und das einzige, was ihr Sohn, der Matrose, ihr nachgelassen hatte, nachdem er hier an der Küste seinen jähen Tod gefunden hatte, da er im Sturm seiner Mutter beim Porrenfangen hatte helfen wollen. Hauke mochte kaum hundert Schritte weiter getan haben, während er mit einem Tuch das Blut aus seinen Wunden auffing, als schon von der Kate her ihm ein Geheul und Zetern in die Ohren gellte. Da wandte er sich und sah davor das alte Weib am Boden liegen das greise Haar flog ihr im Winde um das rote Kopftuch. »Tot!«, rief sie, »tot!« und erhob dräuend ihren mageren Arm gegen ihn: »Du sollst verflucht sein! Du hast ihn totgeschlagen, du nichtsnutziger Strandläufer; du warst nicht wert, ihm seinen Schwanz zu bürsten!« Sie warf sich über das Tier und wischte zärtlich mit ihrer Schürze ihm das Blut fort, das noch aus Nas' und Schnauze rann; dann hob sie aufs Neue an zu zetern.

»Bist du bald fertig?«, rief Hauke ihr zu, »dann lass dir sagen: Ich will dir einen Kater schaffen, der mit Maus- und Rattenblut zufrieden ist!«

Darauf ging er, scheinbar auf nichts mehr achtend, fürbass. Aber die tote Katze musste ihm doch im Kopfe Wirrsal machen, denn er ging, als er zu den Häusern gekommen war, dem seines Vaters und auch den übrigen vorbei und eine weite Strecke noch nach Süden auf dem Deich der Stadt zu.

Kleinod
Schatz, kostbarer Besitz

jähen
plötzlichen, schnellen Tod
Porrenfangen
Krabbenfang

Zetern
anklagende Rufe
gellte
widerhallte, klang
dräuend
drohend

Wirrsal
Durcheinander

Inmittelst wanderte auch Trin' Jans auf demselben in der gleichen Richtung; sie trug in einem alten blaukarierten Kissenüberzug eine Last in ihren Armen, die sie sorgsam, als wär's ein Kind, umklammerte; ihr greises Haar flatterte in dem leichten Frühlingswind. »Was schleppt Sie da, Trina?«, frug ein Bauer, der ihr entgegenkam. »Mehr als dein Haus und Hof«, erwiderte die Alte; dann ging sie eifrig weiter. Als sie dem unten liegenden Hause des alten Haien nahe kam, ging sie den Akt, wie man bei uns die Trift- und Fußwege nennt, die schräg an der Seite des Deiches hinab- oder hinaufführen, zu den Häusern hinunter.

Der alte Tede Haien stand eben vor der Tür und sah ins Wetter. »Na, Trin'!«, sagte er, als sie pustend vor ihm stand und ihren Krückstock in die Erde bohrte, »was bringt Sie Neues in Ihrem Sack?«

»Erst lass mich in die Stube, Tede Haien! Dann soll Er's sehen!« Und ihre Augen sahen ihn mit seltsamem Funkeln an.

»So komm Sie!«, sagte der Alte. Was gingen ihn die Augen des dummen Weibes an!

Und als beide eingetreten waren, fuhr sie fort: »Bring Er den alten Tabakskasten und das Schreibzeug von dem Tisch – Was hat Er denn immer zu schreiben? – So; und nun wisch Er ihn sauber ab!«

Und der Alte, der fast neugierig wurde, tat alles, was sie sagte; dann nahm sie den blauen Überzug bei beiden Zipfeln und schüttete daraus den großen Katerleichnam auf den Tisch. »Da hat Er ihn!«, rief sie, »Sein Hauke hat ihn totgeschlagen.« Hierauf aber begann sie ein bitterliches Weinen; sie streichelte das dicke Fell des toten Tieres, legte ihm die Tatzen zusammen, neigte ihre lange Nase über dessen Kopf und raunte ihm unverständliche Zärtlichkeiten in die Ohren.

inmittelst
mittendrin

Akt
schräge Auffahrt
zum Deich
Triftweg
Weideweg,
Trampelpfad

Tede Haien sah dem zu. »So«, sagte er, »Hauke hat ihn totgeschlagen?« Er wusste nicht, was er mit dem heulenden Weibe machen sollte.

Die Alte nickte ihn grimmig an: »Ja, ja; so Gott, das hat er getan!« Und sie wischte sich mit ihrer von Gicht verkrümmten Hand das Wasser aus den Augen. »Kein Kind, kein Lebigs mehr!« klagte sie. »Und Er weiß es ja wohl auch, uns Alten, wenn's nach Allerheiligen kommt, frieren abends im Bett die Beine, und statt zu schlafen, hören wir den Nordwest an unseren Fensterläden rappeln. Ich hör's nicht gern, Tede Haien, er kommt daher, wo mein Junge mir im Schlick versank.«

Tede Haien nickte, und die Alte streichelte das Fell ihres toten Katers. »Der aber«, begann sie wieder, »wenn ich winters am Spinnrad saß, dann saß er bei mir und spann auch und sah mich an mit seinen grünen Augen! Und kroch ich, wenn's mir kalt wurde, in mein Bett – es dauerte nicht lang, so sprang er zu mir und legte sich auf meine frierenden Beine, und wir schliefen so warm mitsammen, als hätte ich noch meinen jungen Schatz im Bett!« Die Alte, als suche sie bei dieser Erinnerung nach Zustimmung, sah den neben ihr am Tische stehenden Alten mit ihren funkelnden Augen an.

Tede Haien aber sagte bedächtig: »Ich weiß Ihr einen Rat, Trin' Jans«, und er ging nach seiner Schatulle und nahm eine Silbermünze aus der Schublade – »Sie sagt, dass Hauke Ihr das Tier vom Leben gebracht hat, und ich weiß, Sie lügt nicht; aber hier ist ein Krontaler von Christian dem Vierten; damit kauf Sie sich ein gegerbtes Lammfell für Ihre kalten Beine! Und wenn unsere Katze nächstens Junge wirft, so mag Sie sich das größte davon aussuchen, das zusammen tut wohl einen altersschwachen Angorakater! Und nun nehm Sie das Vieh und bring Sie es meinethalb an den Racker in der Stadt, und halt Sie das Maul, dass es hier auf meinem ehrlichen Tisch gelegen hat!«

Während dieser Rede hatte das Weib schon nach dem Taler gegriffen und ihn in einer kleinen Tasche geborgen, die sie unter ihren Röcken trug; dann stopfte sie den Kater wieder in das Bettbühr, wischte mit ihrer Schürze die Blutflecken von dem Tisch und stakte zur Tür hinaus. »Vergiss Er mir nur den jungen Kater nicht!«, rief sie noch zurück.

–– Eine Weile später, als der alte Haien in dem engen Stüblein auf und ab schritt, trat Hauke herein und warf seinen bunten Vogel auf den Tisch; als er aber auf der weißgescheuerten Platte den noch kennbaren Blutfleck sah, frug er, wie beiläufig: »Was ist denn das?«

Der Vater blieb stehen: »Das ist Blut, was du hast fließen machen!«

Dem Jungen schoss es doch heiß ins Gesicht: »Ist denn Trin' Jans mit ihrem Kater hier gewesen?«

Der Alte nickte: »Weshalb hast du ihr den totgeschlagen?«

Hauke entblößte seinen blutigen Arm. »Deshalb«, sagte er, »er hatte mir den Vogel fortgerissen!«

Der Alte sagte nichts hierauf; er begann eine Zeitlang wieder auf und ab zu gehen; dann blieb er vor dem Jungen stehn und sah eine Weile wie abwesend auf ihn hin. »Das mit dem Kater hab ich rein gemacht«, sagte er dann, »aber, siehst du, Hauke, die Kate ist hier zu klein; zwei Herren können darauf nicht sitzen – es ist nun Zeit, du musst dir einen Dienst besorgen!«

»Ja, Vater«, entgegnete Hauke, »hab dergleichen auch gedacht.«

»Warum?«, frug der Alte.

– »Ja, man wird grimmig in sich, wenn man's nicht an einem ordentlichen Stück Arbeit auslassen kann.«

»So?«, sagte der Alte, »und darum hast du den Angorer totgeschlagen? Das könnte leicht noch schlimmer werden!«

Bettbühr
Bettüberzug

kennbaren
sichtbaren

grimmig
zornig

Kleinknecht
unterer Knecht,
der dem
Großknecht
untersteht
Tabaksjauche
→ S. 233

*Deich- und Siel-
rechnungen*
→ S. 234
Met
Honigbier

– »Er mag wohl Recht haben, Vater; aber der Deichgraf hat seinen Kleinknecht fortgejagt; das könnt ich schon verrichten!«

Der Alte begann wieder auf und ab zu gehen und spritzte dabei die schwarze Tabaksjauche von sich. »Der Deichgraf ist ein Dummkopf, dumm wie 'ne Saatgans! Er ist nur Deichgraf, weil sein Vater und Großvater es gewesen sind, und wegen seiner neunundzwanzig Fennen. Wenn Martini herankommt und hernach die Deich- und Sielrechnungen abgetan werden müssen, dann füttert er den Schulmeister mit Gansbraten und Met und Weizenkringeln und sitzt dabei und nickt, wenn der mit seiner Feder die Zahlenreihen hinunterläuft, und sagt: ›Ja, ja, Schulmeister, Gott vergönn's Ihm! Was kann Er rechnen?‹ Wenn aber einmal der Schulmeister nicht kann oder auch nicht will, dann muss er selber dran und sitzt und schreibt und streicht wieder aus, und der große dumme Kopf wird ihm rot und heiß, und die Augen quellen wie Glaskugeln, als wollte das bisschen Verstand da hinaus.«

Der Junge stand gerade auf vor dem Vater und wunderte sich, was der reden könne; so hatte er's noch nicht von ihm gehört. »Ja, Gott tröst!«, sagte er, »dumm ist er wohl; aber seine Tochter Elke, die kann rechnen!«

Ahoi
seemännisches
Signal- und
Begrüßungswort

Der Alte sah ihn scharf an. »Ahoi, Hauke«, rief er, »was weißt du von Elke Volkerts?«

– »Nichts, Vater; der Schulmeister hat's mir nur erzählt.«

Der Alte antwortete nicht darauf; er schob nur bedächtig seinen Tabaksknoten aus einer Backe hinter die andere.

»Und du denkst«, sagte er dann, »du wirst dort auch mitrechnen können.«

»O ja, Vater, das möcht schon gehen«, erwiderte der Sohn, und ein ernstes Zucken lief um seinen Mund.

Der Alte schüttelte den Kopf: »Nun, aber meinethalb; versuch einmal dein Glück!«

»Dank auch, Vater!«, sagte Hauke und stieg zu seiner Schlafstatt auf dem Boden; hier setzte er sich auf die Bettkante und sann, weshalb ihn denn sein Vater um Elke Volkerts angerufen habe. Er kannte sie freilich, das ranke achtzehnjährige Mädchen mit dem bräunlichen schmalen Antlitz und den dunklen Brauen, die über den trotzigen Augen und der schmalen Nase ineinanderliefen; doch hatte er noch kaum ein Wort mit ihr gesprochen; nun, wenn er zu dem alten Tede Volkerts ging, wollte er sie doch besser darauf ansehen, was es mit dem Mädchen auf sich habe. Und gleich jetzt wollte er gehen, damit kein anderer ihm die Stelle abjage; es war ja kaum noch Abend. Und so zog er seine Sonntagsjacke und seine besten Stiefel an und machte sich guten Mutes auf den Weg.

– Das langgestreckte Haus des Deichgrafen war durch seine hohe Werfte, besonders durch den höchsten Baum des Dorfes, eine gewaltige Esche, schon von weitem sichtbar; der Großvater des jetzigen, der erste Deichgraf des Geschlechtes, hatte in seiner Jugend eine solche osten der Haustür hier gesetzt; aber die beiden ersten Anpflanzungen waren vergangen, und so hatte er an seinem Hochzeitsmorgen diesen dritten Baum gepflanzt, der noch jetzt mit seiner immer mächtiger werdenden Blätterkrone in dem hier unablässigen Winde wie von alten Zeiten rauschte.

Als nach einer Weile der lang aufgeschossene Hauke die hohe Werfte hinaufstieg, welche an den Seiten mit Rüben und Kohl bepflanzt war, sah er droben die Tochter des Hauswirts neben der niedrigen Haustür stehen. Ihr einer etwas hagerer Arm hing schlaff herab, die andere Hand schien im Rücken nach dem Eisenring zu greifen, von denen je einer zu beiden Seiten der Tür in der Mauer war, damit, wer vor das Haus ritt, sein Pferd daran befestigen könne. Die Dirne schien von dort ihre Augen über den Deich hinaus nach dem Meer zu haben, wo an dem stillen Abend die Sonne eben in das Wasser hinab-

osten
östlich

Dirne
junges Mädchen

sank und zugleich das bräunliche Mädchen mit ihrem letzten
Schein vergoldete.

Hauke stieg etwas langsamer an der Werfte hinan und
dachte bei sich: ›So ist sie nicht so dösig!‹ Dann war er oben.
»Guten Abend auch!«, sagte er, zu ihr tretend, »wonach
guckst du denn mit deinen großen Augen, Jungfer Elke?«

»Nach dem«, erwiderte sie, »was hier alle Abend vor sich
geht, aber hier nicht alle Abend just zu sehen ist.« Sie ließ den
Ring aus der Hand fallen, dass er klingend gegen die Mauer
schlug. »Was willst du, Hauke Haien?«, frug sie.

»Was dir hoffentlich nicht zuwider ist«, sagte er. »Dein
Vater hat seinen Kleinknecht fortgejagt, da dachte ich bei euch
in Dienst.«

Sie ließ ihre Blicke an ihm herunterlaufen. »Du bist noch
so was schlanterig, Hauke!«, sagte sie, »aber uns dienen zwei
feste Augen besser als zwei feste Arme!« Sie sah ihn dabei fast
düster an, aber Hauke hielt ihr tapfer stand. »So komm«, fuhr
sie fort, »der Wirt ist in der Stube, lass uns hineingehen!«

Am andern Tage trat Tede Haien mit seinem Sohne in das
geräumige Zimmer des Deichgrafen; die Wände waren mit
glasurten Kacheln bekleidet, auf denen hier ein Schiff mit
vollen Segeln oder ein Angler an einem Uferplatz, dort ein
Rind, das kauend vor einem Bauernhause lag, den Beschauer
vergnügen konnte; unterbrochen war diese dauerhafte Tapete
durch ein mächtiges Wandbett mit jetzt zugeschobenen Türen und einen Wandschrank, der durch seine beiden Glastüren allerlei Porzellan- und Silbergeschirr erblicken ließ;
neben der Tür zum anstoßenden Pesel war hinter einer Glasscheibe eine holländische Schlaguhr in die Wand gelassen.

Der starke, etwas schlagflüssige Hauswirt saß am Ende des
blankgescheuerten Tisches im Lehnstuhl auf seinem bunten
Wollenpolster. Er hatte seine Hände über dem Bauch gefaltet

---

dösig
träge, langsam,
zurückgeblieben
Jungfer
Anrede für eine
unverheiratete
junge Frau

nicht zuwider ist
recht ist

schlanterig
schlotterig,
schlacksig

glasurt
glasiert und
deshalb wertvoll

Wandbett
→ S. 234
Pesel
→ S. 234
Schlaguhr
→ S. 234
schlagflüssig
vom Schlagan-
fall, Herzinfarkt
bedroht
Wollenpolster
mit Wolle
gefülltes Kissen

und starrte aus seinen runden Augen befriedigt auf das Gerippe einer fetten Ente; Gabel und Messer ruhten vor ihm auf dem Teller.

»Guten Tag, Deichgraf!«, sagte Haien, und der Angeredete drehte langsam Kopf und Augen zu ihm hin.

»Ihr seid es, Tede?«, entgegnete er, und der Stimme war die verzehrte fette Ente anzuhören, »setzt Euch; es ist ein gut Stück von Euch zu mir herüber!«

»Ich komme, Deichgraf«, sagte Tede Haien, indem er sich auf die an der Wand entlanglaufende Bank dem andern im Winkel gegenübersetzte. »Ihr habt Verdruss mit Euerem Kleinknecht gehabt und seid mit meinem Jungen einig geworden, ihn an dessen Stelle zu setzen!«

Der Deichgraf nickte: »Ja, ja, Tede; aber – was meint Ihr mit Verdruss? Wir Marschleute haben, Gott tröst uns, was dagegen einzunehmen!« Und er nahm das vor ihm liegende Messer und klopfte wie liebkosend auf das Gerippe der armen Ente. »Das war mein Leibvogel«, setzte er behaglich lachend hinzu, »sie fraß mir aus der Hand!«

Leibvogel Lieblingsvogel

»Ich dachte«, sagte der alte Haien, das letzte überhörend, »der Bengel hätte Euch Unheil im Stall gemacht.«

»Unheil? Ja, Tede; freilich Unheil genug! Der dicke Mopsbraten hatte die Kälber nicht gebörmt; aber er lag vollgetrunken auf dem Heuboden, und das Viehzeug schrie die ganze Nacht vor Durst, dass ich bis Mittag nachschlafen musste; dabei kann die Wirtschaft nicht bestehen!«

der dicke Mopsbraten der einfältige Mensch *gebörmt* getränkt

»Nein, Deichgraf; aber dafür ist keine Gefahr bei meinem Jungen.«

Hauke stand, die Hände in den Seitentaschen, am Türpfosten, hatte den Kopf im Nacken und studierte an den Fensterrähmen ihm gegenüber.

Der Deichgraf hatte die Augen zu ihm gehoben und nickte hinüber: »Nein, nein, Tede«, und er nickte nun auch dem

Alten zu, »Euer Hauke wird mir die Nachtruh nicht verstören; der Schulmeister hat's mir schon vordem gesagt, der sitzt lieber vor der Rechentafel als vor einem Glas mit Branntwein.«

Hauke hörte nicht auf diesen Zuspruch, denn Elke war in die Stube getreten und nahm mit ihrer leichten Hand die Reste der Speisen von dem Tisch, ihn mit ihren dunkeln Augen flüchtig streifend. Da fielen seine Blicke auch auf sie. ›Bei Gott und Jesus‹, sprach er bei sich selber, ›sie sieht auch so nicht dösig aus!‹

Das Mädchen war hinausgegangen. »Ihr wisset, Tede«, begann der Deichgraf wieder, »unser Herrgott hat mir einen Sohn versagt!«

»Ja, Deichgraf; aber lasst Euch das nicht kränken«, entgegnete der andere, »denn im dritten Gliede soll der Familienverstand ja verschleißen; Euer Großvater, das wissen wir noch alle, war einer, der das Land geschützt hat!«

verschleißen
sich abnützen

Der Deichgraf, nach einigem Besinnen, sah schier verdutzt aus. »Wie meint Ihr das, Tede Haien?« sagte er und setzte sich in seinem Lehnstuhl auf, »ich bin ja doch im dritten Gliede!«

»Ja so! Nicht für ungut, Deichgraf; es geht nur so die Rede!« Und der hagere Tede Haien sah den alten Würdenträger mit etwas boshaften Augen an.

Der aber sprach unbekümmert: »Ihr müsst Euch von alten Weibern dergleichen Torheit nicht aufschwatzen lassen, Tede Haien; Ihr kennt nur meine Tochter nicht, die rechnet mich selber dreimal um und um! Ich wollt nur sagen, Euer Hauke wird außer im Felde auch hier in meiner Stube mit Feder oder Rechenstift so manches profitieren können, was ihm nicht schaden wird!«

»Ja, ja, Deichgraf, das wird er; da habt Ihr völlig Recht!«, sagte der alte Haien und begann dann noch einige Vergünstigungen bei dem Mietkontrakt sich auszubedingen, die abends vorher von seinem Sohne nicht bedacht waren. So sollte dieser außer seinen leinenen Hemden im Herbst auch noch acht Paar wollene Strümpfe als Zugabe seines Lohnes genießen; so wollte er selbst ihn im Frühling acht Tage bei der eigenen Arbeit haben, und was dergleichen mehr war. Aber der Deichgraf war zu allem willig; Hauke Haien schien ihm eben der rechte Kleinknecht.

– – »Nun, Gott tröst dich, Junge«, sagte der Alte, da sie eben das Haus verlassen hatten, »wenn der dir die Welt klarmachen soll!«

Aber Hauke erwiderte ruhig: »Lass Er nur, Vater; es wird schon alles werden.«

Und Hauke hatte so unrecht nicht gehabt; die Welt, oder was ihm die Welt bedeutete, wurde ihm klarer, je länger sein Aufenthalt in diesem Hause dauerte; vielleicht um so mehr, je weniger ihm eine überlegene Einsicht zu Hülfe kam und je mehr er auf seine eigene Kraft angewiesen war, mit der er sich von jeher beholfen hatte. Einer freilich war im Hause, für den er nicht der Rechte zu sein schien; das war der Großknecht Ole Peters, ein tüchtiger Arbeiter und ein maulfertiger Geselle. Ihm war der träge, aber dumme und stämmige Kleinknecht von vorhin besser nach seinem Sinn gewesen, dem er ruhig die Tonne Hafer auf den Rücken hatte laden und den er nach Herzenslust hatte herumstoßen können. Dem noch stilleren, aber ihn geistig überragenden Hauke vermochte er in solcher Weise nicht beizukommen; er hatte eine gar zu eigene Art, ihn anzublicken. Trotzdem verstand er es, Arbeiten für ihn auszusuchen, die seinem noch nicht gefestigten Körper hätten gefährlich werden können, und Hauke, wenn der Großknecht sagte: »Da hättest du den dicken Niß nur sehen sollen, dem ging es von der Hand!«, fasste nach Kräften an und brachte

Mietkontrakt
hier: Arbeits-
vertrag

Hülfe
veraltet für Hilfe

maulfertig
schlagfertig,
redegewandt

Der Schimmelreiter | **33**

es, wenn auch mit Mühsal, doch zu Ende. Ein Glück war es für ihn, dass Elke selbst oder durch ihren Vater das meistens abzustellen wusste. Man mag wohl fragen, was mitunter ganz fremde Menschen aneinander bindet; vielleicht – sie waren beide geborene Rechner, und das Mädchen konnte ihren Kameraden in der groben Arbeit nicht verderben sehen.

Der Zwiespalt zwischen Groß- und Kleinknecht wurde auch im Winter nicht besser, als nach Martini die verschiedenen Deichrechnungen zur Revision eingelaufen waren.

Es war an einem Maiabend, aber es war Novemberwetter; von drinnen im Hause hörte man draußen hinterm Deich die Brandung donnern. »He, Hauke«, sagte der Hausherr, »komm herein; nun magst du weisen, ob du rechnen kannst!«

»Uns' Weert«, entgegnete dieser – denn so nennen hier die Leute ihre Herrschaft –, »ich soll aber erst das Jungvieh füttern!«

»Elke!«, rief der Deichgraf, »wo bist du, Elke! – Geh zu Ole und sag ihm, er sollte das Jungvieh füttern; Hauke soll rechnen!«

Und Elke eilte in den Stall und machte dem Großknecht die Bestellung, der eben damit beschäftigt war, das über Tag gebrauchte Pferdegeschirr wieder an seinen Platz zu hängen.

Ole Peters schlug mit einer Trense gegen den Ständer, neben dem er sich beschäftigte, als wolle er sie kurz und klein haben: »Hol der Teufel den verfluchten Schreiberknecht!«

Sie hörte die Worte noch, bevor sie die Stalltür wieder geschlossen hatte.

»Nun?«, frug der Alte, als sie in die Stube trat.

»Ole wollte es schon besorgen«, sagte die Tochter, ein wenig sich die Lippen beißend, und setzte sich Hauke gegenüber auf einen grobgeschnitzten Holzstuhl, wie sie noch derzeit hier an Winterabenden im Hause selbst gemacht wurden. Sie hatte aus einem Schubkasten einen weißen Strumpf mit rotem

Revision
Überprüfung

weisen
beweisen, zeigen
Uns' Weert
mein Herr

**Bestellung
machen**
befehlen
Trense
leichter
Pferdezaum

Vogelmuster genommen, an dem sie nun weiterstrickte; die langbeinigen Kreaturen darauf mochten Reiher oder Störche bedeuten sollen. Hauke saß ihr gegenüber, in seine Rechnerei vertieft, der Deichgraf selbst ruhte in seinem Lehnstuhl und
5 blinzelte schläfrig nach Haukes Feder; auf dem Tisch brannten, wie immer im Deichgrafenhause, zwei Unschlittkerzen, und vor den beiden in Blei gefassten Fenstern waren von außen die Läden vorgeschlagen und von innen zugeschroben; mochte der Wind nun poltern, wie er wollte. Mitunter hob
10 Hauke seinen Kopf von der Arbeit und blickte einen Augenblick nach den Vogelstrümpfen oder nach dem schmalen ruhigen Gesicht des Mädchens.

zugeschroben verriegelt, verschlossen

Da tat es aus dem Lehnstuhl plötzlich einen lauten Schnarcher, und ein Blick und ein Lächeln flog zwischen den beiden
15 jungen Menschen hin und wider; dann folgte allmählich ein ruhigeres Atmen; man konnte wohl ein wenig plaudern; Hauke wusste nur nicht, was.

Als sie aber das Strickzeug in die Höhe zog und die Vögel sich nun in ihrer ganzen Länge zeigten, flüsterte er über den
20 Tisch herüber: »Wo hast du das gelernt, Elke?«

»Was gelernt?«, frug das Mädchen zurück.

– »Das Vogelstricken«, sagte Hauke.

»Das? Von Trin' Jans draußen am Deich; sie kann allerlei; sie war vorzeiten einmal bei meinem Großvater hier im
25 Dienst.«

»Da warst du aber wohl noch nicht geboren?«, fragte Hauke.

»Ich denk wohl nicht; aber sie ist noch oft ins Haus gekommen.«

30 »Hat denn die die Vögel gern?«, frug Hauke, »ich meint, sie hielt es nur mit Katzen!«

Elke schüttelte den Kopf: »Sie zieht ja Enten und verkauft sie; aber im vorigen Frühjahr, als du den Angorer totgeschlagen hattest, sind ihr hinten im Stall die Ratten dazwischengekommen; nun will sie sich vorn am Hause einen andern bauen.«

»So«, sagte Hauke und zog einen leisen Pfiff durch die Zähne, »dazu hat sie von der Geest sich Lehm und Steine hergeschleppt! Aber dann kommt sie in den Binnenweg! Hat sie denn Konzession?«

»Weiß ich nicht«, meinte Elke. Aber er hatte das letzte Wort so laut gesprochen, dass der Deichgraf aus seinem Schlummer auffuhr. »Was Konzession?«, frug er und sah fast wild von einem zu der andern. »Was soll die Konzession?«

Als aber Hauke ihm dann die Sache vorgetragen hatte, klopfte er ihm lachend auf die Schulter: »Ei was, der Binnenweg ist breit genug; Gott tröst den Deichgrafen, sollt er sich auch noch um die Entenställe kümmern!«

Hauke fiel es aufs Herz, dass er die Alte mit ihren jungen Enten den Ratten sollte preisgegeben haben, und er ließ sich mit dem Einwand abfinden. »Aber, uns' Weert«, begann er wieder, »es tät wohl dem und jenem ein kleiner Zwicker gut, und wollet Ihr ihn nicht selber greifen, so zwicket den Gevollmächtigten, der auf die Deichordnung passen soll!«

»Wie, was sagt der Junge?« Und der Deichgraf setzte sich vollends auf, und Elke ließ ihren künstlichen Strumpf sinken und wandte das Ohr hinüber.

»Ja, uns' Weert«, fuhr Hauke fort, »Ihr habt doch schon die Frühlingsschau gehalten; aber trotzdem hat Peter Jansen auf seinem Stück das Unkraut auch noch heute nicht gebuscht; im Sommer werden die Stieglitzer da wieder lustig um die roten Distelblumen spielen! Und dicht daneben, ich weiß nicht, wem's gehört, ist an der Außenseite eine ganze Wiege in dem Deich; bei schön Wetter liegt es immer voll von kleinen Kindern, die sich darin wälzen; aber – Gott bewahr uns vor Hochwasser!«

Binnenweg
Weg innerhalb
des Marschlandes
Konzession
Erlaubnis

Zwicker
Ermahnung

Deichordnung
→ S. 234

Frühlingschau
→ S. 234
gebuscht
kurz geschnitten

Stieglitz
Distelfink
(Vogel)
Wiege
Vertiefung,
Kuhle, Grube

Die Augen des alten Deichgrafen waren immer größer geworden.

»Und dann –«, sagte Hauke wieder.

»Was dann noch, Junge?« frug der Deichgraf, »bist du noch nicht fertig?« Und es klang, als sei der Rede seines Kleinknechts ihm schon zu viel geworden.

»Ja, dann, uns' Weert«, sprach Hauke weiter, »Ihr kennt die dicke Vollina, die Tochter vom Gevollmächtigten Harders, die immer ihres Vaters Pferde aus der Fenne holt, wenn sie nur eben mit ihren runden Waden auf der alten gelben Stute sitzt, hü hopp! So geht's allemal schräg an der Dossierung den Deich hinan!«

Hauke bemerkte erst jetzt, dass Elke ihre klugen Augen auf ihn gerichtet hatte und leise ihren Kopf schüttelte.

Er schwieg, aber ein Faustschlag, den der Alte auf den Tisch tat, dröhnte ihm in die Ohren, »da soll das Wetter dreinschlagen!« rief er, und Hauke erschrak beinahe über die Bärenstimme, die plötzlich hier hervorbrach. »Zur Brüche! Notier mir das dicke Mensch zur Brüche, Hauke! Die Dirne hat mir im letzten Sommer drei junge Enten weggefangen! Ja, ja, notier nur«, wiederholte er, als Hauke zögerte, »ich glaub sogar, es waren vier!«

»Ei, Vater«, sagte Elke, »war's nicht die Otter, die die Enten nahm?«

»Eine große Otter«, rief der Alte schnaufend, »werd doch die dicke Vollina und eine Otter auseinanderkennen! Nein, nein, vier Enten, Hauke – aber was du im übrigen schwatzest, der Herr Oberdeichgraf und ich, nachdem wir zusammen in meinem Hause hier gefrühstückt hatten, sind im Frühjahr an deinem Unkraut und an deiner Wiege vorbeigefahren und haben's doch nicht sehen können. Ihr beide aber«, und er nickte ein paarmal bedeutsam gegen Hauke und seine Tochter, »danket Gott, dass ihr nicht Deichgraf seid! Zwei Augen

Dossierung
→ S. 234

Brüche
Geldstrafe

auseinander-kennen
unterscheiden

Bestickung
→ S. 234
liederlich
sorglos,
oberflächlich,
ungenau

hat man nur, und mit hundert soll man sehen. – – Nimm nur die Rechnungen über die Bestickungsarbeiten, Hauke, und sieh sie nach; die Kerls rechnen oft zu liederlich!«

Dann lehnte er sich wieder in seinen Stuhl zurück, ruckte den schweren Körper ein paarmal und überließ sich bald dem sorgenlosen Schlummer.

Dergleichen wiederholte sich an manchem Abend. Hauke hatte scharfe Augen und unterließ es nicht, wenn sie beisammensaßen, das eine oder andre von schädlichem Tun oder Unterlassen in Deichsachen dem Alten vor die Augen zu rücken; und da dieser sie nicht immer schließen konnte, so kam unversehens ein lebhafterer Geschäftsgang in die Verwaltung,

im alten
Schlendrian
durch lang-
sames, nach-
lässiges Arbeiten
und die, welche früher im alten Schlendrian fortgesündigt hatten und jetzt unerwartet ihre frevlen oder faulen Finger

frevlen
hier: nicht
richtig arbeiten
geklopft fühlten, sahen sich unwillig und verwundert um, woher die Schläge denn gekommen seien. Und Ole, der Großknecht, säumte nicht, möglichst weit die Offenbarung zu verbreiten und dadurch gegen Hauke und seinen Vater, der doch die Mitschuld tragen musste, in diesen Kreisen einen Widerwillen zu erregen; die andern aber, welche nicht getroffen waren oder denen es um die Sache selbst zu tun war, lachten und hatten ihre Freude, dass der Junge den Alten doch einmal etwas in Trab gebracht habe. »Schad nur«, sagten sie, »dass der Bengel nicht den gehörigen Klei unter den Füßen hat; das gäbe später sonst einmal wieder einen Deichgrafen,

vordem
früher
wie vordem sie dagewesen sind; aber die paar Demat seines

Demat
→ S. 234
Alten, die täten's denn doch nicht!«

Als im nächsten Herbst der Herr Amtmann und Ober-

Amtmann
→ S. 234
deichgraf zur Schauung kam, sah er sich den alten Tede

Schauung
Überprüfung
Volkerts von oben bis unten an, während dieser ihn zum Frühstück nötigte. »Wahrhaftig, Deichgraf«, sagte er, »ich

Halbstieg
altes Zählmaß =
10 Stück
dacht's mir schon, Ihr seid in der Tat um ein Halbstieg Jahre jünger geworden; Ihr habt mir diesmal mit all Euern Vor-

schlägen warm gemacht; wenn wir mit alledem nur heute fertig werden!«

»Wird schon, wird schon, gestrenger Herr Oberdeichgraf«, erwiderte der Alte schmunzelnd, »der Gansbraten da wird schon die Kräfte stärken! Ja, Gott sei Dank, ich bin noch allezeit frisch und munter!« Er sah sich in der Stube um, ob auch nicht etwa Hauke um die Wege sei; dann setzte er in würdevoller Ruhe noch hinzu: »So hoffe ich zu Gott, noch meines Amtes ein paar Jahre in Segen warten zu können.«

um die Wege
in der Nähe

»Und darauf, lieber Deichgraf«, erwiderte sein Vorgesetzter, sich erhebend, »wollen wir dieses Glas zusammen trinken!«

Elke, die das Frühstück bestellt hatte, ging eben, während die Gläser aneinander klangen, mit leisem Lachen aus der Stubentür. Dann holte sie eine Schüssel Abfall aus der Küche und ging durch den Stall, um es vor der Außentür dem Federvieh vorzuwerfen. Im Stall stand Hauke Haien und steckte den Kühen, die man der argen Witterung wegen schon jetzt hatte heraufnehmen müssen, mit der Furke Heu in ihre Raufen. Als er aber das Mädchen kommen sah, stieß er die Furke auf den Grund. »Nu, Elke!«, sagte er.

Furke
Heugabel
Raufen
Futtergestell in
Kuh- und Pferde-
ställen

Sie blieb stehen und nickte ihm zu: »Ja, Hauke; aber eben hättest du drinnen sein müssen!«

»Meinst du? Warum denn, Elke?«

»Der Herr Oberdeichgraf hat den Wirt gelobt!«

»Den Wirt? Was tut das mir?«

»Nein, ich mein, den Deichgrafen hat er gelobt!«

Ein dunkles Rot flog über das Gesicht des jungen Menschen. »Ich weiß wohl«, sagte er, »wohin du damit segeln willst!«

»Werd nur nicht rot, Hauke, du warst es ja doch eigentlich, den der Oberdeichgraf lobte!«

Hauke sah sie mit halbem Lächeln an. »Auch du doch, Elke!«, sagte er.

Aber sie schüttelte den Kopf: »Nein, Hauke; als ich allein der Helfer war, da wurden wir nicht gelobt. Ich kann ja auch nur rechnen; du aber siehst draußen alles, was der Deichgraf doch wohl selber sehen sollte; du hast mich ausgestochen!«

mindsten
wenigsten »Ich hab das nicht gewollt, dich am mindsten«, sagte Hauke zaghaft, und er stieß den Kopf einer Kuh zur Seite. »Komm, Rotbunt, friss mir nicht die Furke auf, du sollst ja alles haben!«

»Denk nur nicht, dass mir's leid tut, Hauke«, sagte nach kurzem Sinnen das Mädchen, »das ist ja Mannessache!«

Da streckte Hauke ihr den Arm entgegen: »Elke, gib mir die Hand darauf!«

Ein tiefes Rot schoss unter die dunkeln Brauen des Mädchens. »Warum? Ich lüg ja nicht!«, rief sie.

Hauke wollte antworten; aber sie war schon zum Stall hinaus, und er stand mit seiner Furke in der Hand und hörte nur, wie draußen die Enten und Hühner um sie schnatterten und krähten.

Es war im Januar von Haukes drittem Dienstjahr, als ein Winterfest gehalten werden sollte, »Eisboseln« nennen sie es hier. *Eisboseln*
→ S. 234 Ein ständiger Frost hatte beim Ruhen der Küstenwinde alle Gräben zwischen den Fennen mit einer festen ebenen Kristallfläche belegt, so dass die zerschnittenen Landstücke nun eine weite Bahn für das Werfen der kleinen, mit Blei ausgegossenen Holzkugeln bildeten, womit das Ziel erreicht werden sollte. Tagaus, tagein wehte ein leichter Nordost: alles war schon in Ordnung; die Geestleute in dem zu Osten über der Marsch belegenen Kirchdorf, die im vorigen Jahre gesiegt hatten, waren zum Wettkampf gefordert und hatten angenommen; von jeder Seite waren neun Werfer aufgestellt auch der Obmann und die Kretler waren gewählt. Zu letzteren, die bei *Obmann*
Schiedsrichter
Kretler
→ S. 235 Streitfällen über einen zweifelhaften Wurf miteinander zu

verhandeln hatten, wurden allezeit Leute genommen, die ihre Sache ins beste Licht zu rücken verstanden, am liebsten Burschen, die außer gesundem Menschenverstand auch noch ein lustig Mundwerk hatten. Dazu gehörte vor allen Ole Peters,
5   der Großknecht des Deichgrafen. »Werft nur wie die Teufel«, sagte er, »das Schwatzen tu ich schon umsonst!«

Es war gegen Abend vor dem Festtag; in der Nebenstube des Kirchspielskruges droben auf der Geest war eine Anzahl von den Werfern erschienen, um über die Aufnahme einiger
10 zuletzt noch Angemeldeten zu beschließen. Hauke Haien war auch unter diesen; er hatte erst nicht wollen, obschon er seiner wurfgeübten Arme sich wohl bewusst war, aber er fürchtete, durch Ole Peters, der einen Ehrenposten in dem Spiel bekleidete, zurückgewiesen zu werden; die Niederlage
15 wollte er sich sparen. Aber Elke hatte ihm noch in der elften Stunde den Sinn gewandt. »Er wird's nicht wagen, Hauke«, hatte sie gesagt, »er ist ein Tagelöhnersohn; dein Vater hat Kuh und Pferd und ist dazu der klügste Mann im Dorf!«

»Aber, wenn er's dennoch fertig bringt?«
20 Sie sah ihn halb lächelnd aus ihren dunkeln Augen an. »Dann«, sagte sie, »soll er sich den Mund wischen, wenn er abends mit seines Wirts Tochter zu tanzen denkt!« – Da hatte Hauke ihr mutig zugenickt.

Nun standen die jungen Leute, die noch in das Spiel hin-
25 einwollten, frierend und fußtrampelnd vor dem Kirchspiels- krug und sahen nach der Spitze des aus Felsblöcken gebauten Kirchturms hinauf, neben dem das Krughaus lag. Des Pastors Tauben, die sich im Sommer auf den Feldern des Dorfes nährten, kamen eben von den Höfen und Scheuern der Bau-
30 ern zurück, wo sie sich jetzt ihre Körner gesucht hatten, und verschwanden unter den Schindeln des Turmes, hinter wel- chen sie ihre Nester hatten; im Westen über dem Haff stand ein glühendes Abendrot.

Kirchenspielkrug → S. 235

Tagelöhnersohn → S. 235

Mund wischen aufpassen, was er sagt

Scheuern Scheunen

Schindeln Dachziegel

»Wird gut Wetter morgen!«, sagte der eine der jungen Burschen und begann heftig auf und ab zu wandern, »aber kalt! kalt!« Ein zweiter, als er keine Taube mehr fliegen sah, ging in das Haus und stellte sich horchend neben die Tür der Stube, aus der jetzt ein lebhaftes Durcheinanderreden heraus scholl; auch des Deichgrafen Kleinknecht war neben ihn getreten. »Hör, Hauke«, sagte er zu diesem, »nun schreien sie um dich!« Und deutlich hörte man von drinnen Ole Peters' knarrende Stimme: »Kleinknechte und Jungens gehören nicht dazu!«

»Komm«, flüsterte der andre und suchte Hauke am Rockärmel an die Stubentür zu ziehen, »hier kannst du lernen, wie hoch sie dich taxieren!«

taxieren
einschätzen

Aber Hauke riss sich los und ging wieder vor das Haus. »Sie haben uns nicht ausgesperrt, damit wir's hören sollen!«, rief er zurück.

Vor dem Hause stand der dritte der Angemeldeten. »Ich fürcht, mit mir hat's einen Haken«, rief er ihm entgegen, »ich hab kaum achtzehn Jahre; wenn sie nur den Taufschein nicht verlangen! Dich, Hauke, wird dein Großknecht schon herauskreteln!«

herauskreteln
durch Rede-
gewandtheit
erfolgreich
verteidigen,
herausreden

»Ja, heraus!«, brummte Hauke und schleuderte mit dem Fuße einen Stein über den Weg, »nur nicht hinein!«

Der Lärm in der Stube wurde stärker; dann allmählich trat eine Stille ein; die draußen hörten wieder den leisen Nordost, der sich oben an der Kirchturmspitze brach. Der Horcher trat wieder zu ihnen. »Wen hatten sie da drinnen?«, frug der Achtzehnjährige.

»Den da!«, sagte jener und wies auf Hauke, »Ole Peters wollte ihn zum Jungen machen; aber alle schrien dagegen. ›Und sein Vater hat Vieh und Land‹, sagte Jeß Hansen. ›Ja, Land‹, rief Ole Peters, ›das man auf dreizehn Karren wegfahren kann!‹ – Zuletzt kam Ole Hensen. ›Still da!‹ schrie er; ›ich

will's euch lehren: sagt nur, wer ist der erste Mann im Dorf?‹
Da schwiegen sie erst und schienen sich zu besinnen; dann
sagte eine Stimme: ›Das ist doch wohl der Deichgraf!‹ Und
alle anderen riefen: ›Nun ja, unserthalb der Deichgraf!‹ – ›Und
wer ist denn der Deichgraf?‹, rief Ole Hensen wieder; ›aber
nun bedenkt euch recht!‹ – – Da begann einer leis zu lachen,
und dann wieder einer, bis zuletzt nichts in der Stube war als
lauter Lachen. ›Nun, so ruft ihn‹, sagte Ole Hensen; ›ihr wollt
doch nicht den Deichgrafen von der Tür stoßen!‹ Ich glaub,
sie lachen noch; aber Ole Peters' Stimme war nicht mehr zu
hören!«, schloss der Bursche seinen Bericht.

Fast in demselben Augenblicke wurde drinnen im Hause
die Stubentür aufgerissen, und: »Hauke! Hauke Haien!«, rief
es laut und fröhlich in die Nacht hinaus.

Da trabte Hauke in das Haus und hörte nicht mehr, wer
denn der Deichgraf sei; was in seinem Kopfe brütete, hat indessen niemand wohl erfahren.

– – Als er nach einer Weile sich dem Hause seiner Herrschaft nahte, sah er Elke drunten am Heck der Auffahrt stehen, das Mondlicht schimmerte über die unermessliche weiß-
bereifte Weidefläche. »Stehst du hier, Elke?«, frug er.

Sie nickte nur. »Was ist geworden?«, sagte sie, »hat er's
gewagt?«

– »Was sollt er nicht!«

»Nun, und?«

– Ja, Elke; ich darf es morgen doch versuchen!«

»Gute Nacht, Hauke!« Und sie lief flüchtig die Werfte hinan und verschwand im Hause.

Langsam folgte er ihr.

Auf der weiten Weidefläche, die sich zu Osten an der Landseite des Deiches entlangzog, sah man am Nachmittag darauf
eine dunkle Menschenmasse bald unbeweglich stille stehen,

unserthalb
unsertwegen

Heck
Holztor als
Zugang zu den
Fennen

bald, nachdem zweimal eine hölzerne Kugel aus derselben über den durch die Tagessonne jetzt von Reif befreiten Boden hingeflogen war, abwärts von den hinter ihr liegenden langen und niedrigen Häusern allmählich weiterrücken; die Parteien der Eisbosler in der Mitte, umgeben von alt und jung, was mit ihnen, sei es in jenen Häusern oder in denen droben auf der Geest, Wohnung oder Verbleib hatte; die älteren Männer in langen Röcken, bedächtig aus kurzen Pfeifen rauchend, die Weiber in Tüchern und Jacken, auch wohl Kinder an den Händen ziehend oder auf den Armen tragend. Aus den gefrorenen Gräben, welche allmählich überschritten wurden, funkelte durch die scharfen Schilfspitzen der bleiche Schein der Nachmittagssonne; es fror mächtig, aber das Spiel ging unablässig vorwärts, und aller Augen verfolgten immer wieder die fliegende Kugel, denn an ihr hing heute für das ganze Dorf die Ehre des Tages. Der Kretler der Parteien trug hier einen weißen, bei den Geestleuten einen schwarzen Stab mit eiserner Spitze; wo die Kugel ihren Lauf geendet hatte, wurde dieser, je nachdem, unter schweigender Anerkennung oder dem Hohngelächter der Gegenpartei in den gefrorenen Boden eingeschlagen, und wessen Kugel zuerst das Ziel erreichte, der hatte für seine Partei das Spiel gewonnen.

Gesprochen wurde von all den Menschen wenig; nur wenn ein Kapitalwurf geschah, hörte man wohl einen Ruf der jungen Männer oder Weiber; oder von den Alten einer nahm seine Pfeife aus dem Mund und klopfte damit unter ein paar guten Worten den Werfer auf die Schulter: »Das war ein Wurf, sagte Zacharies und warf sein Weib aus der Luke!« oder: »So warf dein Vater auch; Gott tröst ihn in der Ewigkeit!« oder was sie sonst für Gutes sagten.

Bei seinem ersten Wurfe war das Glück nicht mit Hauke gewesen: als er eben den Arm hinten ausschwang, um die Kugel fortzuschleudern, war eine Wolke von der Sonne fortge-

in langen Röcken mit langen Jacken, Mänteln

Kapitalwurf ein besonders guter Wurf, Meisterwurf

zogen, die sie vorhin bedeckt hatte, und diese traf mit ihrem vollen Strahl in seine Augen; der Wurf wurde zu kurz, die Kugel fiel auf einen Graben und blieb im Bummeis stecken.

Bummeis
dünnes Eis

»Gilt nicht! Gilt nicht! Hauke, noch einmal«, riefen seine
5 Partner.

Aber der Kretler der Geestleute sprang dagegen auf: »Muss wohl gelten; geworfen ist geworfen!«

»Ole! Ole Peters!«, schrie die Marschjugend. »Wo ist Ole? Wo, zum Teufel, steckt er?«

10 Aber er war schon da. »Schreit nur nicht so! Soll Hauke wo geflickt werden! Ich dacht's mir schon.«

wo geflickt
werden
geholfen werden

– »Ei was! Hauke muss noch einmal werfen; nun zeig, dass du das Maul am rechten Fleck hast!«

»Das hab ich schon!«, rief Ole und trat dem Geestkretler
15 gegenüber und redete einen Haufen Galimathias aufeinander. Aber die Spitzen und Schärfen, die sonst aus seinen Worten blitzten, waren diesmal nicht dabei. Ihm zur Seite stand das Mädchen mit den Rätselbrauen und sah scharf aus zornigen Augen auf ihn hin; aber reden durfte sie nicht, denn die Frau-
20 en hatten keine Stimme in dem Spiel.

Galimathias
verworrenes
Geschwätz

»Du leierst Unsinn«, rief der andere Kretler, »weil dir der Sinn nicht dienen kann! Sonne, Mond und Sterne sind für uns alle gleich und allezeit am Himmel; der Wurf war ungeschickt, und alle ungeschickten Würfe gelten!«

25 So redeten sie noch eine Weile gegeneinander; aber das En-de war, dass nach Bescheid des Obmanns Hauke seinen Wurf nicht wiederholen durfte.

Bescheid
Entscheidung,
Beschluss

»Vorwärts!«, riefen die Geestleute, und ihr Kretler zog den schwarzen Stab aus dem Boden, und der Werfer trat auf seinen
30 Nummerruf dort an und schleuderte die Kugel vorwärts. Als der Großknecht des Deichgrafen dem Wurfe zusehen wollte, hatte er an Elke Volkerts vorbeimüssen. »Wem zuliebe ließest du heut deinen Verstand zu Hause?«, raunte sie ihm zu.

Nummerruf
Aufruf des
jeweiligen
nummerierten
Spielers

Da sah er sie fast grimmig an, und aller Spaß war aus seinem breiten Gesichte verschwunden. »Dir zulieb!«, sagte er, »denn du hast deinen auch vergessen!«

»Geh nur; ich kenne dich, Ole Peters!«, erwiderte das Mädchen, sich hoch aufrichtend; er aber kehrte den Kopf ab und tat, als habe er das nicht gehört.

Und das Spiel und der schwarze und weiße Stab gingen weiter. Als Hauke wieder am Wurf war, flog seine Kugel schon so weit, dass das Ziel, die große weiß gekalkte Tonne, klar in Sicht kam. Er war jetzt ein fester junger Kerl, und Mathematik und Wurfkunst hatte er täglich während seiner Knabenzeit getrieben. »Oho, Hauke!«, rief es aus dem Haufen, »das war ja, als habe der Erzengel Michael selbst geworfen!« Eine alte Frau mit Kuchen und Branntwein drängte sich durch den Haufen zu ihm; sie schenkte ein Glas voll und bot es ihm. »Komm«, sagte sie, »wir wollen uns vertragen: das heut ist besser, als da du mir die Katze totschlugst!« Als er sie ansah, erkannte er, dass es Trin' Jans war. »Ich dank dir, Alte«, sagte er, »aber ich trink das nicht.« Er griff in seine Tasche und drückte ihr ein frischgeprägtes Markstück in die Hand. »Nimm das und trink selber das Glas aus, Trin'; so haben wir uns vertragen!«

»Hast Recht, Hauke!«, erwiderte die Alte, indem sie seiner Anweisung folgte, »hast Recht; das ist auch besser für ein altes Weib wie ich!«

»Wie geht's mit deinen Enten?«, rief er ihr noch nach, als sie sich schon mit ihrem Korbe fortmachte; aber sie schüttelte nur den Kopf, ohne sich umzuwenden, und patschte mit ihren alten Händen in die Luft. »Nichts, nichts, Hauke; da sind zu viele Ratten in euren Gräben; Gott tröst mich; man muss sich anders nähren!« Und somit drängte sie sich in den Menschenhaufen und bot wieder ihren Schnaps und ihre Honigkuchen an.

Erzengel Michael
→ S. 235

Die Sonne war endlich schon hinter den Deich hinabge-
sunken; statt ihrer glimmte ein rotvioletter Schimmer empor;
mitunter flogen schwarze Krähen vorüber und waren auf Augenblicke wie vergoldet, es wurde Abend. Auf den Fennen
aber rückte der dunkle Menschentrupp noch immer weiter
von den schwarzen, schon fern liegenden Häusern nach der
Tonne zu; ein besonders tüchtiger Wurf musste sie jetzt erreichen können. Die Marschleute waren an der Reihe; Hauke
sollte werfen.

Die kreidige Tonne zeichnete sich weiß in dem breiten
Abendschatten, der jetzt von dem Deiche über die Fläche fiel.
»Die werdet ihr uns diesmal wohl noch lassen!«, rief einer von
den Geestleuten, denn es ging scharf her; sie waren um mindestens ein Halbstieg Fuß im Vorteil.

Die hagere Gestalt des Genannten trat eben aus der Menge; die grauen Augen sahen aus dem langen Friesengesicht
vorwärts nach der Tonne; in der herabhängenden Hand lag
die Kugel.

»Der Vogel ist dir wohl zu groß«, hörte er in diesem Augenblick Ole Peters' Knarrstimme dicht vor seinen Ohren,
»sollen wir ihn um einen grauen Topf vertauschen?«

Hauke wandte sich und blickte ihn mit festen Augen an.
»Ich werfe für die Marsch!«, sagte er. »Wohin gehörst denn
du?«

»Ich denke, auch dahin, du wirfst doch wohl für Elke
Volkerts!«

»Beiseit!«, schrie Hauke und stellte sich wieder in Positur.
Aber Ole drängte mit dem Kopf noch näher auf ihn zu. Da
plötzlich, bevor noch Hauke selber etwas dagegen unternehmen konnte, packte den Zudringlichen eine Hand und riss ihn
rückwärts, dass der Bursche gegen seine lachenden Kameraden taumelte. Es war keine große Hand gewesen, die das
getan hatte; denn als Hauke flüchtig den Kopf wandte, sah er

glimmte
leuchtete

Fuß
→ S. 235

neben sich Elke Volkerts ihren Ärmel zurechtzupfen, und die dunkeln Brauen standen ihr wie zornig in dem heißen Antlitz.

Da flog es wie eine Stahlkraft in Haukes Arm; er neigte sich ein wenig, er wiegte die Kugel ein paarmal in der Hand; dann holte er aus, und eine Todesstille war auf beiden Seiten; alle Augen folgten der fliegenden Kugel, man hörte ihr Sausen, wie sie die Luft durchschnitt; plötzlich, schon weit vom Wurfplatz, verdeckten sie die Flügel einer Silbermöwe, die, ihren Schrei ausstoßend, vom Deich herüberkam; zugleich aber hörte man es in der Ferne an die Tonne klatschen. »Hurra für Hauke!«, riefen die Marschleute, und lärmend ging es durch die Menge: »Hauke! Hauke Haien hat das Spiel gewonnen!«

Der aber, da ihn alle dicht umdrängten, hatte seitwärts nur nach einer Hand gegriffen; auch da sie wieder riefen: »Was stehst du, Hauke? Die Kugel liegt ja in der Tonne!«, nickte er nur und ging nicht von der Stelle; erst als er fühlte, dass sich die kleine Hand fest an die seine schloss, sagte er: »Ihr mögt schon Recht haben; ich glaube auch, ich hab gewonnen!«

Dann strömte der ganze Trupp zurück, und Elke und Hauke wurden getrennt und von der Menge auf den Weg zum Kruge fortgerissen, der an des Deichgrafen Werfte nach der Geest hinaufbog. Hier aber entschlüpften beide dem Gedränge, und während Elke auf ihre Kammer ging, stand Hauke hinten vor der Stalltür auf der Werfte und sah, wie der dunkle Menschentrupp allmählich nach dort hinaufwanderte, wo im Kirchspielskrug ein Raum für die Tanzenden bereitstand. Das Dunkel breitete sich allmählich über die weite Gegend; es wurde immer stiller um ihn her, nur hinter ihm im Stalle regte sich das Vieh; oben von der Geest her glaubte er schon das Pfeifen der Klarinetten aus dem Kruge zu vernehmen. Da hörte er um die Ecke des Hauses das Rauschen eines Kleides, und kleine feste Schritte gingen den Fußsteig hinab, der durch die Fennen nach der Geest hinaufführte.

Nun sah er auch im Dämmer die Gestalt dahin schreiten und sah, dass es Elke war; sie ging auch zum Tanze nach dem Krug. Das Blut schoss ihm in den Hals hinauf; sollte er ihr nicht nachlaufen und mit ihr gehen? Aber Hauke war kein Held den Frauen gegenüber; mit dieser Frage sich beschäftigend, blieb er stehen, bis sie im Dunkel seinem Blick entschwunden war.

Dann, als die Gefahr, sie einzuholen, vorüber war, ging auch er denselben Weg, bis er droben den Krug bei der Kirche erreicht hatte und das Schwatzen und Schreien der vor dem Hause und auf dem Flur sich Drängenden und das Schrillen der Geigen und Klarinetten betäubend ihn umrauschte. Unbeachtet drückte er sich in den ›Gildesaal‹, er war nicht groß und so voll, dass man kaum einen Schritt weit vor sich hin sehen konnte. Schweigend stellte er sich an den Türpfosten und blickte in das unruhige Gewimmel; die Menschen kamen ihm wie Narren vor; er hatte auch nicht zu sorgen, dass jemand noch an den Kampf des Nachmittags dachte und wer vor einer Stunde erst das Spiel gewonnen hatte; jeder sah nur auf seine Dirne und drehte sich mit ihr im Kreis herum. Seine Augen suchten nur die eine, und endlich – dort! Sie tanzte mit ihrem Vetter, dem jungen Deichgevollmächtigten; aber schon sah er sie nicht mehr, nur andere Dirnen aus Marsch und Geest, die ihn nicht kümmerten. Dann schnappten Violinen und Klarinetten plötzlich ab, und der Tanz war zu Ende; aber gleich begann auch schon ein anderer. Hauke flog es durch den Kopf, ob denn Elke ihm auch Wort halten, ob sie nicht mit Ole Peters ihm vorbeitanzen werde. Fast hätte er einen Schrei bei dem Gedanken ausgestoßen; dann – ja, was wollte er dann? Aber sie schien bei diesem Tanze gar nicht mitzuhalten, und endlich ging auch der zu Ende, und ein anderer, ein

Gildesaal
Versammlungssaal im Dorfkrug

*schnappten
(…) ab*
brachen ab,
hörten auf

Zweitritt, der eben erst hier in die Mode gekommen war, folgte. Wie rasend setzte die Musik ein, die jungen Kerle stürzten zu den Dirnen, die Lichter an den Wänden flirrten. Hauke reckte sich fast den Hals aus, um die Tanzenden zu erkennen; und dort, im dritten Paare, das war Ole Peters; aber wer war die Tänzerin? Ein breiter Marschbursche stand vor ihr und deckte ihr Gesicht! Doch der Tanz raste weiter, und Ole mit seiner Partnerin drehte sich heraus. »Vollina! Vollina Harders!«, rief Hauke fast laut und seufzte dann gleich wieder erleichtert auf. Aber wo blieb Elke? Hatte sie keinen Tänzer, oder hatte sie alle ausgeschlagen, weil sie nicht mit Ole hatte tanzen wollen? – Und die Musik setzte wieder ab, und ein neuer Tanz begann; aber wieder sah er Elke nicht! Doch dort kam Ole, noch immer die dicke Vollina in den Armen! »Nun, nun«, sagte Hauke, »da wird Jeß Harders mit seinen fünfund-zwanzig Demat auch wohl bald aufs Altenteil müssen! – Aber wo ist Elke?« Er verließ seinen Türpfosten und drängte sich weiter in den Saal hinein; da stand er plötzlich vor ihr, die mit einer älteren Freundin in einer Ecke saß. »Hauke!«, rief sie, mit ihrem schmalen Antlitz zu ihm aufblickend, »bist du hier? Ich sah dich doch nicht tanzen!«

»Ich tanzte auch nicht«, erwiderte er.

– »Weshalb nicht, Hauke?« Und sich halb erhebend, setzte sie hinzu: »Willst du mit mir tanzen? Ich hab es Ole Peters nicht gegönnt; der kommt nicht wieder!«

Aber Hauke machte keine Anstalt. »Ich danke, Elke«, sagte er, »ich verstehe das nicht gut genug; sie könnten über dich lachen; und dann...« Er stockte plötzlich und sah sie nur aus seinen grauen Augen herzlich an, als ob er's ihnen über-lassen müsse, das Übrige zu sagen.

»Was meinst du, Hauke?«, frug sie leise.

– »Ich mein, Elke, es kann ja doch der Tag nicht schöner für mich ausgehn, als er's schon getan hat.«

»Ja«, sagte sie, »du hast das Spiel gewonnen.«

»Elke!«, mahnte er kaum hörbar.

Da schlug ihr eine heiße Lohe in das Angesicht. »Geh!«, sagte sie, »was willst du?« und schlug die Augen nieder.

5 Als aber die Freundin jetzt von einem Burschen zum Tanze fortgezogen wurde, sagte Hauke lauter: »Ich dachte, Elke, ich hätt was Besseres gewonnen!« Noch ein paar Augenblicke suchten ihre Augen auf dem Boden; dann hob sie sie langsam, und ein Blick, mit der stillen Kraft ihres Wesens, traf in die 10 seinen, der ihn wie Sommerluft durchströmte. »Tu, wie dir ums Herz ist, Hauke!«, sprach sie, »wir sollten uns wohl kennen!«

Elke tanzte an diesem Abend nicht mehr, und als beide dann nach Hause gingen, hatten sie sich Hand in Hand 15 gefasst; aus der Himmelshöhe funkelten die Sterne über der schweigenden Marsch; ein leichter Ostwind wehte und brachte strenge Kälte; die beiden aber gingen, ohne viel Tücher und Umhang, dahin, als sei es plötzlich Frühling worden.

Hauke hatte sich auf ein Ding besonnen, dessen passende Ver- 20 wendung zwar in ungewisser Zukunft lag, mit dem er sich aber eine stille Feier zu bereiten gedachte. Deshalb ging er am nächsten Sonntag in die Stadt zum alten Goldschmied Andersen und bestellte einen starken Goldring. »Streckt den Finger her, damit wir messen!«, sagte der Alte und fasste ihm nach 25 dem Goldfinger. »Nun«, meinte er, »der ist nicht gar so dick, wie sie bei euch Leuten sonst zu sein pflegen!« Aber Hauke sagte: »Messet lieber am kleinen Finger!« und hielt ihm den entgegen.

Der Goldschmied sah ihn etwas verdutzt an; aber was 30 kümmerten ihn die Einfälle der jungen Bauernburschen. »Da werden wir schon so einen unter den Mädchenringen haben!«, sagte er, und Hauke schoss das Blut durch beide Wangen.

Lohe
Glut, Flamme,
hier: sie wird rot

Aber der kleine Goldring passte auf seinen kleinen Finger,
und er nahm ihn hastig und bezahlte ihn mit blankem Silber;
dann steckte er ihn unter lautem Herzklopfen, und als ob er
einen feierlichen Akt begehe, in die Westentasche. Dort trug
er ihn seitdem an jedem Tage mit Unruhe und doch mit Stolz,   5
als sei die Westentasche nur dazu da, um einen Ring darin zu
tragen.

Er trug ihn so über Jahr und Tag, ja der Ring musste sogar
aus dieser noch in eine neue Westentasche wandern; die Gelegenheit zu seiner Befreiung hatte sich noch immer nicht   10
ergeben wollen. Wohl war's ihm durch den Kopf geflogen,
nur gradenwegs vor seinen Wirt hinzutreten; sein Vater war
ja doch auch ein Eingesessener! Aber wenn er ruhiger wurde,
dann wusste er wohl, der alte Deichgraf würde seinen Kleinknecht ausgelacht haben. Und so lebten er und des Deich-   15
grafen Tochter nebeneinander hin; auch sie in mädchenhaftem
Schweigen, und beide doch, als ob sie allzeit Hand in Hand
gingen.

Ein Jahr nach jenem Winterfesttag hatte Ole Peters seinen
Dienst gekündigt und mit Vollina Harders Hochzeit gemacht;   20
Hauke hatte Recht gehabt: der Alte war auf Altenteil gegangen, und statt der dicken Tochter ritt nun der muntere Schwie-
gersohn die gelbe Stute in die Fenne und, wie es hieß, rückwärts allzeit gegen den Deich hinan. Hauke war Großknecht
geworden und ein Jüngerer an seine Stelle getreten; wohl hat-   25
te der Deichgraf ihn erst nicht wollen aufrücken lassen.
»Kleinknecht ist besser!«, hatte er gebrummt, »ich brauch ihn
hier bei meinen Büchern!« Aber Elke hatte ihm vorgehalten:
»Dann geht auch Hauke, Vater!« Da war dem Alten bange
geworden, und Hauke war zum Großknecht aufgerückt, hat-   30
te aber trotz dessen nach wie vor auch an der Deichgrafschaft
mitgeholfen.

Nach einem andern Jahr aber begann er gegen Elke davon zu reden, sein Vater werde kümmerlich, und die paar Tage, die der Wirt ihn im Sommer in dessen Wirtschaft lasse, täten's nun nicht mehr; der Alte quäle sich, er dürfe das nicht länger ansehn. – Es war ein Sommerabend; die beiden standen im Dämmerschein unter der großen Esche vor der Haustür. Das Mädchen sah eine Weile stumm in die Zweige des Baumes hinauf; dann entgegnete sie: »Ich hab's nicht sagen wollen, Hauke; ich dachte, du würdest selber wohl das Rechte treffen.«

»Ich muss dann fort aus eurem Hause«, sagte er, »und kann nicht wiederkommen.«

Sie schwiegen eine Weile und sahen in das Abendrot, das drüben hinterm Deiche in das Meer versank. »Du musst es wissen«, sagte sie, »ich war heut Morgen noch bei deinem Vater und fand ihn in seinem Lehnstuhl eingeschlafen; die Reißfeder in der Hand, das Reißbrett mit einer halben Zeichnung lag vor ihm auf dem Tisch; – und da er erwacht war und mühsam ein Viertelstündchen mit mir geplaudert hatte und ich nun gehen wollte, da hielt er mich so angstvoll an der Hand zurück, als fürchte er, es sei zum letzten Mal; aber...«

»Was aber, Elke?«, frug Hauke, da sie fortzufahren zögerte.

Ein paar Tränen rannen über die Wangen des Mädchens. »Ich dachte nur an meinen Vater«, sagte sie, »glaub mir, es wird ihm schwer ankommen, dich zu missen.« Und als ob sie zu dem Worte sich ermannen müsse, fügte sie hinzu: »Mir ist es oft, als ob er auf seine Totenkammer rüste.«

Hauke antwortete nicht; ihm war es plötzlich, als rühre sich der Ring in seiner Tasche; aber noch bevor er seinen Unmut über diese unwillkürliche Lebensregung unterdrückt hatte, fuhr Elke fort: »Nein, zürn nicht, Hauke! Ich trau, du wirst auch so uns nicht verlassen!«

kümmerlich
altersschwach

Reißfeder
Zeichenfeder aus Metall
Reißbrett
Zeichenbrett

schwer ankommen
schwer fallen
missen
vermissen, nicht vor Ort zu haben
Totenkammer
Zimmer, in dem die Leiche aufgebahrt wird
rüste
vorbereiten
zürnen
sich ärgern
trauen
glauben, es für möglich halten

Da ergriff er eifrig ihre Hand, und sie entzog sie ihm nicht. Noch eine Weile standen die jungen Menschen in dem sinkenden Dunkel beieinander, bis ihre Hände auseinander glitten und jedes seine Wege ging. – Ein Windstoß fuhr empor und rauschte durch die Eschenblätter und machte die Läden klappern, die an der Vorderseite des Hauses waren; allmählich aber kam die Nacht, und Stille lag über der ungeheueren Ebene.

Durch Elkes Zutun war Hauke von dem alten Deichgrafen seines Dienstes entlassen worden, obgleich er ihm rechtzeitig nicht gekündigt hatte, und zwei neue Knechte waren jetzt im Hause. – Noch ein paar Monate weiter, dann starb Tede Haien; aber bevor er starb, rief er den Sohn an seine Lagerstatt. »Setz dich zu mir, mein Kind«, sagte der Alte mit matter Stimme, »dicht zu mir! Du brauchst dich nicht zu fürchten; wer bei mir ist, das ist nur der dunkle Engel des Herrn, der mich zu rufen kommt.«

der dunkle Engel des Herrn Todesengel

Und der erschütterte Sohn setzte sich dicht an das dunkle Wandbett. »Sprecht, Vater, was Ihr noch zu sagen habt!«

»Ja, mein Sohn, noch etwas«, sagte der Alte und streckte seine Hände über das Deckbett. »Als du, noch ein halber Junge, zu dem Deichgrafen in Dienst gingst, da lag's in deinem Kopf, das selbst einmal zu werden. Das hatte mich angesteckt, und ich dachte auch allmählich, du seiest der rechte Mann dazu. Aber dein Erbe war für solch ein Amt zu klein, ich habe während deiner Dienstzeit knapp gelebt – ich dacht es zu vermehren.«

Hauke fasste heftig seines Vaters Hände, und der Alte suchte sich aufzurichten, dass er ihn sehen könne. »Ja, ja, mein Sohn«, sagte er, »dort in der obersten Schublade der Schatulle liegt das Dokument. Du weißt, die alte Antje Wohlers hat eine Fenne von fünf und einem halben Demat; aber sie konn-

te mit dem Mietgelde allein in ihrem krüppelhaften Alter nicht mehr durchfinden; da habe ich allzeit um Martini eine bestimmte Summe, und auch mehr, wenn ich es hatte, dem armen Mensch gegeben; und dafür hat sie die Fenne mir über-
5 tragen; es ist alles gerichtlich fertig. – – Nun liegt auch sie am Tode: die Krankheit unserer Marschen, der Krebs, hat sie befallen; du wirst nicht mehr zu zahlen brauchen!«

Eine Weile schloss er die Augen; dann sagte er noch: »Es ist nicht viel; doch hast du mehr dann, als du bei mir gewohnt
10 warst. Mög es dir zu deinem Erdenleben dienen!«

Unter den Dankesworten des Sohnes schlief der Alte ein. Er hatte nichts mehr zu besorgen; und schon nach einigen Tagen hatte der dunkle Engel des Herrn ihm seine Augen für immer zugedrückt, und Hauke trat sein väterliches Erbe an.
15 – – Am Tage nach dem Begräbnis kam Elke in dessen Haus. »Dank, dass du einguckst, Elke!«, rief Hauke ihr als Gruß entgegen.

Aber sie erwiderte: »Ich guck nicht ein; ich will bei dir ein wenig Ordnung schaffen, damit du ordentlich in deinem
20 Hause wohnen kannst! Dein Vater hat vor seinen Zahlen und Rissen nicht viel um sich gesehen, und auch der Tod schafft Wirrsal; ich will's dir wieder ein wenig lebig machen!«

Er sah aus seinen grauen Augen voll Vertrauen auf sie hin. »So schaff nur Ordnung!«, sagte er, »ich hab's auch lieber.«
25 Und dann begann sie aufzuräumen: das Reißbrett, das noch dalag, wurde abgestäubt und auf den Boden getragen, Reißfedern und Bleistift und Kreide sorgfältig in einer Schatullenschublade weggeschlossen; dann wurde die junge Dienstmagd zur Hülfe hereingerufen und mit ihr das Gerät
30 der ganzen Stube in eine andere und bessere Stellung gebracht, so dass es anschien, als sei dieselbe nun heller und größer geworden. Lächelnd sagte Elke: »Das können nur wir Frauen!« Und Hauke, trotz seiner Trauer um den Vater, hatte mit

---

Mietgelde
Pachteinnahmen

einguckst
besuchst, vorbei
schaust

Rissen
Zeichnungen
lebig
lebendig

glücklichen Augen zugesehen, auch wohl selber, wo es nötig war, geholfen.

Und als gegen die Dämmerung – es war zu Anfang des Septembers – alles war, wie sie es für ihn wollte, fasste sie seine Hand und nickte ihm mit ihren dunkeln Augen zu: »Nun komm und iss bei uns zu Abend; denn meinem Vater hab ich's versprechen müssen, dich mitzubringen; wenn du dann heimgehst, kannst du ruhig in dein Haus treten!«

Als sie dann in die geräumige Wohnstube des Deichgrafen traten, wo bei verschlossenen Läden schon die beiden Lichter auf dem Tische brannten, wollte dieser aus seinem Lehnstuhl in die Höhe, aber mit seinem schweren Körper zurücksinkend, rief er nur seinem früheren Knecht entgegen: »Recht, recht, Hauke, dass du deine alten Freunde aufsuchst! Komm nur näher, immer näher!« Und als Hauke an seinen Stuhl getreten war, fasste er dessen Hand mit seinen beiden runden Händen. »Nun, nun, mein Junge«, sagte er, »sei nur ruhig jetzt, denn sterben müssen wir alle, und dein Vater war keiner von den Schlechtesten! – Aber, Elke, nun sorg, dass du den Braten auf den Tisch kriegst; wir müssen uns stärken! Es gibt viel Arbeit für uns, Hauke! Die Herbstschau ist in Anmarsch; Deich- und Sielrechnungen haushoch; der neuliche Deichschaden am Westerkoog – ich weiß nicht, wo mir der Kopf steht, aber deiner, gottlob, ist um ein gut Stück jünger; du bist ein braver Junge, Hauke!«

Und nach dieser langen Rede, womit der Alte sein ganzes Herz dargelegt hatte, ließ er sich in seinen Stuhl zurückfallen und blinzelte sehnsüchtig nach der Tür, durch welche Elke eben mit der Bratenschüssel hereintrat. Hauke stand lächelnd neben ihm. »Nun setz dich«, sagte der Deichgraf, »damit wir nicht unnötig Zeit verspillen; kalt schmeckt das nicht!«

Und Hauke setzte sich; es schien ihm Selbstverstand, die Arbeit von Elkes Vater mitzutun. Und als die Herbstschau

Herbstschau
Kontrolle der
Deiche und Siele
im Herbst
Westerkoog
Koog im Westen

verspillen
vergeuden,
verschwenden
Selbstverstand
selbstverständlich

dann gekommen war und ein paar Monde mehr ins Jahr gingen, da hatte er freilich auch den besten Teil daran getan.“

Der Erzähler hielt inne und blickte um sich. Ein Möwenschrei war gegen das Fenster geschlagen, und draußen vom Hausflur aus wurde ein Trampeln hörbar, als ob einer den Klei von seinen schweren Stiefeln abtrete.

Deichgraf und Gevollmächtigte wandten die Köpfe gegen die Stubentür. »Was ist?«, rief der erstere.

Ein starker Mann, den Südwester auf dem Kopf, war eingetreten. »Herr«, sagte er, »wir beide haben es gesehen, Hans Nickels und ich: der Schimmelreiter hat sich in den Bruch gestürzt!«

Bruch
→ S. 235

»Wo saht Ihr das?«, frug der Deichgraf.

– »Es ist ja nur die eine Wehle; in Jansens Fenne, wo der Hauke-Haien-Koog beginnt.«

»Saht Ihr's nur einmal?«

– »Nur einmal; es war auch nur wie Schatten, aber es braucht drum nicht das erste Mal gewesen zu sein.«

Der Deichgraf war aufgestanden. »Sie wollen entschuldigen«, sagte er, sich zu mir wendend, »wir müssen draußen nachsehn, wo das Unheil hin will!« Dann ging er mit dem Boten zur Tür hinaus; aber auch die übrige Gesellschaft brach auf und folgte ihm.

Ich blieb mit dem Schullehrer allein in dem großen öden Zimmer; durch die unverhangenen Fenster, welche nun nicht mehr durch die Rücken der davorsitzenden Gäste verdeckt wurden, sah man frei hinaus und wie der Sturm die dunklen Wolken über den Himmel jagte.

Der Alte saß noch auf seinem Platze, ein überlegenes, fast mitleidiges Lächeln auf seinen Lippen. »Es ist hier zu leer geworden«, sagte er, »darf ich Sie zu mir auf mein Zimmer laden? Ich wohne hier im Hause; und glauben Sie mir, ich kenne die Wetter hier am Deich; für uns ist nichts zu fürchten.«

Ich nahm das dankend an, denn auch mich wollte hier zu frösteln anfangen, und wir stiegen unter Mitnahme eines Lichtes die Stiegen zu einer Giebelstube hinauf, die zwar gleichfalls gegen Westen hinauslag, deren Fenster aber jetzt mit dunklen Wollteppichen verhangen waren. In einem Bücherregal sah ich eine kleine Bibliothek, daneben die Porträte zweier alter Professoren; vor einem Tische stand ein großer Ohrenlehnstuhl. »Machen Sie sich's bequem!«, sagte mein freundlicher Wirt und warf einige Torf in den noch glimmenden kleinen Ofen, der oben von einem Blechkessel gekrönt war. »Nur noch ein Weilchen! Er wird bald sausen; dann brau ich uns ein Gläschen Grog, das hält Sie munter!«

»Dessen bedarf es nicht«, sagte ich, »ich werd nicht schläfrig, wenn ich Ihren Hauke auf seinem Lebensweg begleite!«

– »Meinen Sie?« Und er nickte mit seinen klugen Augen zu mir herüber, nachdem ich behaglich in seinem Lehnstuhl untergebracht war. »Nun, wo blieben wir denn? – – Ja, ja; ich weiß schon! Also:«

»Hauke hatte sein väterliches Erbe angetreten, und da die alte Antje Wohlers auch ihrem Leiden erlegen war, so hatte deren Fenne es vermehrt. Aber seit dem Tode oder, richtiger, seit den letzten Worten seines Vaters war in ihm etwas aufgewachsen, dessen Keim er schon seit seiner Knabenzeit in sich getragen hatte; er wiederholte es sich mehr als zu oft, er sei der rechte Mann, wenn's einen neuen Deichgrafen geben müsse. Das war es; sein Vater, der es verstehen musste, der ja der klügste Mann im Dorf gewesen war, hatte ihm dieses Wort wie eine letzte Gabe seinem Erbe beigelegt; die Wohlerssche Fenne, die er ihm auch verdankte, sollte den ersten Trittstein zu dieser Höhe bilden! Denn, freilich, auch mit dieser – ein Deichgraf musste noch einen andern Grundbesitz aufweisen können! – – Aber sein Vater hatte sich einsame Jahre knapp

Stiegen
Treppen

Porträte
Portraits, Bilder

Torf
mit getrockneten Torf wurde
geheizt

beholfen, und mit dem, was er sich entzogen hatte, war er des neuen Besitzes Herr geworden; das konnte er auch, er konnte noch mehr; denn seines Vaters Kraft war schon verbraucht gewesen, er aber konnte noch jahrelang die schwerste Arbeit

5 tun! – – Freilich, wenn er es dadurch nach dieser Seite hin erzwang, durch die Schärfen und Spitzen, die er der Verwaltung seines alten Dienstherrn zugesetzt hatte, war ihm eben keine Freundschaft im Dorf zuwege gebracht worden, und Ole Peters, sein alter Widersacher, hatte jüngsthin eine Erb-

10 schaft getan und begann ein wohlhabender Mann zu werden! Eine Reihe von Gesichtern ging vor seinem innern Blick vorüber, und sie sahen ihn alle mit bösen Augen an; da fasste ihn ein Groll gegen diese Menschen: er streckte die Arme aus, als griffe er nach ihnen, denn sie wollten ihn vom Amte drängen,

15 zu dem von allen nur er berufen war. Und die Gedanken ließen ihn nicht; sie waren immer wieder da, und so wuchsen in seinem jungen Herzen neben der Ehrenhaftigkeit und Liebe auch die Ehrsucht und der Hass. Aber diese beiden verschloss er tief in seinem Innern; selbst Elke ahnte nichts davon.

20 – Als das neue Jahr gekommen war, gab es eine Hochzeit; die Braut war eine Verwandte von Haiens, und Hauke und Elke waren beide dort geladene Gäste; ja, bei dem Hochzeitessen traf es sich durch das Ausbleiben eines näheren Verwandten, dass sie ihre Plätze nebeneinander fanden. Nur ein

25 Lächeln, das über beider Antlitz glitt, verriet ihre Freude darüber. Aber Elke saß heute teilnahmslos in dem Geräusche des Plauderns und Gläserklirrens.

»Fehlt dir etwas?«, frug Hauke.

 – »Oh, eigentlich nichts; es sind mir nur zu viele Menschen

30 hier.«

»Aber du siehst so traurig aus!«
Sie schüttelte den Kopf; dann sprachen sie wieder nicht.
Da stieg es über ihr Schweigen wie Eifersucht in ihm auf,

jüngsthin
vor kurzem

und heimlich unter dem überhängenden Tischtuch ergriff er ihre Hand; aber sie zuckte nicht, sie schloss sich wie vertrauensvoll um seine. Hatte ein Gefühl der Verlassenheit sie befallen, da ihre Augen täglich auf der hinfälligen Gestalt des Vaters haften mussten? – Hauke dachte nicht daran, sich so zu fragen; aber ihm stand der Atem still, als er jetzt seinen Goldring aus der Tasche zog. »Lässt du ihn sitzen?«, frug er zitternd, während er den Ring auf den Goldfinger der schmalen Hand schob.

Gegenüber am Tische saß die Frau Pastorin; sie legte plötzlich ihre Gabel hin und wandte sich zu ihrem Nachbar. »Mein Gott, das Mädchen!«, rief sie, »sie wird ja totenblass!«

Aber das Blut kehrte schon zurück in Elkes Antlitz. »Kannst du warten, Hauke?«, frug sie leise.

Der kluge Friese besann sich doch noch ein paar Augenblicke. »Auf was?«, sagte er dann.

– »Du weißt das wohl; ich brauch dir's nicht zu sagen.«

»Du hast Recht«, sagte er, »ja, Elke, ich kann warten, wenn's nur ein menschlich Absehen hat!«

»O Gott, ich fürcht, ein nahes! Sprich nicht so, Hauke, du sprichst von meines Vaters Tod!« Sie legte die andere Hand auf ihre Brust. »Bis dahin«, sagte sie, »trag ich den Goldring hier; du sollst nicht fürchten, dass du bei meiner Lebzeit ihn zurückbekommst!«

Da lächelten sie beide, und ihre Hände pressten sich ineinander, dass bei anderer Gelegenheit das Mädchen wohl laut aufgeschrien hätte.

Die Frau Pastorin hatte indessen unablässig nach Elkes Augen hingesehen, die jetzt unter dem Spitzenstrich des goldbrokatenen Käppchens wie in dunklem Feuer brannten. Bei dem zunehmenden Getöse am Tische aber hatte sie nichts verstanden; auch an ihren Nachbar wandte sie sich nicht wieder,

Absehen etwas, das in naher Zukunft geschieht

Goldbrokat gemustertes Seidenfadengewebe *Getöse* Lärm

denn keimende Ehen – und um eine solche schien es ihr sich denn doch hier zu handeln –, schon um des daneben keimenden Traupfennigs für ihren Mann, den Pastor, pflegte sie nicht zu stören.

Traupfennig
→ S. 235

⁵ Elkes Vorahnung war in Erfüllung gegangen; eines Morgens nach Ostern hatte man den Deichgrafen Tede Volkerts tot in seinem Bett gefunden; man sah's an seinem Antlitz, ein ruhiges Ende war darauf geschrieben. Er hatte auch mehrfach in den letzten Monden Lebensüberdruss geäußert; sein Leibge-¹⁰richt, der Ofenbraten, selbst seine Enten hatten ihm nicht mehr schmecken wollen.

Monden
Monaten

Und nun gab es eine große Leiche im Dorf. Droben auf der Geest auf dem Begräbnisplatz um die Kirche war zu Westen eine mit Schmiedegitter umhegte Grabstätte; ein breiter blau-¹⁵er Grabstein stand jetzt aufgehoben gegen eine Traueresche, auf welchem das Bild des Todes mit stark gezahnten Kiefern ausgehauen war; darunter in großen Buchstaben:

große Leiche
großes Begräbnis

Dat is de Dod, de allens fritt,
Nimmt Kunst un Wetenschop di mit;
²⁰De kloke Mann is nu vergahn –
Gott gäw' em selig Uperstahn!

Dat is de Dod …
Uperstahn
→ S. 235

Es war die Begräbnisstätte des früheren Deichgrafen Volkert Tedsen; nun war eine frische Grube gegraben, wohinein dessen Sohn, der jetzt verstorbene Deichgraf Tede Volkerts, be-²⁵graben werden sollte. Und schon kam unten aus der Marsch der Leichenzug heran, eine Menge Wagen aus allen Kirchspielsdörfern; auf dem vordersten stand der schwere Sarg, die beiden blanken Rappen des deichgräflichen Stalles zogen ihn schon den sandigen Anberg zur Geest hinauf; Schweife und ³⁰Mähnen der Pferde wehten in dem scharfen Frühjahrswind.

Anberg
Anhöhe, Auffahrt

Der Gottesacker um die Kirche war bis an die Wälle mit Menschen angefüllt, selbst auf dem gemauerten Tore huckten Buben mit kleinen Kindern in den Armen; sie wollten alle das Begraben ansehn.

Im Hause drunten in der Marsch hatte Elke in Pesel und Wohngelass das Leichenmahl gerüstet; alter Wein wurde bei den Gedecken hingestellt; an den Platz des Oberdeichgrafen – denn auch er war heut nicht ausgeblieben – und an den des Pastors je eine Flasche Langkork. Als alles besorgt war, ging sie durch den Stall vor die Hoftür; sie traf niemanden auf ihrem Wege; die Knechte waren mit zwei Gespannen in der Leichenfuhr. Hier blieb sie stehen und sah, während ihre Trauerkleider im Frühlingswinde flatterten, wie drüben an dem Dorfe jetzt die letzten Wagen zur Kirche hinauffuhren. Nach einer Weile entstand dort ein Gewühl, dem eine Totenstille zu folgen schien. Elke faltete die Hände; sie senkten wohl den Sarg jetzt in die Grube. »Und zur Erde wieder sollst du werden!« Unwillkürlich, leise, als hätte sie von dort es hören können, sprach sie die Worte nach; dann füllten ihre Augen sich mit Tränen, ihre über der Brust gefalteten Hände sanken in den Schoss. »Vater unser, der du bist im Himmel!«, betete sie voll Inbrunst. Und als das Gebet des Herrn zu Ende war, stand sie noch lange unbeweglich, sie, die jetzige Herrin dieses großen Marschhofes; und Gedanken des Todes und des Lebens begannen sich in ihr zu streiten.

Ein fernes Rollen weckte sie. Als sie die Augen öffnete, sah sie schon wieder einen Wagen um den anderen in rascher Fahrt von der Marsch herab und gegen ihren Hof herankommen. Sie richtete sich auf, blickte noch einmal scharf hinaus und ging dann, wie sie gekommen war, durch den Stall in die feierlich hergestellten Wohnräume zurück. Auch hier war niemand; nur durch die Mauer hörte sie das Rumoren der Mägde in der Küche. Die Festtafel stand so still und einsam;

huckten
hockten

Begraben
Begräbnis mit den Feierlichkeiten
Wohngelass
Wohnzimmer

Langkork
Flasche guten Weins mit langem Korken
Leichenfuhr
Leichenfahrt

Inbrunst
voller Gefühl, Innigkeit

Rumoren
Lärmen

der Spiegel zwischen den Fenstern war mit weißen Tüchern zugesteckt und ebenso die Messingknöpfe an dem Beilegerofen; es blinkte nichts mehr in der Stube. Elke sah die Türen vor dem Wandbett, in dem ihr Vater seinen letzten Schlaf getan hatte, offenstehen und ging hinzu und schob sie fest zusammen; wie gedankenlos las sie den Sinnspruch, der zwischen Rosen und Nelken mit goldenen Buchstaben darauf geschrieben stand:

Spiegel
→ S. 235
Beilegerofen
→ S. 236

Hest du din Dagwark richtig dan,
Da kummt de Slap von sülvst heran.

Hest du ... heran
→ S. 236

Das war noch von dem Großvater! – Einen Blick warf sie auf den Wandschrank; er war fast leer, aber durch die Glastüren sah sie noch den geschliffenen Pokal darin, der ihrem Vater, wie er gern erzählt hatte, einst bei einem Ringreiten in seiner Jugend als Preis zuteil geworden war. Sie nahm ihn heraus und setzte ihn bei dem Gedeck des Oberdeichgrafen. Dann ging sie ans Fenster, denn schon hörte sie die Wagen an der Werfte heraufrollen; einer um den andern hielt vor dem Hause, und munterer, als sie gekommen waren, sprangen jetzt die Gäste von ihren Sitzen auf den Boden. Händereibend und plaudernd drängte sich alles in die Stube; nicht lange, so setzte man sich an die festliche Tafel, auf der die wohlbereiteten Speisen dampften, im Pesel der Oberdeichgraf mit dem Pastor; und Lärm und lautes Schwatzen lief den Tisch entlang, als ob hier nimmer der Tod seine furchtbare Stille ausgebreitet hätte. Stumm, das Auge auf ihre Gäste, ging Elke mit den Mägden an den Tischen herum, dass an dem Leichenmahle nichts versehen werde. Auch Hauke Haien saß im Wohnzimmer neben Ole Peters und anderen kleineren Besitzern.

Ringreiten
→ S. 236

Nachdem das Mahl beendet war, wurden die weißen Tonpfeifen aus der Ecke geholt und angebrannt, und Elke war

versehen
fehlen
weiße Tonpfeifen
lange Tonpfeifen
nach holländischer Art

wiederum geschäftig, die gefüllten Kaffeetassen den Gästen anzubieten; denn auch der wurde heute nicht gespart. Im Wohnzimmer an dem Pulte des eben Begrabenen stand der Oberdeichgraf im Gespräche mit dem Pastor und dem weißhaarigen Deichgevollmächtigten Jewe Manners. »Alles gut, ihr Herren«, sagte der erste, »den alten Deichgrafen haben wir mit Ehren beigesetzt; aber woher nehmen wir den neuen? Ich denke, Manners, Ihr werdet Euch dieser Würde unterziehen müssen!«

Sammetkäppchen
Kopfbedeckung
aus Samt

Der alte Manners hob lächelnd das schwarze Sammetkäppchen von seinen weißen Haaren. »Herr Oberdeichgraf«, sagte er, »das Spiel würde zu kurz werden; als der verstorbene Tede Volkerts Deichgraf, da wurde ich Gevollmächtigter und bin es nun schon vierzig Jahre!«

»Das ist kein Mangel, Manners; so kennt Ihr die Geschäfte um so besser und werdet nicht Not mit ihnen haben!«

Aber der Alte schüttelte den Kopf: »Nein, nein, Euer Gnaden, lasset mich, wo ich bin, so laufe ich wohl noch ein paar Jahre mit!«

Der Pastor stand ihm bei. »Weshalb«, sagte er, »nicht den ins Amt nehmen, der es tatsächlich in den letzten Jahren doch geführt hat?«

Der Oberdeichgraf sah ihn an: »Ich verstehe nicht, Herr Pastor!«

Aber der Pastor wies mit dem Finger in den Pesel, wo Hauke in langsam ernster Weise zwei älteren Leuten etwas zu erklären schien. »Dort steht er«, sagte er, »die lange Friesengestalt mit den klugen grauen Augen neben der hageren Nase und den zwei Schädelwölbungen darüber! Er war des Alten Knecht und sitzt jetzt auf seiner eigenen kleinen Stelle; er ist zwar etwas jung!«

»Er scheint ein Dreißiger«, sagte der Oberdeichgraf, den ihm so Vorgestellten musternd.

»Er ist kaum vierundzwanzig«, bemerkte der Gevollmächtigte Manners, »aber der Pastor hat Recht: Was in den letzten Jahren Gutes für Deiche und Siele und dergleichen vom Deichgrafenamt in Vorschlag kam, das war von ihm; mit dem Alten war's doch zuletzt nichts mehr.«

»So, so?«, machte der Oberdeichgraf, »und Ihr meinet, er wäre nun auch der Mann, um in das Amt seines alten Herrn einzurücken?«

Amt einrücken
Aufgaben, das
Amt übernehmen

»Der Mann wäre er schon«, entgegnete Jewe Manners, »aber ihm fehlt das, was man hier ›Klei unter den Füßen‹ nennt; sein Vater hatte so um fünfzehn, er mag gut zwanzig Demat haben; aber damit ist bis jetzt hier niemand Deichgraf geworden.«

Der Pastor tat schon den Mund auf, als wolle er etwas einwenden, da trat Elke Volkerts, die eine Weile schon im Zimmer gewesen, plötzlich zu ihnen. »Wollen Euer Gnaden mir ein Wort erlauben?«, sprach sie zu dem Oberbeamten, »es ist nur, damit aus einem Irrtum nicht ein Unrecht werde!«

»So sprecht, Jungfer Elke!«, entgegnete dieser, »Weisheit von hübschen Mädchenlippen hört sich allzeit gut!«

– »Es ist nicht Weisheit, Euer Gnaden; ich will nur die Wahrheit sagen.«

»Auch die muss man ja hören können, Jungfer Elke!«

Das Mädchen ließ ihre dunklen Augen noch einmal zur Seite gehen, als ob sie wegen überflüssiger Ohren sich versichern wolle. »Euer Gnaden«, begann sie dann, und ihre Brust hob sich in stärkerer Bewegung, »mein Pate, Jewe Manners, sagte Ihnen, dass Hauke Haien nur etwa zwanzig Demat im Besitz habe; das ist im Augenblick auch richtig, aber sobald es sein muss, wird Hauke noch um so viel mehr sein eigen nennen, als dieser, meines Vaters, jetzt mein Hof an Dematzahl beträgt; für einen Deichgrafen wird das zusammen denn wohl reichen.«

Der alte Manners reckte den weißen Kopf gegen sie, als müsse er erst sehen, wer denn eigentlich da rede. »Was ist das?«, sagte er, »Kind, was sprichst du da?«

Aber Elke zog an einem schwarzen Bändchen einen blinkenden Goldring aus ihrem Mieder. »Ich bin verlobt, Pate Manners«, sagte sie, »hier ist der Ring, und Hauke Haien ist mein Bräutigam.«

– »Und wann – ich darf's wohl fragen, da ich dich aus der Taufe hob, Elke Volkerts –, wann ist denn das passiert?«

– »Das war schon vor geraumer Zeit; doch war ich mündig, Pate Manners«, sagte sie, »mein Vater war schon hinfällig worden, und da ich ihn kannte, so wollt ich ihn nicht mehr *itzt* damit beunruhigen; itzt, da er bei Gott ist, wird er einsehen, dass sein Kind bei diesem Manne wohl geborgen ist. Ich hätte es auch das Trauerjahr hindurch schon ausgeschwiegen; jetzt aber, um Haukes und um des Kooges willen, hab ich reden müssen.« Und zum Oberdeichgrafen gewandt, setzte sie hinzu: »Euer Gnaden wollen mir das verzeihen!«

Die drei Männer sahen sich an; der Pastor lachte, der alte Gevollmächtigte ließ es bei einem »Hm, hm!« bewenden, während der Oberdeichgraf wie vor einer wichtigen Entscheidung sich die Stirn rieb. »Ja, liebe Jungfer«, sagte er endlich, »aber wie steht es denn hier im Kooge mit den ehelichen Güterrechten? Ich muss gestehen, ich bin augenblicklich *kapitelfest* nicht recht kapitelfest in diesem Wirrsal!«

»Das brauchen Euer Gnaden auch nicht«, entgegnete des Deichgrafen Tochter, »ich werde vor der Hochzeit meinem Bräutigam die Güter übertragen. Ich habe auch meinen kleinen Stolz«, setzte sie lächelnd hinzu, »ich will den reichsten Mann im Dorfe heiraten!«

»Nun, Manners«, meinte der Pastor, »ich denke, Sie werden auch als Pate nichts dagegen haben, wenn ich den jungen Deichgrafen mit des alten Tochter zusammengebe!«

Der Alte schüttelte leis den Kopf. »Unser Herrgott gebe seinen Segen!«, sagte er andächtig.

Der Oberdeichgraf aber reichte dem Mädchen seine Hand: »Wahr und weise habt Ihr gesprochen, Elke Volkerts; ich danke Euch für so kräftige Erläuterungen und hoffe auch in Zukunft, und bei freundlicheren Gelegenheiten als heute, der Gast Eueres Hauses zu sein; aber – dass ein Deichgraf von solch junger Jungfer gemacht wurde, das ist das Wunderbare an der Sache!«

»Euer Gnaden«, erwiderte Elke und sah den gütigen Oberbeamten noch einmal mit ihren ernsten Augen an, »einem rechten Manne wird auch die Frau wohl helfen dürfen!« Dann ging sie in den anstoßenden Pesel und legte schweigend ihre Hand in Hauke Haiens.

Es war um mehrere Jahre später: In dem kleinen Hause Tede Haiens wohnte jetzt ein rüstiger Arbeiter mit Frau und Kind; der junge Deichgraf Hauke Haien saß mit seinem Weibe Elke Volkerts auf deren väterlicher Hofstelle. Im Sommer rauschte die gewaltige Esche nach wie vor am Hause, aber auf der Bank, die jetzt darunter stand, sah man abends meist nur die junge Frau, einsam mit einer häuslichen Arbeit in den Händen; noch immer fehlte ein Kind in dieser Ehe; der Mann aber hatte anderes zu tun, als Feierabend vor der Tür zu halten, denn trotz seiner früheren Mithülfe lagen aus des Alten Amtsführung eine Menge unerledigter Dinge, an die auch er derzeit zu rühren nicht für gut gefunden hatte; jetzt aber musste allmählich alles aus dem Wege; er fegte mit einem scharfen Besen. Dazu kam die Bewirtschaftung der durch seinen eigenen Landbesitz vergrößerten Stelle, bei der er gleichwohl den Kleinknecht noch zu sparen suchte; so sahen sich die beiden Eheleute, außer am Sonntag, wo Kirchgang gehalten wurde, meist nur bei dem von Hauke eilig besorgten Mittagessen und

Kirchgang
Besuch des Gottesdienst

beim Auf- und Niedergang des Tages; es war ein Leben fort-
gesetzter Arbeit, doch gleichwohl ein zufriedenes.

Dann kam ein störendes Wort in Umlauf. – Als von den
jüngeren Besitzern der Marsch- und Geestgemeinde eines
Sonntags nach der Kirche ein etwas unruhiger Trupp im Kruge droben am Trunke festgeblieben war, redeten sie beim
vierten oder fünften Glase zwar nicht über König und Regie-
rung – so hoch wurde damals noch nicht gegriffen –, wohl
aber über Kommunal- und Oberbeamte, vor allem über Ge-
meindeabgaben und -lasten, und je länger sie redeten, desto
weniger fand davon Gnade vor ihren Augen, insonders nicht
die neuen Deichlasten; alle Siele und Schleusen, die sonst immer gehalten hätten, seien jetzt reparaturbedürftig; am Deiche
fänden sich immer neue Stellen, die Hunderte von Karren Erde nötig hätten; der Teufel möchte die Geschichte holen!

»Das kommt von eurem klugen Deichgrafen«, rief einer
von den Geestleuten, »der immer grübeln geht und seine Finger dann in alles steckt!«

»Ja, Marten«, sagte Ole Peters, der dem Sprecher gegen-
übersaß, »Recht hast du, er ist hinterspinnig und sucht beim
Oberdeichgraf sich 'nen weißen Fuß zu machen; aber wir haben ihn nun einmal!«

»Warum habt ihr ihn euch aufhucken lassen?«, sagte der
andre, »nun müsst ihr's bar bezahlen.«

Ole Peters lachte. »Ja, Marten Fedders, das ist nun so bei
uns, und davon ist nichts abzukratzen; der alte wurde Deichgraf von seines Vaters, der neue von seines Weibes wegen.«
Das Gelächter, das jetzt um den Tisch lief, zeigte, welchen
Beifall das geprägte Wort gefunden hatte.

Aber es war an öffentlicher Wirtstafel gesprochen worden,
es blieb nicht da, es lief bald um im Geest- und unten in dem
Marschdorf; so kam es auch an Hauke. Und wieder ging vor
seinem inneren Auge die Reihe übelwollender Gesichter vor-

droben
oben

*Kommunal-
beamter*
Gemeinde-
beamter

hinterspinnig
hinterlistig
weißen Fuß
reine Weste

aufhucken lassen
aufdrängen
lassen

über, und noch höhnischer, als es gewesen war, hörte er das Gelächter an dem Wirtshaustische. »Hunde!«, schrie er, und seine Augen sahen grimmig zur Seite, als wolle er sie peitschen lassen.

Da legte Elke ihre Hand auf seinen Arm: »Lass sie; die wären alle gern, was du bist!«

– »Das ist es eben!«, entgegnete er grollend.

»Und«, fuhr sie fort, »hat denn Ole Peters sich nicht selber eingefreit?«

eingefreit
in einen Besitz
einheiraten

»Das hat er, Elke; aber was er mit Vollina freite, das reichte nicht zum Deichgrafen!«

– »Sag lieber: er reichte nicht dazu!« Und Elke drehte ihren Mann, so dass er sich im Spiegel sehen musste, denn sie standen zwischen den Fenstern in ihrem Zimmer. »Da steht der Deichgraf!«, sagte sie, »nun sieh ihn an; nur wer ein Amt regieren kann, der hat es!«

»Du hast nicht unrecht«, entgegnete er sinnend, »und doch ... Nun, Elke; ich muss zur Osterschleuse, die Türen schließen wieder nicht!«

Sie drückte ihm die Hand: »Komm, sieh mich erst einmal an! Was hast du, deine Augen sehen so ins Weite?«

»Nichts, Elke, du hast ja Recht.«

Er ging; aber nicht lange war er gegangen, so war die Schleusenreparatur vergessen. Ein anderer Gedanke, den er halb nur ausgedacht und seit Jahren mit sich umhergetragen hatte, der aber vor den drängenden Amtsgeschäften ganz zurückgetreten war, bemächtigte sich seiner jetzt aufs Neue und mächtiger als je zuvor, als seien plötzlich die Flügel ihm gewachsen.

Kaum dass er es selber wusste, befand er sich oben auf dem Haffdeich, schon eine weite Strecke südwärts nach der Stadt zu; das Dorf, das nach dieser Seite hinaus lag, war ihm zur Linken längst verschwunden; noch immer schritt er weiter,

Haffdeich
Deich zur See-
seite

Vorland
ungeschütztes
Land vor den
Deichen

seine Augen unablässig nach der Seeseite auf das breite Vorland gerichtet; wäre jemand neben ihm gegangen, er hätte es sehen müssen, welche eindringliche Geistesarbeit hinter diesen Augen vorging. Endlich blieb er stehen: das Vorland schwand hier zu einem schmalen Streifen an dem Deich zusammen. ›Es muss gehen!‹, sprach er bei sich selbst. ›Sieben Jahr im Amt; sie sollen nicht mehr sagen, dass ich nur Deichgraf bin von meines Weibes wegen!‹

Noch immer stand er, und seine Blicke schweiften scharf und bedächtig nach allen Seiten über das grüne Vorland; dann ging er zurück, bis wo auch hier ein schmaler Streifen grünen Weidelands die vor ihm liegende breite Landfläche ablöste. Hart an dem Deiche aber schoss ein starker Meeresstrom durch diese, der fast das ganze Vorland von dem Festlande trennte und zu einer Hallig machte; eine rohe Holzbrücke führte nach dort hinüber, damit man mit Vieh und Heu- und Getreidewagen hinüber und wieder zurück gelangen könne. Jetzt war es Ebbzeit, und die goldene Septembersonne glitzerte auf dem etwa hundert Schritte breiten Schlickstreifen

Priel
→ S. 236

und auf dem tiefen Priel in seiner Mitte, durch den auch jetzt das Meer noch seine Wasser trieb. ›Das lässt sich dämmen!‹, sprach Hauke bei sich selber, nachdem er diesem Spiele eine Zeitlang zugesehen; dann blickte er auf, und von dem Deiche, auf dem er stand, über den Priel hinweg, zog er in Gedanken eine Linie längs dem Rande des abgetrennten Landes, nach Süden herum und ostwärts wiederum zurück über die dortige Fortsetzung des Prieles und an den Deich heran. Die Linie aber, welche er unsichtbar gezogen hatte, war ein neuer Deich, neu auch in der Konstruktion seines Profiles, welches bis jetzt nur noch in seinem Kopf vorhanden war.

›Das gäbe einen Koog von zirka tausend Demat‹, sprach er lächelnd zu sich selber; ›nicht groß just; aber ...‹

Eine andere Kalkulation überkam ihn: das Vorland gehörte hier der Gemeinde, ihren einzelnen Mitgliedern eine Zahl von Anteilen, je nach der Größe ihres Besitzes im Gemeindebezirk oder nach sonst zu Recht bestehender Erwerbung; er begann zusammenzuzählen, wie viel Anteile er von seinem, wie viele er von Elkes Vater überkommen und was an solchen er während seiner Ehe schon selbst gekauft hatte, teils in dem dunklen Gefühle eines künftigen Vorteils, teils bei Vermehrung seiner Schafzucht. Es war schon eine ansehnliche Menge; denn auch von Ole Peters hatte er dessen sämtliche Teile angekauft, da es diesem zum Verdruss geschlagen war, als bei einer teilweisen Überströmung ihm sein bester Schafbock ertrunken war. Aber das war ein seltsamer Unfall gewesen, denn so weit Haukes Gedächtnis reichte, waren selbst bei hohen Fluten dort nur die Ränder überströmt worden. Welch treffliches Weide- und Kornland musste es geben und von welchem Werte, wenn das alles von seinem neuen Deich umgeben war! Wie ein Rausch stieg es ihm ins Gehirn; aber er presste die Nägel in seine Handflächen und zwang seine Augen, klar und nüchtern zu sehen, was dort vor ihm lag: eine große deichlose Fläche, wer wusst es, welchen Stürmen und Fluten schon in den nächsten Jahren preisgegeben, an deren äußerstem Rande jetzt ein Trupp von schmutzigen Schafen langsam grasend entlangwanderte; dazu für ihn ein Haufen Arbeit, Kampf und Ärger! Trotz alledem, als er vom Deich hinab- und den Fußsteig über die Fennen auf seine Werfte zuging, ihm war's, als brächte er einen großen Schatz mit sich nach Hause.

Auf dem Flur trat Elke ihm entgegen. »Wie war es mit der Schleuse?«, frug sie.

Er sah mit geheimnisvollem Lächeln auf sie nieder. »Wir werden bald eine andere Schleuse brauchen«, sagte er, »und Sielen und einen neuen Deich!«

Kalkulation
Rechnung

Überströmung
Überflutung

»Ich versteh dich nicht«, entgegnete Elke, während sie in das Zimmer gingen, »was willst du, Hauke?«

»Ich will«, sagte er langsam und hielt dann einen Augenblick inne, »ich will, dass das große Vorland, das unserer Hofstatt gegenüber beginnt und dann nach Westen ausgeht, zu einem festen Kooge eingedeicht werde: die hohen Fluten haben fast ein Menschenalter uns in Ruh gelassen; wenn aber eine von den schlimmen wiederkommt und den Anwachs stört, so kann mit einem Mal die ganze Herrlichkeit zu Ende sein; nur der alte Schlendrian hat das bis heut so lassen können!«

Sie sah ihn voll Erstaunen an. »So schiltst du dich ja selber!«, sagte sie.

– »Das tu ich, Elke; aber es war bisher auch so viel anderes zu beschaffen!«

»Ja, Hauke; gewiss, du hast genug getan!«

Er hatte sich in den Lehnstuhl des alten Deichgrafen gesetzt, und seine Hände griffen fest um beide Lehnen.

»Hast du denn guten Mut dazu?«, frug ihn sein Weib.

– »Das hab ich, Elke!«, sprach er hastig.

»Sei nicht zu rasch, Hauke; das ist ein Werk auf Tod und Leben; und fast alle werden dir entgegen sein, man wird dir deine Müh und Sorg nicht danken!«

Er nickte. »Ich weiß!«, sagte er.

»Und wenn es nun nicht gelänge!«, rief sie wieder, »von Kindesbeinen an hab ich gehört, der Priel sei nicht zu stopfen, und darum dürfe nicht daran gerührt werden.«

»Das war ein Vorwand für die Faulen!«, sagte Hauke, »weshalb denn sollte man den Priel nicht stopfen können?«

– »Das hört ich nicht; vielleicht, weil er gerade durchgeht; die Spülung ist zu stark.« – Eine Erinnerung überkam sie, und ein fast schelmisches Lächeln brach aus ihren ernsten Augen. »Als ich Kind war«, sprach sie, »hörte ich einmal die Knechte

Hofstatt
Hofplatz

Anwachs
wachsende
Pflanze

schiltst
schimpfst,
kritisierst

Spülung
Strömung

darüber reden; sie meinten, wenn ein Damm dort halten solle, müsse was Lebigs da hineingeworfen und mit verdämmt werden; bei einem Deichbau auf der andern Seite, vor wohl hundert Jahren, sei ein Zigeunerkind verdämmet worden, das sie um schweres Geld der Mutter abgehandelt hätten; jetzt aber würde wohl keine ihr Kind verkaufen!«

was Lebigs etwas Lebendiges *verdämmt* eingebaut, vergraben

Hauke schüttelte den Kopf: »Da ist es gut, dass wir keins haben, sie würden es sonst noch schier von uns verlangen!«

»Sie sollten's nicht bekommen!«, sagte Elke und schlug wie in Angst die Arme über ihren Leib.

Und Hauke lächelte; doch sie frug noch einmal: »Und die ungeheuren Kosten? Hast du das bedacht?«

– »Das hab ich, Elke; was wir dort herausbringen, wird sie bei weitem überholen, auch die Erhaltungskosten des alten Deiches gehen für ein gut Stück in dem neuen unter; wir arbeiten ja selbst und haben über achtzig Gespanne in der Gemeinde, und an jungen Fäusten ist hier auch kein Mangel. Du sollst mich wenigstens nicht umsonst zum Deichgrafen gemacht haben, Elke; ich will ihnen zeigen, dass ich einer bin!«

Gespanne Fuhrwerke mit Zugtieren

Sie hatte sich vor ihm niedergehuckt und ihn sorgvoll angeblickt; nun erhob sie sich mit einem Seufzer. »Ich muss weiter zu meinem Tagewerk«, sagte sie, und ihre Hand strich langsam über seine Wange, »tu du das deine, Hauke!«

»Amen, Elke!«, sprach er mit ernstem Lächeln, »Arbeit ist für uns beide da!«

– – Und es war Arbeit genug für beide, die schwerste Last aber fiel jetzt auf des Mannes Schulter. An Sonntagnachmittagen, oft auch nach Feierabend, saß Hauke mit einem tüchtigen Feldmesser zusammen, vertieft in Rechenaufgaben, Zeichnungen und Rissen; war er allein, dann ging es ebenso und endete oft weit nach Mitternacht. Dann schlich er in die gemeinsame Schlafkammer – denn die dumpfen Wandbetten im Wohngemach wurden in Haukes Wirtschaft nicht mehr gebraucht –, und sein Weib, damit er endlich nur zur Ruhe komme, lag wie schlafend mit geschlossenen Augen, obgleich sie mit klopfendem Herzen nur auf ihn gewartet hatte; dann küsste er mitunter ihre Stirn und sprach ein leises Liebeswort dabei, und legte sich selbst zum Schlafe, der ihm oft nur beim ersten Hahnenkraht zu Willen war. Im Wintersturm lief er auf den Deich hinaus, mit Bleistift und Papier in der Hand, und stand und zeichnete und notierte, während ein Windstoß ihm die Mütze vom Kopf riss und das lange, fahle Haar ihm um sein heißes Antlitz flog; bald fuhr er, solange nur das Eis ihm nicht den Weg versperrte, mit einem Knecht zu Boot ins Wattenmeer hinaus und maß dort mit Lot und Stange die Tiefen der Ströme, über die er noch nicht sicher war. Elke zitterte oft genug für ihn; aber war er wieder da, so hätte er das nur aus ihrem festen Händedruck oder dem leuchtenden Blitz aus ihren sonst so stillen Augen merken können. »Geduld, Elke«, sagte er, da ihm einmal war, als ob sein Weib ihn nicht lassen könne, »ich muss erst selbst im Reinen sein, bevor ich meinen Antrag stelle!« Da nickte sie und ließ ihn gehen. Der Ritte in die Stadt zum Oberdeichgrafen wurden auch nicht wenige, und allem diesen und den Mühen in Haus- und Landwirtschaft folgten immer wieder die Arbeiten in die Nacht hinein. Sein Verkehr mit anderen Menschen außer in Arbeit und Geschäft verschwand fast ganz; selbst der mit seinem Weibe wurde immer weniger. ›Es sind schlimme Zeiten, und sie werden noch lange dauern‹, sprach Elke bei sich selber und ging an ihre Arbeit.

Endlich, Sonne und Frühlingswinde hatten schon überall das Eis gebrochen, war auch die letzte Vorarbeit getan; die Eingabe an den Oberdeichgrafen zu Befürwortung an höherem Orte, enthaltend den Vorschlag einer Bedeichung des erwähnten Vorlandes, zur Förderung des öffentlichen Besten, insonders des Kooges wie nicht weniger der Herrschaftlichen

Hahnenkraht
Hahnenschrei

fahl
blass, bleich

Lot und Stange
Geräte zum Messen der Wassertiefe

Befürwortung
Überprüfung und Zustimmung

Kasse, da höchstderselben in kurzen Jahren die Abgabe von zirka tausend Demat daraus erwachsen würden – war sauber abgeschrieben und nebst anliegenden Rissen und Zeichnungen aller Lokalitäten, jetzt und künftig, der Schleusen und Siele und was noch sonst dazu gehörte, in ein festes Konvolut gepackt und mit dem deichgräflichen Amtssiegel versehen worden.

Konvolut
Bündel von Akten

»Da ist es, Elke«, sagte der junge Deichgraf, »nun gib ihm deinen Segen!«

Elke legte ihre Hand in seine. »Wir wollen fest zusammenhalten«, sagte sie.

– »Das wollen wir.«

Dann wurde die Eingabe durch einen reitenden Boten in die Stadt gesandt.

„Sie wollen bemerken, lieber Herr", unterbrach der Schulmeister seine Erzählung, mich freundlich mit seinen feinen Augen fixierend, „dass ich das bisher Berichtete während meiner fast vierzigjährigen Wirksamkeit in diesem Kooge aus den Überlieferungen verständiger Leute oder aus Erzählungen der Enkel und Urenkel solcher zusammengefunden habe; was ich, damit Sie dieses mit dem endlichen Verlauf in Einklang zu bringen vermögen, Ihnen jetzt vorzutragen habe, das war derzeit und ist auch jetzt noch das Geschwätz des ganzen Marschdorfes, sobald nur um Allerheiligen die Spinnräder an zu schnurren fangen.

Von der Hofstelle des Deichgrafen, etwa fünf- bis sechshundert Schritte weiter nordwärts, sah man derzeit, wenn man auf dem Deiche stand, ein paar tausend Schritt ins Wattenmeer hinaus und etwas weiter von dem gegenüberliegenden Marschufer entfernt eine kleine Hallig, die sie ›Jeverssand‹, auch ›Jevershallig‹ nannten. Von den derzeitigen Großvätern war sie noch zur Schafweide benutzt worden, denn Gras war damals noch darauf gewachsen; aber auch das hatte aufgehört, weil die niedrige Hallig ein paarmal, und just im Hochsommer, unter Seewasser gekommen und der Graswuchs dadurch verkümmert und auch zur Schafweide unnutzbar geworden war. So kam es denn, dass außer von Möwen und den andern Vögeln, die am Strande fliegen, und etwa einmal von einem Fischadler, dort kein Besuch mehr stattfand; und an mondhellen Abenden sah man vom Deiche aus nur die Nebeldünste leichter oder schwerer darüber hinziehen. Ein paar weißgebleichte Knochengerüste ertrunkener Schafe und das Gerippe eines Pferdes, von dem freilich niemand begriff, wie es dort hingekommen sei, wollte man, wenn der Mond von Osten auf die Hallig schien, dort auch erkennen können.

Es war zu Ende März, als an dieser Stelle nach Feierabend der Tagelöhner aus dem Tede Haienschen Hause und Iven Johns, der Knecht des jungen Deichgrafen, nebeneinanderstanden und unbeweglich nach der im trüben Mondduft kaum erkennbaren Hallig hinüberstarrten; etwas Auffälliges schien sie dort so festzuhalten. Der Tagelöhner steckte die Hände in die Tasche und schüttelte sich. »Komm, Iven«, sagte er, »das ist nichts Gutes; lass uns nach Haus gehen!«

Der andere lachte, wenn auch ein Grauen bei ihm hindurch klang: »Ei was, es ist eine lebige Kreatur, eine große! Wer, zum Teufel, hat sie nach dem Schlickstück hinaufgejagt! Sieh nur, nun reckt's den Hals zu uns hinüber! Nein, es senkt den Kopf; es frisst! Ich dächt, es wär dort nichts zu fressen! Was es nur sein mag?«

»Was geht das uns an!«, entgegnete der andere. »Gute Nacht, Iven, wenn du nicht mitwillst; ich gehe nach Haus!«

– »Ja, ja; du hast ein Weib, du kommst ins warme Bett! Bei mir ist auch in meiner Kammer lauter Märzenluft!«

Mondduft
Mondlicht

»Gut Nacht denn!«, rief der Tagelöhner zurück, während er auf dem Deich nach Hause trabte. Der Knecht sah sich ein paarmal nach dem Fortlaufenden um; aber die Begier, Unheimliches zu schauen, hielt ihn noch fest. Da kam eine untersetzte, dunkle Gestalt auf dem Deich vom Dorf her gegen ihn heran; es war der Dienstjunge des Deichgrafen. »Was willst du, Carsten?«, rief ihm der Knecht entgegen.

»Ich? – nichts«, sagte der Junge, »aber unser Wirt will dich sprechen, Iven Johns!«

Der Knecht hatte die Augen schon wieder nach der Hallig. »Gleich; ich komme gleich!«, sagte er.

»Wonach guckst du denn so?«, frug der Junge.

Der Knecht hob den Arm und wies stumm nach der Hallig. »Oha!«, flüsterte der Junge, »da geht ein Pferd – ein Schimmel – das muss der Teufel reiten – wie kommt ein Pferd nach Jevershallig?«

– »Weiß nicht, Carsten, wenn's nur ein richtiges Pferd ist!«

»Ja, ja, Iven; sieh nur, es frisst ganz wie ein Pferd! Aber wer hat's dahin gebracht; wir haben im Dorf so große Böte gar nicht! Vielleicht auch ist es nur ein Schaf; Peter Ohm sagt, im Mondschein wird aus zehn Torfringeln ein ganzes Dorf. Nein, sieh! Nun springt es – es muss doch ein Pferd sein!«

Beide standen eine Weile schweigend, die Augen nur nach dem gerichtet, was sie drüben undeutlich vor sich gehen sahen. Der Mond stand hoch am Himmel und beschien das weite Wattenmeer, das eben in der steigenden Flut seine Wasser über die glitzernden Schlickflächen zu spülen begann. Nur das leise Geräusch des Wassers, keine Tierstimme war in der ungeheuren Weite hier zu hören; auch in der Marsch, hinter dem Deiche, war es leer; Kühe und Rinder waren alle noch in den Ställen. Nichts regte sich; nur was sie für ein Pferd, einen Schimmel, hielten, schien dort auf Jevershallig noch beweg-

Böte
alter Plural von »Boote«
Torfringeln
zum Trocknen aufgeschichteter Torf

lich. »Es wird heller«, unterbrach der Knecht die Stille, »ich sehe deutlich die weißen Schafgerippe schimmern!«

»Ich auch«, sagte der Junge und reckte den Hals; dann aber, als komme es ihm plötzlich, zupfte er den Knecht am Ärmel. »Iven«, rannte er, »das Pferdsgerippe, das sonst dabei lag, wo ist es? Ich kann's nicht sehen!«

»Ich seh es auch nicht! Seltsam!«, sagte der Knecht.

– »Nicht so seltsam, Iven! Mitunter, ich weiß nicht, in welchen Nächten, sollen die Knochen sich erheben und tun, als ob sie lebig wären!«

»So?«, machte der Knecht, »das ist ja Altweiberglaube!«

»Kann sein, Iven«, meinte der Junge.

»Aber, ich mein, du sollst mich holen; komm, wir müssen nach Haus! Es bleibt hier immer doch dasselbe.«

Der Junge war nicht fortzubringen, bis der Knecht ihn mit Gewalt herumgedreht und auf den Weg gebracht hatte. »Hör, Carsten«, sagte dieser, als die gespensterhafte Hallig ihnen schon ein gut Stück im Rücken lag, »du giltst ja für einen Allerweltsbengel; ich glaub, du möchtest das am liebsten selber untersuchen!«

»Ja«, entgegnete Carsten, nachträglich noch ein wenig schaudernd, »ja, das möcht ich, Iven!«

»Ist das dein Ernst? – dann«, sagte der Knecht, nachdem der Junge ihm nachdrücklich darauf die Hand geboten hatte, »lösen wir morgen Abend unser Boot; du fährst nach Jeverssand; ich bleib so lange auf dem Deiche stehen.«

»Ja«, erwiderte der Junge, »das geht! Ich nehme meine Peitsche mit!«

»Tu das!«

Schweigend kamen sie an das Haus ihrer Herrschaft, zu dem sie langsam die hohe Werft hinanstiegen.

Um dieselbe Zeit des folgenden Abends saß der Knecht auf dem großen Steine vor der Stalltür, als der Junge, mit seiner Peitsche knallend, zu ihm kam. »Das pfeift ja wunderlich!«, sagte jener.

»Freilich, nimm dich in acht«, entgegnete der Junge, »ich hab auch Nägel in die Schnur geflochten.«

»So komm!«, sagte der andere.

Der Mond stand, wie gestern, am Osthimmel und schien klar aus seiner Höhe. Bald waren beide wieder draußen auf dem Deich und sahen hinüber nach Jevershallig, die wie ein Nebelfleck im Wasser stand. »Da geht es wieder«, sagte der Knecht, »nach Mittag war ich hier, da war's nicht da; aber ich sah deutlich das weiße Pferdsgerippe liegen!«

Der Junge reckte den Hals. »Das ist jetzt nicht da, Iven«, flüsterte er.

»Nun, Carsten, wie ist's?«, sagte der Knecht. »Juckt's dich noch, hinüberzufahren?«

Carsten besann sich einen Augenblick; dann klatschte er mit seiner Peitsche in die Luft. »Mach nur das Boot los, Iven!«

Drüben aber war es, als hebe, was dorten ging, den Hals und recke gegen das Festland hin den Kopf. Sie sahen es nicht mehr; sie gingen schon den Deich hinab und bis zur Stelle, wo das Boot gelegen war. »Nun, steig nur ein!«, sagte der Knecht, nachdem er es losgebunden hatte. »Ich bleib, bis du zurück bist! Zu Osten musst du anlegen; da hat man immer landen können!« Und der Junge nickte schweigend und fuhr mit seiner Peitsche in die Mondnacht hinaus; der Knecht wanderte unterm Deich zurück und bestieg ihn wieder an der Stelle, wo sie vorhin gestanden hatten. Bald sah er, wie drüben bei einer schroffen, dunkeln Stelle, an die ein breiter Priel hinanführte, das Boot sich beilegte und eine untersetzte Gestalt daraus ans Land sprang. – War's nicht, als klatschte der Junge mit seiner

dorten
dorthin

Peitsche? Aber es konnte auch das Geräusch der steigenden Flut sein. Mehrere hundert Schritte nordwärts sah er, was sie für einen Schimmel angesehen hatten; und jetzt! – ja, die Gestalt des Jungen kam gerade darauf zugegangen. Nun hob es den Kopf, als ob es stutze; und der Junge – es war deutlich jetzt zu hören – klatschte mit der Peitsche. Aber – was fiel ihm ein? Er kehrte um, er ging den Weg zurück, den er gekommen war. Das drüben schien unablässig fortzuweiden, kein Wiehern war von dort zu hören gewesen; wie weiße Wasserstreifen schien es mitunter über die Erscheinung hinzuziehen. Der Knecht sah wie gebannt hinüber.

Da hörte er das Anlegen des Bootes am diesseitigen Ufer, und bald sah er aus der Dämmerung den Jungen gegen sich am Deich heraufsteigen. »Nun, Carsten«, frug er, »was war es?«

Der Junge schüttelte den Kopf. »Nichts war es!« sagte er. »Noch kurz vom Boot aus hatt' ich es gesehen; dann aber, als ich auf der Hallig war – weiß der Henker, wo sich das Tier verkrochen hatte, der Mond schien doch hell genug; aber als ich an die Stelle kam, war nichts da als die bleichen Knochen von einem halben Dutzend Schafen, und etwas weiter lag auch das Pferdsgerippe mit seinem weißen, langen Schädel und ließ den Mond in seine leeren Augenhöhlen scheinen!«

»Hm!« meinte der Knecht, »hast auch recht zugesehen?«

Kiewiet
Kiebitz

»Ja, Iven, ich stand dabei; ein gottvergessener Kiewiet, der hinter dem Gerippe sich zur Nachtruh hingeduckt hatte, flog schreiend auf, dass ich erschrak und ein paarmal mit der Peitsche hintennach klatschte.«

hintennach
hinterher

»Und das war alles?«

»Ja, Iven; ich weiß nicht mehr.«

»Es ist auch genug«, sagte der Knecht, zog den Jungen am Arm zu sich heran und wies hinüber nach der Hallig. »Dort, siehst du etwas, Carsten?«

– »Wahrhaftig, da geht's ja wieder!«

»Wieder?«, sagte der Knecht, »ich hab die ganze Zeit hinübergeschaut, aber es ist gar nicht fortgewesen; du gingst ja gerade auf das Unwesen los!«

Der Junge starrte ihn an; ein Entsetzen lag plötzlich auf seinem sonst so kecken Angesicht, das auch dem Knechte nicht entging. »Komm!«, sagte dieser, »wir wollen nach Haus: von hier aus geht's wie lebig, und drüben liegen nur die Knochen – das ist mehr, als du und ich begreifen können. Schweig aber still davon, man darf dergleichen nicht verreden!«

verreden
viel darüber
reden, zerreden

So wandten sie sich, und der Junge trabte neben ihm; sie sprachen nicht, und die Marsch lag in lautlosem Schweigen an ihrer Seite.

– – Nachdem aber der Mond zurückgegangen und die Nächte dunkel geworden waren, geschah ein anderes.

Hauke Haien war zur Zeit des Pferdemarktes in die Stadt geritten, ohne jedoch mit diesem dort zu tun zu haben. Gleichwohl, da er gegen Abend heimkam, brachte er ein zweites Pferd mit sich nach Hause; aber es war rauhaarig und mager, dass man jede Rippe zählen konnte, und die Augen lagen ihm matt und eingefallen in den Schädelhöhlen. Elke war vor die Haustür getreten, um ihren Eheliebsten zu empfangen. »Hilf Himmel!«, rief sie, »was soll uns der alte Schimmel?« Denn da Hauke mit ihm vor das Haus geritten kam und unter der Esche hielt, hatte sie gesehen, dass die arme Kreatur auch lahme.

Der junge Deichgraf aber sprang lachend von seinem braunen Wallach: »Lass nur, Elke; es kostet auch nicht viel!«

Wallach
kastrierter
Hengst

Die kluge Frau erwiderte: »Du weißt doch, das Wohlfeilste ist auch meist das Teuerste.«

– »Aber nicht immer, Elke; das Tier ist höchstens vier Jahr alt; sieh es dir nur genauer an! Es ist verhungert und misshandelt; da soll ihm unser Hafer guttun; ich werd es selbst versorgen, damit sie mir's nicht überfüttern.«

Das Tier stand indessen mit gesenktem Kopf; die Mähnen hingen lang am Hals herunter. Frau Elke, während ihr Mann nach den Knechten rief, ging betrachtend um dasselbe herum; aber sie schüttelte den Kopf: »So eins ist noch nie in unserm Stall gewesen!«

Als jetzt der Dienstjunge um die Hausecke kam, blieb er plötzlich mit erschrocknen Augen stehen. »Nun, Carsten«, rief der Deichgraf, »was fährt dir in die Knochen? Gefällt dir mein Schimmel nicht?«

»Ja – o ja, uns' Weert, warum denn nicht!«

– »So bring die Tiere in den Stall; gib ihnen kein Futter; ich komme gleich selber hin!«

Der Junge fasste mit Vorsicht den Halfter des Schimmels und griff dann hastig, wie zum Schutze, nach dem Zügel des ihm ebenfalls vertrauten Wallachs. Hauke aber ging mit seinem Weibe in das Zimmer; ein Warmbier hatte sie für ihn bereit, und Brot und Butter waren auch zur Stelle.

Warmbier
Biersuppe

Er war bald gesättigt; dann stand er auf und ging mit seiner Frau im Zimmer auf und ab. »Lass dir erzählen, Elke«, sagte er, während der Abendschein auf den Kacheln an den Wänden spielte, »wie ich zu dem Tier gekommen bin: Ich war wohl eine Stunde beim Oberdeichgrafen gewesen; er hatte gute Kunde für mich – es wird wohl dies und jenes anders werden als in meinen Rissen; aber die Hauptsache, mein Profil, ist akzeptiert, und schon in den nächsten Tagen kann der Befehl zum neuen Deichbau da sein!«

Elke seufzte unwillkürlich. »Also doch?«, sagte sie sorgenvoll.

»Ja, Frau«, entgegnete Hauke, »hart wird's hergehen; aber dazu, denk ich, hat der Herrgott uns zusammengebracht! Unsere Wirtschaft ist jetzt so gut in Ordnung; ein groß Teil kannst du schon auf deine Schultern nehmen; denk nur um zehn Jahr weiter – dann stehen wir vor einem andern Besitz.«

Sie hatte bei seinen ersten Worten die Hand ihres Mannes versichernd in die ihrigen gepresst; seine letzten Worte konnten sie nicht erfreuen. »Für wen soll der Besitz?«, sagte sie. »Du müsstest denn ein ander Weib nehmen; ich bring dir keine Kinder.«

Tränen schossen ihr in die Augen; aber er zog sie fest in seine Arme. »Das überlassen wir dem Herrgott«, sagte er, »jetzt aber und auch dann noch sind wir jung genug, um uns der Früchte unserer Arbeit selbst zu freuen.«

Sie sah ihn lange, während er sie hielt, aus ihren dunkeln Augen an. »Verzeih, Hauke«, sprach sie, »ich bin mitunter ein verzagt Weib!«

Er neigte sich zu ihrem Antlitz und küsste sie: »Du bist mein Weib und ich dein Mann, Elke! Und anders wird es nun nicht mehr.«

Da legte sie die Arme fest um seinen Nacken: »Du hast Recht, Hauke, und was kommt, kommt für uns beide.« Dann löste sie sich errötend von ihm. »Du wolltest von dem Schimmel mir erzählen«, sagte sie leise.

»Das wollt ich, Elke. Ich sagte dir schon, mir war Kopf und Herz voll Freude über die gute Nachricht, die der Oberdeichgraf mir gegeben hatte; so ritt ich eben wieder aus der Stadt hinaus, da, auf dem Damm, hinter dem Hafen, begegnet' mir ein ruppiger Kerl; ich wusst nicht, war's ein Vagabund, ein Kesselflicker oder was denn sonst. Der Kerl zog den Schimmel am Halfter hinter sich; das Tier aber hob den Kopf und sah mich aus blöden Augen an; mir war's, als ob es mich um etwas bitten wolle; ich war ja auch in diesem Augenblicke reich genug. ›He, Landsmann!‹, rief ich, ›wo wollt Ihr mit der Kracke hin?‹ Der Kerl blieb stehen und der Schimmel auch. ›Verkaufen!‹, sagte jener und nickte mir listig zu. ›Nur nicht an mich!‹, rief ich lustig. ›Ich denke doch!‹, sagte er; ›das ist ein wacker Pferd und unter hundert Talern nicht bezahlt.‹

Kracke
elendes Pferd

wacker
tüchtig

Ich lachte ihm ins Gesicht.

›Nun‹, sagte er, ›lacht nicht so hart; Ihr sollt's mir ja nicht zahlen! Aber ich kann's nicht brauchen, bei mir verkommt's; es würd bei Euch bald ander Ansehen haben!‹

Da sprang ich von meinem Wallach und sah dem Schimmel ins Maul und sah wohl, es war noch ein junges Tier. ›Was soll's denn kosten?‹, rief ich, da auch das Pferd mich wiederum wie bittend ansah.

›Herr, nehmt's für dreißig Taler!‹ sagte der Kerl, ›und den Halfter geb ich Euch darein!‹

Und da, Frau, hab ich dem Burschen in die dargebotne braune Hand, die fast wie eine Klaue aussah, eingeschlagen. So haben wir den Schimmel, und ich denk auch, wohlfeil genug! Wunderlich nur war es, als ich mit den Pferden wegritt, hört ich bald hinter mir ein Lachen, und als ich den Kopf wandte, sah ich den Slowaken; der stand noch sperrbeinig, die Arme auf dem Rücken, und lachte wie ein Teufel hinter mir drein.«

»Pfui«, rief Elke, »wenn der Schimmel nur nichts von seinem alten Herrn dir zubringt! Mög er dir gedeihen, Hauke!«

»Er selber soll es wenigstens, soweit ich's leisten kann!« Und der Deichgraf ging in den Stall, wie er vorhin dem Jungen es gesagt hatte.

– – Aber nicht allein an jenem Abend fütterte er den Schimmel, er tat es fortan immer selbst und ließ kein Auge von dem Tiere; er wollte zeigen, dass er einen Priesterhandel gemacht habe; jedenfalls sollte nichts versehen werden. – Und schon nach wenig Wochen hob sich die Haltung des Tieres; allmählich verschwanden die rauen Haare; ein blankes, blaugeapfeltes Fell kam zum Vorschein, und da er es eines Tages auf der Hofstatt umher führte, schritt es schlank auf seinen festen Beinen. Hauke dachte des abenteuerlichen Verkäufers. ›Der

Kerl war ein Narr oder ein Schuft, der es gestohlen hatte!‹, murmelte er bei sich selber. – Bald auch, wenn das Pferd im Stall nur seine Schritte hörte, warf es den Kopf herum und wieherte ihm entgegen; nun sah er auch, es hatte, was die Araber verlangten, ein fleischlos Angesicht; draus blitzten ein Paar feurige braune Augen. Dann führte er es aus dem Stall und legte ihm einen leichten Sattel auf; aber kaum saß er droben, so fuhr dem Tier ein Wiehern wie ein Lustschrei aus der Kehle; es flog mit ihm davon, die Werfte hinab auf den Weg und dann dem Deiche zu; doch der Reiter saß fest, und als sie oben waren, ging es ruhiger, leicht, wie tanzend, und warf den Kopf dem Meere zu. Er klopfte und streichelte ihm den blanken Hals, aber es bedurfte dieser Liebkosung schon nicht mehr; das Pferd schien völlig eins mit seinem Reiter, und nachdem er eine Strecke nordwärts den Deich hinausgeritten war, wandte er es leicht und gelangte wieder an die Hofstatt.

Die Knechte standen unten an der Auffahrt und warteten der Rückkunft ihres Wirtes. »So, John«, rief dieser, indem er von seinem Pferde sprang, »nun reite du es in die Fenne zu den andern; es trägt dich wie in einer Wiege!«

Der Schimmel schüttelte den Kopf und wieherte laut in die sonnige Marschlandschaft hinaus, während ihm der Knecht den Sattel abschnallte und der Junge damit zur Geschirrkammer lief; dann legte er den Kopf auf seines Herrn Schulter und duldete behaglich dessen Liebkosung. Als aber der Knecht sich jetzt auf seinen Rücken schwingen wollte, sprang er mit einem jähen Satz zur Seite und stand dann wieder unbeweglich, die schönen Augen auf seinen Herrn gerichtet. »Hoho, Iven«, rief dieser, »hat er dir Leids getan?« und suchte seinem Knecht vom Boden aufzuhelfen.

Der rieb sich eifrig an der Hüfte. »Nein, Herr, es geht noch; aber den Schimmel reit der Teufel!«

Geschirrkammer **Raum zum Aufbewahren der Pferdegeschirre**

»Und ich!«, setzte Hauke lachend hinzu. »So bring ihn am Zügel in die Fenne!«

Und als der Knecht etwas beschämt gehorchte, ließ sich der Schimmel ruhig von ihm führen.

– – Einige Abende später standen Knecht und Junge miteinander vor der Stalltür; hinterm Deiche war das Abendrot erloschen, innerhalb desselben war schon der Koog von tiefer Dämmerung überwallt; nur selten kam aus der Ferne das Gebrüll eines aufgestörten Rindes oder der Schrei einer Lerche, deren Leben unter dem Überfall eines Wiesels oder einer Wasserratte endete. Der Knecht lehnte gegen den Türpfosten und rauchte aus einer kurzen Pfeife, deren Rauch er schon nicht mehr sehen konnte; gesprochen hatten er und der Junge noch nicht zusammen. Dem letzteren aber drückte etwas auf die Seele, er wusste nur nicht, wie er dem schweigsamen Knechte ankommen sollte. »Du, Iven!«, sagte er endlich, »weißt du, das Pferdsgeripp auf Jeverssand!«

»Was ist damit?«, frug der Knecht.

»Ja, Iven, was ist damit? Es ist gar nicht mehr da; weder Tages noch bei Mondschein; wohl zwanzigmal bin ich auf den Deich hinausgelaufen!«

»Die alten Knochen sind wohl zusammengepoltert?«, sagte Iven und rauchte ruhig weiter.

»Aber ich war auch bei Mondschein draußen; es geht auch drüben nichts auf Jeverssand!«

»Ja«, sagte der Knecht, »sind die Knochen auseinandergefallen, so wird's wohl nicht mehr aufstehen können!«

»Mach keinen Spaß, Iven! Ich weiß jetzt; ich kann dir sagen, wo es ist!«

Der Knecht drehte sich jäh zu ihm. »Nun, wo ist es denn?«

»Wo?«, wiederholte der Junge nachdrücklich. »Es steht in unserem Stall; da steht's, seit es nicht mehr auf der Hallig ist.

Es ist auch nicht umsonst, dass der Wirt es allzeit selber füttert; ich weiß Bescheid, Iven!«

Der Knecht paffte eine Weile heftig in die Nacht hinaus. »Du bist nicht klug, Carsten«, sagte er dann, »unser Schimmel? Wenn je ein Pferd ein lebigs war, so ist es der! Wie kann so ein Allerweltsjunge wie du in solch Altem-Weiber-Glauben sitzen!«

– – Aber der Junge war nicht zu bekehren: wenn der Teufel in dem Schimmel steckte, warum sollte er dann nicht lebendig sein? Im Gegenteil, um desto schlimmer! – Er fuhr jedesmal erschreckt zusammen, wenn er gegen Abend den Stall betrat, in dem auch sommers das Tier mitunter eingestellt wurde, und es dann den feurigen Kopf so jäh nach ihm herumwarf. »Hol's der Teufel!«, brummte er dann, »wir bleiben auch nicht lange mehr zusammen!«

So tat er sich denn heimlich nach einem neuen Dienste um, kündigte und trat um Allerheiligen als Knecht bei Ole Peters ein. Hier fand er andächtige Zuhörer für seine Geschichte von dem Teufelspferd des Deichgrafen; die dicke Frau Vollina und deren geistesstumpfer Vater, der frühere Deichgevollmächtigte Jeß Harders, hörten in behaglichem Gruseln zu und erzählten sie später allen, die gegen den Deichgrafen einen Groll im Herzen oder die an derart Dingen ihr Gefallen hatten.

Inzwischen war schon Ende März durch die Oberdeichgrafschaft der Befehl zur neuen Eindeichung eingetroffen. Hauke berief zunächst die Deichgevollmächtigten zusammen, und im Kruge oben bei der Kirche waren eines Tages alle erschienen und hörten zu, wie er ihnen die Hauptpunkte aus den bisher erwachsenen Schriftstücken vorlas: aus seinem Antrage, aus dem Bericht des Oberdeichgrafen, zuletzt den schließlichen Bescheid, worin vor allem auch die Annahme des von ihm vorgeschlagenen Profiles enthalten war und der neue Deich nicht steil wie früher, sondern allmählich verlaufend nach der Seeseite abfallen sollte; aber mit heiteren oder auch nur zufriedenen Gesichtern hörten sie nicht.

»Ja, ja«, sagte ein alter Gevollmächtigter, »da haben wir nun die Bescherung, und Proteste werden nicht helfen, da der Oberdeichgraf unserm Deichgrafen den Daumen hält!«

»Hast wohl Recht, Detlev Wiens«, setzte ein zweiter hinzu, »die Frühlingsarbeit steht vor der Tür, und nun soll auch ein millionenlanger Deich gemacht werden – da muss ja alles liegen bleiben.«

»Das könnt ihr dies Jahr noch zu Ende bringen«, sagte Hauke, »so rasch wird der Stecken nicht vom Zaun gebrochen!«

Das wollten wenige zugehen. »Aber dein Profil!«, sprach ein dritter, was Neues auf die Bahn bringend, »der Deich wird ja auch an der Außenseite nach dem Wasser so breit, wie Lawrenz sein Kind nicht lang war! Wo soll das Material herkommen? Wann soll die Arbeit fertig werden?«

»Wenn nicht in diesem, so im nächsten Jahre; das wird am meisten von uns selber abhängen!«, sagte Hauke.

Ein ärgerliches Lachen ging durch die Gesellschaft. »Aber wozu die unnütze Arbeit; der Deich soll ja nicht höher werden als der alte«, rief eine neue Stimme, »und ich mein, der steht schon über dreißig Jahre!«

»Da sagt Ihr recht«, sprach Hauke, »vor dreißig Jahren ist der alte Deich gebrochen; dann rückwärts vor fünfunddreißig, und wiederum vor fünfundvierzig Jahren; seitdem aber, obgleich er noch immer steil und unvernünftig dasteht, haben die höchsten Fluten uns verschont. Der neue Deich aber soll trotz solcher hundert und aber hundert Jahre stehen; denn er wird nicht durchbrochen werden, weil der milde Abfall nach der Seeseite den Wellen keinen Angriffspunkt entgegenstellt, und so werdet ihr für euch und euere Kinder ein sicheres Land

Stecken
Stock, Stab,
Krücke

*wie Lawrenz sein
Kind nicht lang
war*
→ S. 236

gewinnen, und das ist es, weshalb die Herrschaft und der Oberdeichgraf mir den Daumen halten; das ist es auch, was ihr zu eurem eigenen Vorteil einsehen solltet!«

Als die Versammelten hierauf nicht sogleich zu antworten bereit waren, erhob sich ein alter weißhaariger Mann mühsam von seinem Stuhle; es war Frau Elkes Pate, Jewe Manners, der auf Haukes Bitten noch immer in seinem Gevollmächtigtenamt verblieben war. »Deichgraf Hauke Haien«, sprach er, »du machst uns viel Unruhe und Kosten, und ich wollte, du hättest damit gewartet, bis mich der Herrgott hätt zur Ruhe gehen lassen; aber – Recht hast du, das kann nur die Unvernunft bestreiten. Wir haben Gott mit jedem Tag zu danken, dass er uns trotz unserer Trägheit das kostbare Stück Vorland gegen Sturm und Wasserdrang erhalten hat; jetzt aber ist es wohl die *elfte Stunde*, in der wir selbst die Hand anlegen müssen, es auch nach all unserm Wissen und Können selber uns zu wahren und auf *Gottes Langmut weiter nicht zu trotzen*. Ich, meine Freunde, bin ein Greis; ich habe Deiche bauen und brechen sehen; aber den Deich, den Hauke Haien nach ihm von Gott verliehener Einsicht *projektiert* und bei der Herrschaft für euch durchgesetzt hat, den wird niemand von euch Lebenden brechen sehen, und wolltet ihr ihm selbst nicht danken, euere Enkel werden ihm den Ehrenkranz doch *einstens* nicht versagen können!«

Jewe Manners setzte sich wieder, er nahm sein blaues Schnupftuch aus der Tasche und wischte sich ein paar Tropfen von der Stirn. Der Greis war noch immer als ein Mann von Tüchtigkeit und unantastbarer Rechtschaffenheit bekannt, und da die Versammlung eben nicht geneigt war, ihm zuzustimmen, so schwieg sie weiter. Aber Hauke Haien nahm das Wort; doch sahen alle, dass er bleich geworden. »Ich danke Euch, Jewe Manners«, sprach er, »dass Ihr noch hier seid und dass Ihr das Wort gesprochen habt; ihr andern Herren Ge-

elfte Stunde
höchste Zeit,
kurz vor Zwölf
*Gottes Langmut
weiter nicht zu
trotzen*
Gottes Geduld
weiter zu hoffen
projektiert
entworfen

einstens
später

vollmächtigten wollet den neuen Deichbau, der freilich mir zur Last fällt, zum Mindesten ansehen als ein Ding, das nun nicht mehr zu ändern steht, und lasset uns demgemäß beschließen, was nun not ist!«

»Sprechet!«, sagte einer der Gevollmächtigten. Und Hauke breitete die Karte des neuen Deiches auf dem Tische aus. »Es hat vorhin einer gefragt«, begann er, »woher die viele Erde nehmen? Ihr seht, soweit das Vorland in die Watten hinausgeht, ist außerhalb der Deichlinie ein Streifen Landes frei gelassen; daher und von dem Vorlande, das nach Nord und Süd von dem neuen Kooge an dem Deiche hinläuft, können wir die Erde nehmen; haben wir an den Wasserseiten nur eine tüchtige Lage Klei, nach innen oder in der Mitte kann auch Sand genommen werden! – Nun aber ist zunächst ein Feldmesser zu berufen, der die Linie des neuen Deiches auf dem Vorland absteckt! Der mir bei Ausarbeitung des Planes behülflich gewesen, wird wohl am besten dazu passen. Ferner werden wir zur Heranholung des Kleis oder sonstigen Materiales die Anfertigung einspänniger Sturzkarren mit Gabeldeichsel bei einigen Stellmachern verdingen müssen; wir werden für die Durchdämmung des Prieles und nach den Binnenseiten, wo wir etwa mit Sand fürliebnehmen müssen, ich kann jetzt nicht sagen, wie viel hundert Fuder Stroh zur Bestickung des Deiches gebrauchen, vielleicht mehr, als in der Marsch hier wird entbehrlich sein! – Lasset uns denn beraten, wie zunächst dies alles zu beschaffen und einzurichten ist; auch die neue Schleuse hier an der Westseite gegen das Wasser zu ist später einem tüchtigen Zimmermann zur Herstellung zu übergeben.«

Die Versammelten hatten sich um den Tisch gestellt, betrachteten mit halbem Aug die Karte und begannen allgemach zu sprechen; doch war's, als geschähe es, damit nur überhaupt etwas gesprochen werde. Als es sich um Zuziehung des Feld-

Sturzkarren
→ S. 236
Stellmachern
Wagenmacher
verdingen
in Auftrag geben
Fuder
Wagenladung

allgemach
allgemein

messers handelte, meinte einer der Jüngeren: »Ihr habt es ausgesonnen, Deichgraf; Ihr müsset selbst am besten wissen, wer
dazu taugen mag.«

ausgesonnen
ausgedacht

Aber Hauke entgegnete: »Da ihr Geschworene seid, so
müsset ihr aus eigener, nicht aus meiner Meinung sprechen,
Jakob Meyen; und wenn ihr's dann besser sagt, so werd ich
meinen Vorschlag fallen lassen!«

Geschworene
Deichbevoll-
mächtigte wur-
den vereidigt

»Nun ja, es wird schon recht sein«, sagte Jakob Meyen.

Aber einem der Älteren war es doch nicht völlig recht; er
hatte einen Bruderssohn: so einer im Feldmessen sollte hier in
der Marsch noch nicht gewesen sein, der sollte noch über des
Deichgrafen Vater, den seligen Tede Haien, gehen!

Bruderssohn
Neffe

So wurde denn über die beiden Feldmesser verhandelt und
endlich beschlossen, ihnen gemeinschaftlich das Werk zu
übertragen. Ähnlich ging es bei den Sturzkarren, bei der
Strohlieferung und allem andern, und Hauke kam spät und
fast erschöpft auf seinem Wallach, den er noch derzeit ritt, zu
Hause an. Aber als er in dem alten Lehnstuhl saß, der noch
von seinem gewichtigen, aber leichter lebenden Vorgänger
stammte, war auch sein Weib ihm schon zur Seite. »Du siehst
so müd aus, Hauke«, sprach sie und strich mit ihrer schmalen
Hand das Haar ihm von der Stirn.

»Ein wenig wohl!«, erwiderte er.

– »Und geht es denn?«

»Es geht schon«, sagte er mit bitterem Lächeln, »aber ich
selber muss die Räder schieben und froh sein, wenn sie nicht
zurückgehalten werden!«

– »Aber doch nicht von allen?«

»Nein, Elke; dein Pate, Jewe Manners, ist ein guter Mann;
ich wollt, er wär um dreißig Jahre jünger.«

Als nach einigen Wochen die Deichlinie abgesteckt und der
größte Teil der Sturzkarren geliefert war, waren sämtliche

Anteilbesitzer des einzudeichenden Kooges, ingleichen die
Besitzer der hinter dem alten Deich belegenen Ländereien,
durch den Deichgrafen im Kirchspielskrug versammelt worden; es galt, ihnen einen Plan über die Verteilung der Arbeit
und Kosten vorzulegen und ihre etwaigen Einwendungen zu
vernehmen; denn auch die letzteren hatten, sofern der neue
Deich und die neuen Siele die Unterhaltungskosten der älteren Werke verminderten, ihren Teil zu schaffen und zu tragen. Dieser Plan war für Hauke ein schwer Stück Arbeit gewesen, und wenn ihm durch Vermittelung des Oberdeichgrafen
neben einem Deichboten nicht auch noch ein Deichschreiber
wäre zugeordnet worden, er würde es so bald nicht fertig gebracht haben, obwohl auch jetzt wieder an jedem neuen Tage
in die Nacht hinein gearbeitet war. Wenn er dann todmüde
sein Lager suchte, so hatte nicht wie vordem sein Weib in nur
verstelltem Schlafe seiner gewartet; auch sie hatte so vollge-
messen ihre tägliche Arbeit, dass sie nachts wie am Grunde
eines tiefen Brunnens in unstörbarem Schlafe lag.

Als Hauke jetzt seinen Plan verlesen und die Papiere, die
freilich schon drei Tage hier im Kruge zur Einsicht ausgelegen
hatten, wieder auf den Tisch breitete, waren zwar ernste Männer zugegen, die mit Ehrerbietung diesen gewissenhaften
Fleiß betrachteten und sich nach ruhiger Überlegung den bil-
ligen Ansätzen ihres Deichgrafen unterwarfen; andere aber,
deren Anteile an dem neuen Lande von ihnen selbst oder ihren Vätern oder sonstigen Vorbesitzern waren veräußert worden, beschwerten sich, dass sie zu den Kosten des neuen Kooges hinzugezogen seien, dessen Land sie nichts mehr angehe,
uneingedenk, dass durch die neuen Arbeiten auch ihre alten
Ländereien nach und nach entbürdet würden; und wieder andere, die mit Anteilen in dem neuen Koog gesegnet waren,
schrien, man möge ihnen doch dieselben abnehmen, sie sollten um ein Geringes feil sein; denn wegen der unbilligen Leis-

tungen, die ihnen dafür aufgebürdet würden, könnten sie nicht damit bestehen. Ole Peters aber, der mit grimmigem Gesicht am Türpfosten lehnte, rief dazwischen: »Besinnt euch erst und dann vertrauet unserm Deichgrafen! Der versteht zu rechnen; er hatte schon die meisten Anteile, da wusste er auch mir die meinen abzuhandeln, und als er sie hatte, beschloss er, diesen neuen Koog zu deichen!«

Es war nach diesen Worten einen Augenblick totenstill in der Versammlung. Der Deichgraf stand an dem Tisch, auf dem er zuvor seine Papiere gebreitet hatte; er hob seinen Kopf und sah nach Ole Peters hinüber. »Du weißt wohl, Ole Peters«, sprach er, »dass du mich verleumdest; du tust es dennoch, weil du überdies auch weißt, dass doch ein gut Teil des Schmutzes, womit du mich bewirfst, an mir wird hängen bleiben! Die Wahrheit ist, dass du deine Anteile los sein wolltest und dass ich ihrer derzeit für meine Schafzucht bedurfte; und willst du Weiteres wissen, das ungewaschene Wort, das dir im Krug vom Mund gefahren, ich sei nur Deichgraf meines Weibes wegen, das hat mich aufgerüttelt, und ich hab euch zeigen wollen, dass ich wohl um meiner selbst willen Deichgraf sein könne; und somit, Ole Peters, hab ich getan, was schon der Deichgraf vor mit hätte tun sollen. Trägst du mir aber Groll, dass derzeit deine Anteile die meinen geworden sind – du hörst es ja, es sind genug, die jetzt die ihrigen um ein Billiges feilbieten, nur weil die Arbeit ihnen jetzt zu viel ist!«

Von einem kleinen Teil der versammelten Männer ging ein Beifallsmurmeln aus, und der alte Jewe Manners, der dazwischenstand, rief laut: »Bravo, Hauke Haien! Unser Herrgott wird dir dein Werk gelingen lassen!«

Aber man kam doch nicht zu Ende, obgleich Ole Peters schwieg und die Leute erst zum Abendbrote auseinander gingen; erst in einer zweiten Versammlung wurde alles geordnet;

feilbieten
verkaufen

aber auch nur, nachdem Hauke statt der ihm zukommenden drei Gespanne für den nächsten Monat deren vier auf sich genommen hatte.

Endlich, als schon die Pfingstglocken durch das Land läuteten, hatte die Arbeit begonnen. Unablässig fuhren die Sturzkarren von dem Vorlande an die Deichlinie, um den geholten Klei dort abzustürzen, und gleicherweise war dieselbe Anzahl schon wieder auf der Rückfahrt, um auf dem Vorland neuen aufzuladen; an der Deichlinie selber standen Männer mit Schaufeln und Spaten, um das Abgeworfene an seinen Platz zu bringen und zu ebnen; *ungeheuere* Fuder Stroh wurden angefahren und abgeladen; nicht nur zur Bedeckung des leichteren Materials, wie Sand und lose Erde, dessen man an den Binnenseiten sich bediente, wurde das Stroh benutzt; allmählich wurden einzelne Strecken des Deiches fertig, und die *Grassoden*, womit man sie belegt hatte, wurden stellenweis zum Schutz gegen die nagenden Wellen mit fester Strohbestickung überzogen. Bestellte Aufseher gingen hin und her, und wenn es stürmte, standen sie mit aufgerissenen Mäulern und schrien ihre Befehle durch Wind und Wetter; dazwischen ritt der Deichgraf auf seinem Schimmel, den er jetzt ausschließlich in Gebrauch hatte, und das Tier flog mit dem Reiter hin und wider, wenn er rasch und trocken seine Anordnungen machte, wenn er die Arbeiter lobte oder, wie es wohl geschah, einen Faulen oder Ungeschickten ohn Erbarmen aus der Arbeit wies. »Das hilft nicht!«, rief er dann, »um deine Faulheit darf uns nicht der Deich verderben!« Schon von weitem, wenn er unten aus dem Koog heraufkam, hörten sie das Schnauben seines Rosses, und alle Hände fassten fester in die Arbeit: »Frisch zu! Der Schimmelreiter kommt!«

War es um die Frühstückszeit, wo die Arbeiter mit ihrem Morgenbrot haufenweis beisammen auf der Erde lagen, dann ritt Hauke an den verlassenen Werken entlang, und seine Au-

ungeheuere
unzählige

Grassoden
Rasenstücke

bestellte Aufseher
mit besonderen
Aufträgen ver-
sehene Arbeiter

gen waren scharf, wo liederliche Hände den Spaten geführt hatten. Wenn er aber zu den Leuten ritt und ihnen auseinandersetzte, wie die Arbeit müsse beschafft werden, sahen sie wohl zu ihm auf und kauten geduldig an ihrem Brote weiter; aber eine Zustimmung oder auch nur eine Äußerung hörte er nicht von ihnen. Einmal zu solcher Tageszeit, es war schon spät, da er an einer Deichstelle die Arbeit in besonderer Ordnung gefunden hatte, ritt er zu dem nächsten Haufen der Frühstückenden, sprang von seinem Schimmel und frug heiter, wer dort so sauberes Tagewerk verrichtet hätte; aber sie sahen ihn nur scheu und düster an, und nur langsam und wie widerwillig wurden ein paar Namen genannt. Der Mensch, dem er sein Pferd gegeben hatte, das ruhig wie ein Lamm stand, hielt es mit beiden Händen und blickte wie angstvoll nach den schönen Augen des Tieres, die es, wie gewöhnlich, auf seinen Herrn gerichtet hielt.

»Nun, Marten!«, rief Hauke, »was stehst du, als ob dir der Donner in die Beine gefahren sei?«

– »Herr, Euer Pferd, es ist so ruhig, als ob es Böses vorhabe!«

Hauke lachte und nahm das Pferd selbst am Zügel, das sogleich liebkosend den Kopf an seiner Schulter rieb. Von den Arbeitern sahen einige scheu zu Ross und Reiter hinüber, andere, als ob das alles sie nicht kümmere, aßen schweigend ihre Frühkost, dann und wann den Möwen einen Brocken hinaufwerfend, die sich den Futterplatz gemerkt hatten und mit ihren schlanken Flügeln sich fast auf ihre Köpfe senkten.

Der Deichgraf blickte eine Weile wie gedankenlos auf die bettelnden Vögel und wie sie die zugeworfenen Bissen mit ihren Schnäbeln haschten; dann sprang er in den Sattel und ritt, ohne sich nach den Leuten umzusehen, davon; einige Worte, die jetzt unter ihnen laut wurden, klangen ihm fast wie Hohn. ›Was ist das?‹, sprach er bei sich selber. ›Hatte denn

Tagewerk
Arbeit eines
Tages

Elke Recht, dass sie alle gegen mich sind? Auch diese Knechte und kleinen Leute, von denen vielen durch meinen neuen Deich doch eine Wohlhabenheit ins Haus wächst?‹

Er gab seinem Pferde die Sporen, dass es wie toll in den Koog hinabflog. Von dem unheimlichen Glanze freilich, mit dem sein früherer Dienstjunge den Schimmelreiter bekleidet hatte, wusste er selber nichts; aber die Leute hätten ihn jetzt nur sehen sollen, wie aus seinem hageren Gesicht die Augen starrten, wie sein Mantel flog und wie der Schimmel sprühte!

– – So war der Sommer und der Herbst vergangen; noch bis gegen Ende November war gearbeitet worden, dann geboten Frost und Schnee dem Werke Halt; man war nicht fertig geworden und beschloss, den Koog offen liegenzulassen. Acht Fuß ragte der Deich aus der Fläche hervor; nur wo westwärts gegen das Wasser hin die Schleuse gelegt werden sollte, hatte man eine Lücke gelassen; auch oben vor dem alten Deiche war der Priel noch unberührt. So konnte die Flut, wie in den letzten dreißig Jahren, in den Koog hinein dringen, ohne dort oder an dem neuen Deiche großen Schaden anzurichten. Und so überließ man dem großen Gott das Werk der Menschenhände und stellte es in seinen Schutz, bis die Frühlingssonne die Vollendung würde möglich machen.

– – Inzwischen hatte im Hause des Deichgrafen sich ein frohes Ereignis vorbereitet: im neunten Ehejahre war noch ein Kind geboren worden. Es war rot und hutzelig und wog seine sieben Pfund, wie es für neugeborene Kinder sich gebührt, wenn sie, wie dies, dem weiblichen Geschlechte angehören; nur sein Geschrei war wunderlich verhohlen und hatte der Wehmutter nicht gefallen wollen. Das Schlimmste war: am dritten Tage lag Elke im hellen Kindbettfieber, redete Irrsal und kannte weder ihren Mann noch ihre alte Helferin. Die unbändige Freude, die Hauke beim Anblick seines Kindes ergriffen hatte, war zu Trübsal geworden; der Arzt aus der

Wehmutter
Hebamme
Kindbettfieber
➔ S. 236
Irrsal
wirres Zeug
Trübsal
innerem Leid,
Trauer

Stadt war geholt, er saß am Bett und fühlte den Puls und verschrieb und sah ratlos um sich her. Hauke schüttelte den Kopf: »Der hilft nicht; nur Gott kann helfen!« Er hatte sich sein eigen Christentum zurechtgerechnet, aber es war etwas, das sein Gebet zurückhielt. Als der alte Doktor davongefahren war, stand er am Fenster, in den winterlichen Tag hinausstarrend, und während die Kranke aus ihren Fantasien aufschrie, schränkte er die Hände zusammen; er wusste selber nicht, war es aus Andacht oder war es nur, um in der ungeheuren Angst sich selbst nicht zu verlieren.

»Wasser! Das Wasser!«, wimmerte die Kranke. »Halt mich!«, schrie sie, »halt mich, Hauke!« Dann sank die Stimme, es klang, als ob sie weine: »In See, ins Haff hinaus? O lieber Gott, ich seh ihn nimmer wieder!«

Da wandte er sich und schob die Wärterin von ihrem Bette; er fiel auf seine Knie, umfasste sein Weib und riss sie an sich: »Elke! Elke, so kenn mich doch, ich bin ja bei dir!«

Aber sie öffnete nur die fieberglühenden Augen weit und sah wie rettungslos verloren um sich.

Er legte sie zurück auf ihre Kissen; dann krampfte er die Hände ineinander. »Herr, mein Gott«, schrie er, »nimm sie mir nicht! Du weißt, ich kann sie nicht entbehren!« Dann war's, als ob er sich besinne, und leiser setzte er hinzu: »Ich weiß ja wohl, du kannst nicht allezeit, wie du willst, auch du nicht; du bist allweise; du musst nach deiner Weisheit tun – o Herr, sprich nur durch einen Hauch zu mir!«

Es war, als ob plötzlich eine Stille eingetreten sei; er hörte nur ein leises Atmen; als er sich zum Bette kehrte, lag sein Weib in ruhigem Schlaf, nur die Wärterin sah mit entsetzten Augen auf ihn. Er hörte die Tür gehen. »Wer war das?«, frug er.

»Herr, die Magd Ann Grete ging hinaus; sie hatte den Warmkorb hereingebracht.«

Warmkorb
→ S. 236

– »Was sieht Sie mich denn so verfahren an, Frau Levke?«

»Ich? Ich hab mich ob Eurem Gebet erschrocken; damit betet Ihr keinen vom Tode los!«

Hauke sah sie mit seinen durchdringenden Augen an: »Besucht Sie denn auch, wie unsere Ann Grete, die Konventikel bei dem holländischen Flickschneider Jantje?«

»Ja, Herr; wir haben beide den lebendigen Glauben!«

Hauke antwortete ihr nicht. Das damals stark im Schwange gehende separatistische Konventikelwesen hatte auch unter den Friesen seine Blüten getrieben; heruntergekommene Handwerker oder wegen Trunkes abgesetzte Schulmeister spielten darin die Hauptrolle, und Dirnen, junge und alte Weiber, Faulenzer und einsame Menschen liefen eifrig in die heimlichen Versammlungen, in denen jeder den Priester spielen konnte. Aus des Deichgrafen Hause brachten Ann Grete und der in sie verliebte Dienstjunge ihre freien Abende dort zu. Freilich hatte Elke ihre Bedenken darüber gegen Hauke nicht zurückgehalten; aber er hatte gemeint, in Glaubenssachen solle man keinem dreinreden: das schade niemandem, und besser dort doch als im Schnapskrug!

So war es dabei geblieben, und so hatte er auch jetzt geschwiegen. Aber freilich über ihn schwieg man nicht; seine Gebetsworte liefen um von Haus zu Haus: er hatte Gottes Allmacht bestritten; was war ein Gott denn ohne Allmacht? Er war ein Gottesleugner; die Sache mit dem Teufelspferde mochte auch am Ende richtig sein!

Hauke erfuhr nichts davon; er hatte in diesen Tagen nur Ohren und Augen für sein Weib, selbst das Kind war für ihn nicht mehr auf der Welt.

Der alte Arzt kam wieder, kam jeden Tag, mitunter zweimal, blieb dann eine ganze Nacht, schrieb wieder ein Rezept, und der Knecht Iven Johns ritt damit im Flug zur Apotheke. Dann aber wurde sein Gesicht freundlicher, er nickte dem

Konventikel
→ S. 236

lebendigen
Glauben
→ S. 236
separatistische
Konventikel-
wesen
→ S. 237

Deichgrafen vertraulich zu: »Es geht! Es geht! Mit Gottes Hülfe!« Und eines Tags – hatte nun seine Kunst die Krankheit besiegt, oder hatte auf Haukes Gebet der liebe Gott doch noch einen Ausweg finden können –, als der Doktor mit der Kranken allein war, sprach er zu ihr, und seine alten Augen lachten: »Frau, jetzt kann ich's getrost Euch sagen: heut hat der Doktor seinen Festtag; es stand schlimm um Euch, aber nun gehöret Ihr wieder zu uns, zu den Lebendigen!«

Da brach es wie ein Strahlenmeer aus ihren dunklen Augen. »Hauke! Hauke, wo bist du?«, rief sie, und als er auf den hellen Ruf ins Zimmer und an ihr Bett stürzte, schlug sie die Arme um seinen Nacken. »Hauke, mein Mann, gerettet! Ich bleibe bei dir!«

Da zog der alte Doktor sein seiden Schnupftuch aus der Tasche, fuhr sich damit über Stirn und Wangen und ging kopfnickend aus dem Zimmer.

– – Am dritten Abend nach diesem Tage sprach ein frommer Redner – es war ein vom Deichgrafen aus der Arbeit gejagter Pantoffelmacher – im Konventikel bei dem holländischen Schneider, da er seinen Zuhörern die Eigenschaften Gottes auseinandersetzte: »Wer aber Gottes Allmacht widerstreitet, wer da sagt: ich weiß, du kannst nicht, was du willst, wir kennen den Unglückseligen ja alle; er lastet gleich einem Stein auf der Gemeinde –, der ist von Gott gefallen und suchet den Feind Gottes, den Freund der Sünde, zu seinem Tröster; denn nach irgendeinem Stabe muss die Hand des Menschen greifen. Ihr aber, hütet euch vor dem, der also betet; sein Gebet ist Fluch!«

– – Auch das lief um von Haus zu Haus. Was läuft nicht um in einer kleinen Gemeinde? Und auch zu Haukes Ohren kam es. Er sprach kein Wort darüber, nicht einmal zu seinem Weibe; nur mitunter konnte er sie heftig umfassen und an sich ziehen: »Bleib mir treu, Elke! Bleib mir treu!« – Dann sahen ihre Augen voll Staunen zu ihm auf: »Dir treu? Wem sollte ich denn anders treu sein?« – Nach einer kurzen Weile aber hatte sie sein Wort verstanden. »Ja, Hauke, wir sind uns treu; nicht nur, weil wir uns brauchen.« Und dann ging jedes seinen Arbeitsweg.

Das wäre soweit gut gewesen; aber es war doch trotz aller lebendigen Arbeit eine Einsamkeit um ihn, und in seinem Herzen nistete sich ein Trotz und abgeschlossenes Wesen gegen andere Menschen ein; nur gegen sein Weib blieb er allezeit der gleiche, und an der Wiege seines Kindes lag er abends und morgens auf den Knien, als sei dort die Stätte seines ewigen Heils. Gegen Gesinde und Arbeiter aber wurde er strenger; die Ungeschickten und Fahrlässigen, die er früher durch ruhigen Tadel zurechtgewiesen hatte, wurden jetzt durch hartes Anfahren aufgeschreckt, und Elke ging mitunter leise bessern.

Als der Frühling nahte, begannen wieder die Deicharbeiten; *Kajedeich* mit einem Kajedeich wurde zum Schutz der jetzt aufzubau- *vorläufiger* enden neuen Schleuse die Lücke in der westlichen Deichlinie *Deich* geschlossen, halbmondförmig nach innen und ebenso nach außen; und gleich der Schleuse wuchs allmählich auch der Hauptdeich zu seiner immer rascher herzustellenden Höhe empor. Leichter wurde dem leitenden Deichgrafen seine Arbeit nicht, denn an Stelle des im Winter verstorbenen Jewe Manners war Ole Peters als Deichgevollmächtigter eingetreten. Hauke hatte nicht versuchen wollen, es zu hindern; aber anstatt der ermutigenden Worte und der dazugehörigen zutunlichen Schläge auf seine linke Schulter, die er so oft von dem alten Paten seines Weibes einkassiert hatte, kamen ihm *Widerhalten* jetzt von dem Nachfolger ein heimliches Widerhalten und *Widerstand* unnötige Einwände und waren mit unnötigen Gründen zu bekämpfen; denn Ole gehörte zwar zu den Wichtigen, aber in

Deichsachen nicht zu den Klugen; auch war von früher her der »Schreiberknecht« ihm immer noch im Wege.

Der glänzendste Himmel breitete sich wieder über Meer und Marsch, und der Koog wurde wieder bunt von starken Rindern, deren Gebrüll von Zeit zu Zeit die weite Stille unterbrach; unablässig sangen in hoher Himmelsluft die Lerchen, aber man hörte es erst, wenn einmal auf eines Atemzuges Länge der Gesang verstummt war. Kein Unwetter störte die Arbeit, und die Schleuse stand schon mit ihrem ungestrichenen Balkengefüge, ohne dass auch nur in einer Nacht sie eines Schutzes von dem Interimsdeich bedurft hätte; der Herrgott schien seine Gunst dem neuen Werke zuzuwenden. Auch Frau Elkes Augen lachten ihrem Manne zu, wenn er auf seinem Schimmel draußen von dem Deich nach Hause kam. »Bist doch ein braves Tier geworden!«, sagte sie dann und klopfte den blanken Hals des Pferdes. Hauke aber, wenn sie das Kind am Halse hatte, sprang herab und ließ das winzige Dinglein auf seinen Armen tanzen; wenn dann der Schimmel seine braunen Augen auf das Kind gerichtet hielt, dann sprach er wohl: »Komm her; sollst auch die Ehre haben!« Und er setzte die kleine Wienke – denn so war sie getauft worden auf seinen Sattel und führte den Schimmel auf der Werft im Kreise herum. Auch der alte Eschenbaum hatte mitunter die Ehre; er setzte das Kind auf einen schwanken Ast und ließ es schaukeln. Die Mutter stand mit lachenden Augen in der Haustür; das Kind aber lachte nicht, seine Augen, zwischen denen ein feines Näschen stand, schauten ein wenig stumpf ins Weite, und die kleinen Hände griffen nicht nach dem Stöckchen, das der Vater ihr hinhielt. Hauke achtete nicht darauf, er wusste auch nichts von so kleinen Kindern; nur Elke, wenn sie das helläugige Mädchen auf dem Arm ihrer Arbeitsfrau erblickte, die mit ihr zugleich das Wochenbett bestanden hatte, sagte mitunter schmerzlich: »Das Meine ist noch nicht so weit wie

Interimsdeich vorläufiger Deich

deines, Stina!« Und die Frau, ihren dicken Jungen, den sie an
der Hand hatte, mit derber Liebe schüttelnd, rief dann wohl:
»Ja, Frau, die Kinder sind verschieden; der da, der stahl mir
schon die Äpfel aus der Kammer, bevor er übers zweite Jahr
hinaus war!« Und Elke strich dem dicken Buben sein Kraus-
haar aus den Augen und drückte dann heimlich ihr stilles
Kind ans Herz.

– – Als es in den Oktober hineinging, stand an der Westseite die neue Schleuse schon fest in dem von beiden Seiten
schließenden Hauptdeich, der bis auf die Lücken bei dem Priele
nun mit seinem sanften Profile ringsum nach den Wasserseiten
abfiel und um fünfzehn Fuß die ordinäre Flut überragte. Von
seiner Nordwestecke sah man an Jevershallig vorbei unge-
hindert in das Wattenmeer hinaus; aber freilich auch die Winde
fassten hier schärfer; die Haare flogen, und wer hier ausschauen
wollte, der musste die Mütze fest auf dem Kopf haben.

Zu Ende November, wo Sturm und Regen eingefallen waren, blieb nur noch hart am alten Deich die Schlucht zu schließen, auf deren Grunde an der Nordseite das Meerwasser
durch den Priel in den neuen Koog hineinschoss. Zu beiden
Seiten standen die Wände des Deiches; der Abgrund zwischen
ihnen musste jetzt verschwinden. Ein trocken Sommerwetter
hätte die Arbeit wohl erleichtert; aber auch so musste sie getan werden, denn ein aufbrechender Sturm konnte das ganze
Werk gefährden. Und Hauke setzte alles daran, um jetzt den
Schluss herbeizuführen. Der Regen strömte, der Wind pfiff;
aber seine hagere Gestalt auf dem feurigen Schimmel tauchte
bald hier, bald dort aus den schwarzen Menschenmassen empor, die oben wie unten an der Nordseite des Deiches neben
der Schlucht beschäftigt waren. Jetzt sah man ihn unten bei
den Sturzkarren, die schon weither die Kleierde aus dem Vorlande holen mussten und von denen eben ein gedrängter Haufen bei dem Priele anlangte und seine Last dort abzuwerfen

ordinär
ordentlich,
hier: normal

Schlucht
Lücke, offenes
Stück im Deich

suchte. Durch das Geklatsch des Regens und das Brausen des Windes klangen von Zeit zu Zeit die scharfen Befehlsworte des Deichgrafen, der heute hier allein gebieten wollte; er rief die Karren nach den Nummern vor und wies die Drängenden zurück; ein »Halt!« scholl von seinem Munde, dann ruhte unten die Arbeit, »Stroh! Ein Fuder Stroh hinab!«, rief er denen droben zu, und von einem der oben haltenden Fuder stürzte es auf den nassen Klei hinunter. Unten sprangen Männer dazwischen und zerrten es auseinander und schrien nach oben, sie nur nicht zu begraben. Und wieder kamen neue Karren, und Hauke war schon wieder oben und sah von seinem Schimmel in die Schlucht hinab und wie sie dort schaufelten und stürzten; dann warf er seine Augen nach dem Haff hinaus. Es wehte scharf, und er sah, wie mehr und mehr der Wassersaum am Deich hinaufklimmte und wie die Wellen sich noch höher hoben; er sah auch, wie die Leute trieften und kaum atmen konnten in der schweren Arbeit vor dem Winde, der ihnen die Luft am Munde abschnitt, und vor dem kalten Regen, der sie überströmte. »Ausgehalten, Leute! Ausgehalten!«, schrie er zu ihnen hinab. »Nur einen Fuß noch höher; dann ist's genug für diese Flut!« Und durch alles Getöse des Wetters hörte man das Geräusch der Arbeiter: das Klatschen der hineingestürzten Kleimassen, das Rasseln der Karren und das Rauschen des von oben hinabgelassenen Strohes ging unaufhaltsam vorwärts; dazwischen war mitunter das Winseln eines gelben Hundes laut geworden, der frierend und wie verloren zwischen Menschen und Fuhrwerken herumgestoßen wurde; plötzlich aber scholl ein jammervoller Schrei des kleinen Tieres von unten aus der Schlucht herauf. Hauke blickte hinab; er hatte es von oben hinunter schleudern sehen; eine jähe Zornröte stieg ihm ins Gesicht. »Halt! Haltet ein!«, schrie er zu den Karren hinunter; denn der nasse Klei wurde unaufhaltsam aufgeschüttet.

hinaufklimmte hinaufkletterte, hinaufstieg
triefen klatschnass sein

»Warum?«, schrie eine raue Stimme von unten herauf, »doch um die elende Hundekreatur nicht?«

»Halt! sag ich«, schrie Hauke wieder, »bringt mir den Hund! Bei unserm Werke soll kein Frevel sein!«

Frevel
Verbrechen

Aber es rührte sich keine Hand; nur ein paar Spaten zähen Kleis flogen noch neben das schreiende Tier. Da gab er seinem Schimmel die Sporen, dass das Tier einen Schrei ausstieß, und stürmte den Deich hinab, und alles wich vor ihm zurück. »Den Hund!«, schrie er, »ich will den Hund!«

Eine Hand schlug sanft auf seine Schulter, als wäre es die Hand des alten Jewe Manners; doch als er umsah, war es nur ein Freund des Alten. »Nehmt Euch in Acht, Deichgraf!«, raunte der ihm zu, »Ihr habt nicht Freunde unter diesen Leuten; lasst es mit dem Hunde gehen!«

Der Wind pfiff, der Regen klatschte; die Leute hatten die Spaten in den Grund gesteckt, einige sie fortgeworfen. Hauke neigte sich zu dem Alten. »Wollt Ihr meinen Schimmel halten, Harke Jens?«, frug er; und als jener noch kaum den Zügel in der Hand hatte, war Hauke schon in die Kluft gesprungen und hielt das kleine winselnde Tier in seinem Arm; und fast im selben Augenblicke saß er auch wieder hoch im Sattel und sprengte auf den Deich zurück. Seine Augen flogen über die Männer, die bei den Wagen standen. »Wer war es?«, rief er. »Wer hat die Kreatur hinabgeworfen?«

Kluft
Lücke, Loch

Einen Augenblick schwieg alles, denn aus dem hageren Gesicht des Deichgrafen sprühte der Zorn, und sie hatten abergläubische Furcht vor ihm. Da trat von einem Fuhrwerk ein stiernackiger Kerl vor ihn hin. »Ich tat es nicht, Deichgraf«, sagte er und biss von einer Rolle Kautabak ein Endchen ab, das er sich erst ruhig in den Mund schob, »aber der es tat, hat Recht getan; soll Euer Deich sich halten, so muss was Lebiges hinein!«

– »Was Lebiges? Aus welchem Katechismus hast du das gelernt?«

»Aus keinem, Herr!«, entgegnete der Kerl, und aus seiner Kehle stieß ein freches Lachen, »das haben unsere Großväter schon gewusst, die sich mit Euch im Christentum wohl messen durften! Ein Kind ist besser noch; wenn das nicht da ist, tut's auch wohl ein Hund!«

»Schweig du mit deinen Heidenlehren«, schrie ihn Hauke an, »es stopfte besser, wenn man dich hineinwürfe.«

»Oho!«, erscholl es; aus einem Dutzend Kehlen war der Laut gekommen, und der Deichgraf gewahrte ringsum grimmige Gesichter und geballte Fäuste; er sah wohl, dass das keine Freunde waren; der Gedanke an seinen Deich überfiel ihn wie ein Schrecken: was sollte werden, wenn jetzt alle ihre Spaten hinwürfen? – Und als er nun den Blick nach unten richtete, sah er wieder den Freund des alten Jewe Manners; der ging dort zwischen den Arbeitern, sprach zu dem und jenem, lachte hier einem zu, klopfte dort mit freundlichem Gesicht einem auf die Schulter, und einer nach dem andern fasste wieder seinen Spaten; noch einige Augenblicke, und die Arbeit war wieder in vollem Gange. – Was wollte er denn noch? Der Priel musste geschlossen werden, und den Hund barg er sicher genug in den Falten seines Mantels. Mit plötzlichem Entschluss wandte er seinen Schimmel gegen den nächsten Wagen. »Stroh an die Kante!«, rief er herrisch, und wie mechanisch gehorchte ihm der Fuhrknecht; bald rauschte es hinab in die Tiefe, und von allen Seiten regte es sich aufs Neue und mit allen Armen.

Eine Stunde war noch so gearbeitet; es war nach sechs Uhr, und schon brach tiefe Dämmerung herein; der Regen hatte aufgehört, da rief Hauke die Aufseher an sein Pferd. »Morgen früh vier Uhr«, sagte er, »ist alles wieder auf dem Platz; der Mond wird noch am Himmel sein; da machen wir mit Gott

Katechismus
→ S. 237

gewahrte
bemerkte

barg
hielt schützend

den Schluss! Und dann noch eines!«, rief er, als sie gehen wollten, »kennt ihr den Hund?«, und er nahm das zitternde Tier aus seinem Mantel.

Sie verneinten das; nur einer sagte: »Der hat sich taglang schon im Dorf herum gebettelt; der gehört gar keinem!«

»Dann ist er mein!«, entgegnete der Deichgraf. »Vergesset nicht: morgen früh vier Uhr!« und ritt davon.

Als er heimkam, trat Ann Grete aus der Tür: sie hatte saubere Kleidung an, und es fuhr ihm durch den Kopf, sie gehe jetzt zum Konventikelschneider. »Halt die Schürze auf!«, rief er ihr zu, und da sie es unwillkürlich tat, warf er das kleibeschmutzte Hündlein ihr hinein. »Bring ihn der kleinen Wienke; er soll ihr Spielkamerad werden! Aber wasch und wärm ihn zuvor; so tust du auch ein gottgefällig Werk, denn die Kreatur ist schier verklommen.«

schier ver-klommen
fast erfroren

Und Ann Grete konnte nicht lassen, ihrem Wirt Gehorsam zu leisten, und kam deshalb heute nicht in den Konventikel.

Und am andern Tage wurde der letzte Spatenstich am neuen Deich getan; der Wind hatte sich gelegt; in anmutigem Fluge schwebten Möwen und Avosetten über Land und Wasser hin und wider; von Jevershallig tönte das tausendstimmige Geknorr der Rottgänse, die sich's noch heute an der Küste der Nordsee wohl sein ließen, und aus den weißen Morgennebeln, welche die weite Marsch bedeckten, stieg allmählich ein goldner Herbsttag und beleuchtete das neue Werk der Menschenhände.

Avosetten
Sumpfvögel

Geknorr
Vogelrufe

Nach einigen Wochen kamen mit dem Oberdeichgrafen die herrschaftlichen Kommissäre zur Besichtigung desselben; ein großes Festmahl, das erste nach dem Leichenmahl des alten Tede Volkerts, wurde im deichgräflichen Hause gehalten; alle Deichgevollmächtigten und die größten Interessenten

Kommissäre
Regierungs-beamte
Interessenten
Anteilhaber

waren dazu geladen. Nach Tische wurden sämtliche Wagen der Gäste und des Deichgrafen angespannt; Frau Elke wurde von dem Oberdeichgrafen in die Karriole gehoben, vor der der braune Wallach mit seinen Hufen stampfte; dann sprang er selber hintennach und nahm die Zügel in die Hand; er wollte die gescheite Frau seines Deichgrafen selber fahren. So ging es munter von der Werfte und in den Weg hinaus, den Akt zum neuen Deich hinan und auf demselben um den jungen Koog herum. Es war inmittelst ein leichter Nordwestwind aufgekommen, und an der Nord- und Westseite des neuen Deiches wurde die Flut hinaufgetrieben; aber es war unverkennbar, der sanfte Abfall bedingte einen sanfteren Anschlag; aus dem Munde der herrschaftlichen Kommissäre strömte das Lob des Deichgrafen, dass die Bedenken, welche hie und da von den Gevollmächtigten dagegen langsam vorgebracht wurden, gar bald darin erstickten.

– Auch das ging vorüber; aber noch eine Genugtuung empfing der Deichgraf eines Tages, da er in stillem, selbstbewusstem Sinnen auf dem neuen Deich entlangritt. Es mochte ihm wohl die Frage kommen, weshalb der Koog, der ohne ihn nicht da wäre, in dem sein Schweiß und seine Nachtwachen steckten, nun schließlich nach einer der herrschaftlichen Prinzessinnen »der neue Karolinenkoog« getauft sei; aber es war doch so: auf allen dahin gehörigen Schriftstücken stand der Name, auf einigen sogar in roter Frakturschrift. Da, als er aufblickte, sah er zwei Arbeiter mit ihren Feldgerätschaften, der eine etwa zwanzig Schritte hinter dem andern, sich entgegenkommen. »So wart doch!«, hörte er den Nachfolgenden rufen; der andere aber – er stand eben an einem Akt, der in den Koog hinunterführte – rief ihm entgegen: »Ein andermal, Jens! Es ist schon spät; ich soll hier Klei schlagen!«

– »Wo denn?«

»Nun hier, im Hauke-Haien-Koog!«

Karriole
leichter Wagen

inmittelst
inzwischen

Frakturschrift
gotische oder
deutsche Schrift

Er rief es laut, indem er den Akt hinabtrabte, als solle die ganze Marsch es hören, die darunterlag. Hauke aber war es, als höre er seinen Ruhm verkünden; er hob sich im Sattel, gab seinem Schimmel die Sporen und sah mit festen Augen über die weite Landschaft hin, die zu seiner Linken lag. »Hauke-Haien-Koog!«, wiederholte er leis; das klang, als könnt es alle Zeit nicht anders heißen! Mochten sie trotzen, wie sie wollten, um seinen Namen war doch nicht herumzukommen; der Prinzessinnen-Name – würde er nicht bald nur noch in alten Schriften modern? – Der Schimmel ging in stolzem Galopp; vor seinen Ohren aber summte es: »Hauke-Haien-Koog! Hauke-Haien-Koog!« In seinem Gedanken wuchs fast der neue Deich zu einem achten Weltwunder; in ganz Friesland war nicht seinesgleichen! Und er ließ den Schimmel tanzen; ihm war, er stünde inmitten aller Friesen; er überragte sie um Kopfeshöhe, und seine Blicke flogen scharf und mitleidig über sie hin.

– – Allmählich waren drei Jahre seit der Eindeichung hingegangen; das neue Werk hatte sich bewährt, die Reparaturkosten waren nur gering gewesen; im Kooge aber blühte jetzt fast überall der weiße Klee, und ging man über die geschützten Weiden, so trug der Sommerwind einem ganze Wolken süßen Dufts entgegen. Da war die Zeit gekommen, die bisher nur ideale Anteile in wirkliche zu verwandeln und allen Teilnehmern ihre bestimmten Stücke für immer eigentümlich zuzusetzen. Hauke war nicht müßig gewesen, vorher noch einige neue zu erwerben; Ole Peters hatte sich verbissen zurückgehalten, ihm gehörte nichts im neuen Kooge.

Ohne Verdruss und Streit hatte auch so die Teilung nicht abgehen können, aber fertig war er gleichwohl geworden; auch dieser Tag lag hinter dem Deichgrafen.

Fortan lebte er einsam seinen Pflichten als Hofwirt wie als Deichgraf und denen, die ihm am nächsten angehörten; die alten Freunde waren nicht mehr in der Zeitlichkeit, neue zu erwerben, war er nicht geeignet. Aber unter seinem Dach war Frieden, den auch das stille Kind nicht störte; es sprach wenig, das stete Fragen, was den aufgeweckten Kindern eigen ist, kam selten und meist so, dass dem Gefragten die Antwort darauf schwer wurde; aber ihr liebes, einfältiges Gesichtlein trug fast immer den Ausdruck der Zufriedenheit. Zwei Spielkameraden hatte sie, die waren ihr genug: wenn sie über die Werfte wanderte, sprang das gerettete gelbe Hündlein stets um sie herum, und wenn der Hund sich zeigte, war auch klein Wienke nicht mehr fern. Der zweite Kamerad war eine Lachmöwe, und wie der Hund »Perle«, so hieß die Möwe »Klaus«.

Klaus war durch ein greises Menschenkind auf dem Hofe installiert worden: die achtzigjährige Trin' Jans hatte in ihrer Kate auf dem Außendeich sich nicht mehr durchbringen können; da hatte Frau Elke gemeint, die verlebte Dienstmagd ihres Großvaters könnte bei ihnen noch ein paar stille Abendstunden und eine gute Sterbekammer finden, und so, halb mit Gewalt, war sie von ihr und Hauke nach dem Hofe geholt und in dem Nordweststübchen der neuen Scheuer untergebracht worden, die der Deichgraf vor einigen Jahren neben dem Haupthause bei der Vergrößerung seiner Wirtschaft hatte bauen müssen. Ein Paar der Mägde hatten daneben ihre Kammer erhalten und konnten der Greisin nachts zur Hand gehen. Rings an den Wänden hatte sie ihr altes Hausgerät: eine Schatulle von Zuckerkistenholz, darüber zwei bunte Bilder vom verlorenen Sohn, ein längst zur Ruhe gestelltes Spinnrad und ein sehr sauberes Gardinenbett, vor dem ein ungefüger, mit dem weißen Fell des weiland Angorakaters

Zeitlichkeit
→ S. 237

installiert
eingerichtet,
untergebracht
Außendeich
Seedeich
verlebte
dem Tod nahe

Gardinenbett
→ S. 237

überzogener Schemel stand. Aber auch was Lebiges hatte sie
noch um sich gehabt und mit hieher gebracht: das war die
Möwe Klaus, die sich schon jahrelang zu ihr gehalten hatte
und von ihr gefüttert worden war; freilich, wenn es Winter
wurde, flog sie mit den andern Möwen südwärts und kam erst
wieder, wenn am Strand der Wermut duftete.

Die Scheuer lag etwas tiefer an der Werfte; die Alte konnte
von ihrem Fenster aus nicht über den Deich auf die See hi-
nausblicken. »Du hast mich hier als wie gefangen, Deichgraf!«, murrte sie eines Tages, als Hauke zu ihr eintrat, und
wies mit ihrem verkrümmten Finger nach den Fennen hinaus,
die sich dort unten breiteten. »Wo ist denn Jeverssand? Da
über den roten oder über den schwarzen Ochsen hinaus?«

»Was will Sie denn mit Jeverssand?«, frug Hauke.

– »Ach was, Jeverssand!«, brummte die Alte. »Aber ich
will doch sehen, wo mein Jung mir derzeit ist zu Gott gegangen!«

– »Wenn Sie das sehen will«, entgegnete Hauke, »so muss
Sie sich oben unter den Eschenbaum setzen, da sieht Sie das
ganze Haff!«

»Ja«, sagte die Alte, »ja, wenn ich deine jungen Beine hätte,
Deichgraf!«

Dergleichen blieb lange der Dank für die Hülfe, die ihr die
Deichgrafsleute angedeihen ließen; dann aber wurde es auf
einmal anders. Der kleine Kindskopf Wienkes guckte eines
Morgens durch die halbgeöffnete Tür zu ihr herein. »Na«, rief
die Alte, welche mit den Händen ineinander auf ihrem Holzstuhl saß, »was hast du denn zu bestellen?«

Aber das Kind kam schweigend näher und sah sie mit ihren
gleichgültigen Augen unablässig an.

»Bist du das Deichgrafskind?«, frug sie Trin' Jans, und da
das Kind wie nickend das Köpfchen senkte, fuhr sie fort: »So
setz dich hier auf meinen Schemel! Ein Angorakater ist's ge-

wesen – so groß! Aber dein Vater hat ihn totgeschlagen. Wenn er noch lebig wäre, so könntst du auf ihm reiten.«

Wienke richtete stumm ihre Augen auf das weiße Fell; dann kniete sie nieder und begann es mit ihren kleinen Händen zu streicheln, wie Kinder es bei einer lebenden Katze oder einem Hunde zu machen pflegen. »Armer Kater!«, sagte sie dann und fuhr wieder in ihren Liebkosungen fort.

»So!«, rief nach einer Weile die Alte, »jetzt ist es genug; und sitzen kannst du auch noch heut auf ihm; vielleicht hat dein Vater ihn auch nur um deshalb totgeschlagen!« Dann hob sie das Kind an beiden Armen in die Höhe und setzte es derb auf den Schemel nieder. Da es aber stumm und unbeweglich sitzen blieb und sie nur immer ansah, begann sie mit dem Kopfe zu schütteln. »Du strafst ihn, Gott der Herr! Ja, ja, du strafst ihn!«, murmelte sie, aber ein Erbarmen mit dem Kinde schien sie doch zu überkommen; ihre knöcherne Hand strich über das dürftige Haar desselben, und aus den Augen der Kleinen kam es, als ob ihr damit wohl geschehe.

Von nun an kam Wienke täglich zu der Alten in die Kammer; sie setzte sich bald von selbst auf den Angoraschemel, und Trin' Jans gab ihr kleine Fleisch- und Brotstückchen in ihre Händchen, welche sie allezeit in Vorrat hatte, und ließ sie diese auf den Fußboden werfen; dann kam mit Gekreisch und ausgespreizten Flügeln die Möwe aus irgendeinem Winkel hervorgeschossen und machte sich darüber her. Erst erschrak das Kind und schrie auf vor dem großen stürmenden Vogel; bald aber war es wie ein eingelerntes Spiel, und wenn sie nur ihr Köpfchen durch den Türspalt steckte, schoss schon der Vogel auf sie zu und setzte sich ihr auf Kopf oder Schulter, bis die Alte ihr zu Hülfe kam und die Fütterung beginnen konnte. Trin' Jans, die es sonst nicht hatte leiden können, dass einer auch nur die Hand nach ihrem »Klaus« ausstreckte, sah jetzt geduldig zu, wie das Kind allmählich ihr den Vogel völlig ab-

haschen
fangen

gewann. Er ließ sich willig von ihr haschen; sie trug ihn umher und wickelte ihn in ihre Schürze, und wenn dann auf der Werfte etwa das gelbe Hündlein um sie herum und eifersüchtig gegen den Vogel aufsprang, dann rief sie wohl: »Nicht du, nicht du, Perle!« und hob mit ihren Ärmchen die Möwe so hoch, dass diese, sich selbst befreiend, schreiend über die Werfte hinflog und statt ihrer nun der Hund durch Schmeicheln und Springen den Platz auf ihren Armen zu erobern suchte.

Fielen zufällig Haukes und Elkes Augen auf dies wunderliche Vierblatt, das nur durch einen gleichen Mangel am selben Stengel festgehalten wurde, dann flog wohl ein zärtlicher Blick auf ihr Kind; hatten sie sich gewandt, so blieb nur noch ein Schmerz auf ihrem Antlitz, den jedes einsam mit sich von dannen trug, denn das erlösende Wort war zwischen ihnen noch nicht gesprochen worden. Da eines Sommervormittages, als Wienke mit der Alten und den beiden Tieren auf den großen Steinen vor der Scheuntür saß, gingen ihre beiden Eltern, der Deichgraf seinen Schimmel hinter sich, die Zügel über dem Arme, hier vorüber; er wollte auf den Deich hinaus und hatte das Pferd sich selber von der Fenne heraufgeholt; sein Weib hatte auf der Werfte sich an seinen Arm gehängt. Die Sonne schien warm hernieder; es war fast schwül, und mitunter kam ein Windstoß aus Südsüdost. Dem Kinde mochte es auf dem Platze unbehaglich werden. »Wienke will mit!«, rief sie, schüttelte die Möwe von ihrem Schoss und griff nach der Hand ihres Vaters.

»So komm!«, sagte dieser.

– Frau Elke aber rief: »In dem Wind? Sie fliegt dir weg!«

»Ich halt sie schon; und heut haben wir warme Luft und lustig Wasser, da kann sie's tanzen sehen.«

Und Elke lief ins Haus und holte noch ein Tüchlein und ein Käppchen für ihr Kind. »Aber es gibt ein Wetter«, sagte

Wetter
hier: Sturm

sie, »macht, dass ihr fortkommt, und seid bald wieder hier!«

Hauke lachte: »Das soll uns nicht zu fassen kriegen!« und hob das Kind zu sich auf den Sattel. Frau Elke blieb noch eine Weile auf der Werfte und sah, mit der Hand ihre Augen beschattend, die beiden auf den Weg und nach dem Deich hinübertraben; Trin' Jans saß auf dem Stein und murmelte Unverständliches mit ihren welken Lippen.

Das Kind lag regungslos im Arm des Vaters; es war, als atme es beklommen unter dem Druck der Gewitterluft; er neigte den Kopf zu ihr. »Nun, Wienke?«, frug er.

Das Kind sah ihn eine Weile an. »Vater«, sagte es, »du kannst das doch! Kannst du nicht alles?«

»Was soll ich können, Wienke?«

Aber sie schwieg; sie schien die eigene Frage nicht verstanden zu haben.

Es war Hochflut; als sie auf den Deich hinaufkamen, schlug der Widerschein der Sonne von dem weiten Wasser ihr in die Augen, ein Wirbelwind trieb die Wellen strudelnd in die Höhe, und neue kamen heran und schlugen klatschend gegen den Strand; da klammerte sie ihre Händchen angstvoll um die Faust ihres Vaters, die den Zügel führte, dass der Schimmel mit einem Satz zur Seite fuhr. Die blassblauen Augen sahen in wirrem Schreck zu Hauke auf. »Das Wasser, Vater! das Wasser!«, rief sie.

Aber er löste sich sanft und sagte: »Still, Kind, du bist bei deinem Vater; das Wasser tut dir nichts!«

Sie strich sich das fahlblonde Haar aus der Stirn und wagte es wieder, auf die See hinauszusehen. »Es tut mir nichts«, sagte sie zitternd, »nein, sag, dass es uns nichts tun soll; du kannst das, und dann tut es uns auch nichts!«

»Nicht ich kann das, Kind«, entgegnete Hauke ernst, »aber der Deich, auf dem wir reiten, der schützt uns, und den hat dein Vater ausgedacht und bauen lassen.«

Hochflut
höchster Wasserstand bei Flut

Ihre Augen
gingen wider ihn
sie sah ihn an

Ihre Augen gingen wider ihn, als ob sie das nicht ganz ver-stünde; dann barg sie ihr auffallend kleines Köpfchen in dem weiten Rocke ihres Vaters.

»Warum versteckst du dich, Wienke?«, raunte der ihr zu, »ist dir noch immer bange?« Und ein zitterndes Stimmchen kam aus den Falten des Rockes: »Wienke will lieber nicht seh-en; aber du kannst doch alles, Vater?«

Ein ferner Donner rollte gegen den Wind herauf. »Ho-ho?«, rief Hauke, »da kommt es!« und wandte sein Pferd zur Rückkehr. »Nun wollen wir heim zur Mutter!«

Das Kind tat einen tiefen Atemzug; aber erst als sie die Werfte und das Haus erreicht hatten, hob es das Köpfchen von seines Vaters Brust. Als dann Frau Elke ihr im Zimmer das Tüchelchen und die Kapuze abgenommen hatte, blieb sie wie ein kleiner stummer Kegel vor der Mutter stehen. »Nun, Wienke«, sagte diese und schüttelte sie leise, »magst du das große Wasser leiden?«

Aber das Kind riss die Augen auf. »Es spricht«, sagte sie, »Wienke ist bange!«

– »Es spricht nicht; es rauscht und toset nur!«

Das Kind sah ins Weite. »Hat es Beine?«, frug es wieder, »kann es über den Deich kommen?«

»Nein, Wienke; dafür passt dein Vater auf, er ist der Deich-graf.«

»Ja«, sagte das Kind und klatschte mit blödem Lächeln in seine Händchen, »Vater kann alles – alles!« Dann plötzlich, sich von der Mutter abwendend, rief sie: »Lass Wienke zu Trin' Jans, die hat rote Äpfel!«

Und Elke öffnete die Tür und ließ das Kind hinaus. Als sie dieselbe wieder geschlossen hatte, schlug sie mit einem Aus-druck des tiefsten Grams die Augen zu ihrem Manne auf, aus denen ihm sonst nur Trost und Mut zu Hülfe gekommen war.

Er reichte ihr die Hand und drückte sie, als ob es zwischen ihnen keines weiteren Wortes bedürfe; sie aber sagte leis: »Nein, Hauke, lass mich sprechen: das Kind, das ich nach Jahren dir geboren habe, es wird für immer ein Kind bleiben. O lieber Gott! Es ist schwachsinnig; ich muss es einmal vor dir sagen.«

»Ich wusste es längst«, sagte Hauke und hielt die Hand seines Weibes fest, die sie ihm entziehen wollte.

»So sind wir denn doch allein geblieben«, sprach sie wieder.

Aber Hauke schüttelte den Kopf: »Ich hab sie lieb, und sie schlägt ihre Ärmchen um mich und drückt sich fest an meine Brust; um alle Schätze wollt ich das nicht missen!«

Die Frau sah finster vor sich hin. »Aber warum?«, sprach sie, »was hab ich arme Mutter denn verschuldet?«

– Ja, Elke, das hab ich freilich auch gefragt, den, der allein es wissen kann; aber du weißt ja auch, der Allmächtige gibt den Menschen keine Antwort – vielleicht, weil wir sie nicht begreifen würden.«

Er hatte auch die andere Hand seines Weibes gefasst und zog sie sanft zu sich heran. »Lass dich nicht irren, dein Kind, wie du es tust, zu lieben; sei sicher, das versteht es!«

Da warf sich Elke an ihres Mannes Brust und weinte sich satt und war mit ihrem Leid nicht mehr allein. Dann plötzlich lächelte sie ihn an; nach einem heftigen Händedruck lief sie hinaus und holte sich ihr Kind aus der Kammer der alten Trin' Jans und nahm es auf ihren Schoss und hätschelte und küsste es, bis es stammelnd sagte: »Mutter, mein liebe Mutter!«

So lebten die Menschen auf dem Deichgrafshofe still beisammen; wäre das Kind nicht dagewesen, es hätte viel gefehlt.

Allmählich verfloss der Sommer; die Zugvögel waren durchgezogen, die Luft wurde leer vom Gesang der Lerchen; nur vor den Scheunen, wo sie beim Dreschen Körner pickten, hörte man hie und da einige kreischend davonfliegen; schon war alles hart gefroren. In der Küche des Haupthauses saß eines Nachmittags die alte Trin' Jans auf der Holzstufe einer Treppe, die neben dem Feuerherd nach dem Boden lief. Es war in den letzten Wochen, als sei sie aufgelebt; sie kam jetzt gern einmal in die Küche und sah Frau Elke hier hantieren; es war keine Rede mehr davon, dass ihre Beine sie nicht hätten dahin tragen können, seit eines Tages klein Wienke sie an der Schürze hier heraufgezogen hatte. Jetzt kniete das Kind an ihrer Seite und sah mit seinen stillen Augen in die Flammen, die aus dem Herdloch aufflackerten; ihr eines Händchen klammerte sich an den Ärmel der Alten, das andere lag in ihrem eigenen fahlblonden Haar. Trin' Jans erzählte. »Du weißt«, sagte sie, »ich stand in Dienst bei deinem Urgroßvater, als Hausmagd, und dann musst ich die Schweine füttern; der war klüger als sie alle – da war es, es ist grausam lange her, aber eines Abends, der Mond schien, da ließen sie die Haffschleuse schließen, und sie konnte nicht wieder zurück in See. Oh, wie sie schrie und mit ihren Fischhänden sich ihre harten struppigen Haare griff! Ja, Kind, ich sah es und hörte sie selber schreien! Die Gräben zwischen den Fennen waren alle voll Wasser, und der Mond schien darauf, dass sie wie Silber glänzten, und sie schwamm aus einem Graben in den andren und hob die Arme und schlug, was ihre Hände waren, aneinander, dass man es weither klatschen hörte, als wenn sie beten wollte; aber, Kind, beten können diese Kreaturen nicht. Ich saß vor der Haustür auf ein paar Balken, die zum Bauen angefahren waren, und sah weithin über die Fennen; und das Wasserweib schwamm noch immer in den Gräben, und wenn sie die Arme aufhob, so glitzerten auch die wie Silber und

Wasserweib
Nixe, Fabel-
wesen aus
Mensch und
Fisch

Demanten. Zuletzt sah ich sie nicht mehr, und die Wildgäns' und Möwen, die ich all die Zeit nicht gehört hatte, zogen wieder mit Pfeifen und Schnattern durch die Luft.«

Die Alte schwieg; das Kind hatte ein Wort sich aufgefangen. »Konnte sie beten?«, frug sie. »Was sagst du? Wer war es?«

»Kind«, sagte die Alte, »die Wasserfrau war es; das sind Undinger, die nicht selig werden können.«

»Nicht selig!«, wiederholte das Kind, und ein tiefer Seufzer, als habe sie das verstanden, hob die kleine Brust.

– »Trin' Jans!« kam eine tiefe Stimme von der Küchentür, und die Alte zuckte leicht zusammen. Es war der Deichgraf Hauke Haien, der dort am Ständer lehnte. »Was redet Sie dem Kinde vor? Hab ich Ihr nicht geboten, Ihre Mären für sich zu behalten oder sie den Gäns' und Hühnern zu erzählen?«

Die Alte sah ihn mit einem bösen Blick an und schob die Kleine von sich fort. »Das sind keine Mären«, murmelte sie in sich hinein, »das hat mein Großohm mir erzählt.«

– »Ihr Großohm, Trin'? Sie wollte es ja eben selbst erlebt haben.«

»Das ist egal«, sagte die Alte, »aber Ihr glaubt nicht, Hauke Haien; Ihr wollt wohl meinen Großohm noch zum Lügner machen!« Dann rückte sie näher an den Herd und streckte die Hände über die Flammen des Feuerlochs.

Der Deichgraf warf einen Blick gegen das Fenster; draußen dämmerte es noch kaum. »Komm, Wienke!«, sagte er und zog sein schwachsinniges Kind zu sich heran, »komm mit mir, ich will dir draußen vom Deich aus etwas zeigen! Nur müssen wir zu Fuß gehen; der Schimmel ist beim Schmied.« Dann ging er mit ihr in die Stube, und Elke band dem Kinde dicke wollene Tücher um Hals und Schultern; und bald danach ging der Vater mit ihr auf dem alten Deiche nach Nordwest hinauf, Jeverssand vorbei, bis wo die Watten breit, fast unübersehbar wurden.

Demant
Diamant

Undinger
→ S. 237

Mären
hier: Spuk-
und Lügen-
geschichten,
Sagen, Märchen

Großohm
Großonkel

Bald hatte er sie getragen, bald ging sie an seiner Hand; die Dämmerung wuchs allmählich; in der Ferne verschwand alles in Dunst und Duft. Aber dort, wohin noch das Auge reichte, hatten die unsichtbar schwellenden Wattströme das Eis zerrissen, und, wie Hauke Haien es in seiner Jugend einst gesehen hatte, aus den Spalten stiegen wie damals die rauchenden Nebel, und daran entlang waren wiederum die unheimlichen närrischen Gestalten und hüpften gegeneinander und dienerten und dehnten sich plötzlich schreckhaft in die Breite.

Das Kind klammerte sich angstvoll an seinen Vater und deckte dessen Hand über sein Gesichtlein. »Die Seeteufel!«, raunte es zitternd zwischen seine Finger, »die Seeteufel!«

Er schüttelte den Kopf: »Nein, Wienke, weder Wasserweiber noch Seeteufel; so etwas gibt es nicht; wer hat dir davon gesagt?« Sie sah mit stumpfem Blicke zu ihm herauf; aber sie antwortete nicht. Er strich ihr zärtlich über die Wangen. »Sieh nur wieder hin!«, sagte er, »das sind nur arme hungrige Vögel! Sieh nur, wie jetzt der große seine Flügel breitet; die holen sich die Fische, die in die rauchenden Spalten kommen.«

»Fische«, wiederholte Wienke.

»Ja, Kind, das alles ist lebig, so wie wir; es gibt nichts anderes; aber der liebe Gott ist überall!«

Klein Wienke hatte ihre Augen fest auf den Boden gerichtet und hielt den Atem an; es war, als sähe sie erschrocken in einen Abgrund. Es war vielleicht nur so; der Vater blickte lange auf sie hin, er bückte sich und sah in ihr Gesichtlein; aber keine Regung der verschlossenen Seele wurde darin kund. Er hob sie auf den Arm und steckte ihre verklommenen Händchen in einen seiner dicken Wollhandschuhe. »So, mein Wienke« – und das Kind vernahm wohl nicht den Ton von heftiger Innigkeit in seinen Worten –, »so, wärm dich bei mir! Du bist doch unser Kind, unser einziges. Du hast uns lieb ...!« Die Stimme brach dem Manne; aber die Kleine drückte zärt-

lich ihr Köpfchen in seinen rauen Bart. So gingen sie friedlich
heimwärts.

Nach Neujahr war wieder einmal die Sorge in das Haus getreten; ein Marschfieber hatte den Deichgrafen ergriffen; auch
5 mit ihm ging es nah am Rand der Grube her, und als er unter
Frau Elkes Pfleg und Sorge wieder erstanden war, schien er
kaum derselbe Mann. Die Mattigkeit des Körpers lag auch auf
seinem Geiste, und Elke sah mit Besorgnis, wie er allzeit leicht
zufrieden war. Dennoch, gegen Ende des März, drängte es
10 ihn, seinen Schimmel zu besteigen und zum ersten Male wieder auf seinem Deich entlangzureiten; es war an einem Nach-
mittage, und die Sonne, die zuvor geschienen hatte, lag längst
schon wieder hinter trübem Duft.

    Im Winter hatte es ein paarmal Hochwasser gegeben; aber
15 es war nicht von Belang gewesen; nur drüben am andern Ufer
war auf einer Hallig eine Herde Schafe ertrunken und ein
Stück vom Vorland abgerissen worden; hier an dieser Seite
und am neuen Kooge war ein nennenswerter Schaden nicht
geschehen. Aber in der letzten Nacht hatte ein stärkerer Sturm
20 getobt; jetzt musste der Deichgraf selbst hinaus und alles mit
eigenem Aug besichtigen. Schon war er unten von der Süd-
ostecke aus auf dem neuen Deich herumgeritten, und es war
alles wohl erhalten; als er aber an die Nordostecke gekommen
war, dort, wo der neue Deich auf den alten stößt, war zwar
25 der erstere unversehrt, aber wo früher der Priel den alten erreicht hatte und an ihm entlanggeflossen war, sah er in großer
Breite die Grasnarbe zerstört und fortgerissen und in dem
Körper des Deiches eine von der Flut gewühlte Höhlung,
durch welche überdies ein Gewirr von Mäusegängen bloßge-
30 legt war. Hauke stieg vom Pferde und besichtigte den Schaden
in der Nähe: das Mäuseunheil schien unverkennbar noch unsichtbar weiter fortzulaufen.

Er erschrak heftig; gegen alles dieses hätte schon beim Bau des neuen Deiches Obacht genommen werden müssen; da es damals übersehen worden, so musste es jetzt geschehen! Das Vieh war noch nicht auf den Fennen, das Gras war ungewohnt zurückgeblieben; wohin er blickte, es sah ihn leer und öde an. Er bestieg wieder sein Pferd und ritt am Ufer hin und her: Es war Ebbe, und er gewahrte wohl, wie der Strom von außen her sich wieder ein neues Bett im Schlick gewühlt hatte und jetzt von Nordwesten auf den alten Deich gestoßen war; der neue aber, soweit es ihn traf, hatte mit seinem sanfteren Profile dem Anprall widerstehen können.

Obacht genommen aufgepasst, geachtet

Ein Haufen neuer Plag und Arbeit erhob sich vor der Seele des Deichgrafen; nicht nur der alte Deich musste hier verstärkt, auch dessen Profil dem des neuen angenähert werden; vor allem aber musste der als gefährlich wieder aufgetretene Priel durch neu zu legende Dämme oder Lahnungen abgeleitet werden. Noch einmal ritt er auf dem neuen Deich bis an die äußerste Nordwestecke, dann wieder rückwärts, die Augen unablässig auf das neugewühlte Bett des Prieles heftend, der ihm zur Seite sich deutlich genug in dem bloßgelegten Schlickgrund abzeichnete. Der Schimmel drängte vorwärts und schnob und schlug mit den Vorderhufen; aber der Reiter drückte ihn zurück, er wollte langsam reiten, er wollte auch die innere Unruhe bändigen, die immer wilder in ihm aufgor.

Lahnungen → S. 237

aufgor hochkam

Wenn eine Sturmflut wiederkäme – eine, wie 1655 dagewesen, wo Gut und Menschen ungezählt verschlungen wurden –, wenn sie wiederkäme, wie sie schon mehrmals einst gekommen war! – Ein heißer Schauer überrieselte den Reiter – der alte Deich, er würde den Stoß nicht aushalten, der gegen ihn heraufschösse! Was dann, was sollte dann geschehen? – Nur eines, ein einzig Mittel würde es geben, um vielleicht den alten Koog und Gut und Leben darin zu retten. Hauke fühlte sein

Herz stillstehen, sein sonst so fester Kopf schwindelte; er sprach es nicht aus, aber in ihm sprach es stark genug: Dein Koog, der Hauke-Haien-Koog müsste preisgegeben und der neue Deich durchstochen werden!

Schon sah er im Geist die stürzende Hochflut hereinbrechen und Gras und Klee mit ihrem salzen schäumenden Gischt bedecken. Ein Sporenstich fuhr in die Weichen des Schimmels, und einen Schrei ausstoßend, flog er auf dem Deich entlang und dann den Akt hinab, der deichgräflichen Werfte zu.

Den Kopf voll von innerem Schrecknis und ungeordneten Plänen, kam er nach Hause. Er warf sich in seinen Lehnstuhl, und als Elke mit der Tochter in das Zimmer trat, stand er wieder auf und hob das Kind zu sich empor und küsste es; dann jagte er das gelbe Hündlein mit ein paar leichten Schlägen von sich. »Ich muss noch einmal droben nach dem Krug!«, sagte er und nahm seine Mütze vom Türhaken, wohin er sie eben erst gehängt hatte.

Seine Frau sah ihn sorgvoll an: »Was willst du dort? Es wird schon Abend, Hauke!«

»Deichgeschichten!«, murmelte er vor sich hin, »ich treffe von den Gevollmächtigten dort.«

Sie ging ihm nach und drückte ihm die Hand, denn er war mit diesen Worten schon zur Tür hinaus. Hauke Haien, der sonst alles bei sich selber abgeschlossen hatte, drängte es jetzt, ein Wort von jenen zu erhalten, die er sonst kaum eines Anteils wertgehalten hatte. Im Gastzimmer traf er Ole Peters mit zweien der Gevollmächtigten und einem Koogseinwohner am Kartentisch.

»Du kommst wohl von draußen, Deichgraf?«, sagte der erstere, nahm die halb ausgeteilten Karten auf und warf sie wieder hin.

»Ja, Ole«, erwiderte Hauke, »ich war dort; es sieht übel aus.«

Soden
mit dem Spaten
ausgestochene
Rasenstücke

»Übel? – Nun, ein paar hundert Soden und eine Bestickung wird's wohl kosten; ich war dort auch am Nachmittag.«

»So wohlfeil wird's nicht abgehen, Ole«, erwiderte der Deichgraf, »der Priel ist wieder da, und wenn er jetzt auch nicht von Norden auf den alten Deich stößt, so tut er's doch von Nordwesten!«

»Du hättst ihn lassen sollen, wo du ihn fandest!«, sagte Ole trocken.

»Das heißt«, entgegnete Hauke, »der neue Koog geht dich nichts an; und darum sollte er nicht existieren. Das ist deine eigne Schuld! Aber wenn wir Lahnungen legen müssen, um den alten Deich zu schützen, der grüne Klee hinter dem neuen bringt das übermäßig ein!«

»Was sagt Ihr, Deichgraf?«, riefen die Gevollmächtigten, »Lahnungen? Wie viele denn? Ihr liebt es, alles beim teuersten Ende anzufassen!«

Die Karten lagen unberührt auf dem Tisch. »Ich will's dir sagen, Deichgraf«, sagte Ole Peters und stemmte beide Arme auf, »dein neuer Koog ist ein fressend Werk, was du uns ge-

laboriert
arbeitet

stiftet hast! Noch laboriert alles an den schweren Kosten deiner breiten Deiche; nun frisst er uns auch den alten Deich, und

verneuen
erneuern

wir sollen ihn verneuen! – Zum Glück ist's nicht so schlimm; er hat diesmal gehalten und wird es auch noch ferner tun! Steig nur morgen wieder auf deinen Schimmel und sieh es dir noch einmal an!«

Hauke war aus dem Frieden seines Hauses hieher gekommen; hinter den immerhin noch gemäßigten Worten, die er eben hörte, lag – er konnte es nicht verkennen – ein zäher Widerstand; ihm war, als fehle ihm dagegen noch die alte Kraft. »Ich will tun, wie du es rätst, Ole«, sprach er, »nur fürcht ich, ich werd es finden, wie ich es heut gesehen habe.«

Eine unruhige Nacht folgte diesem Tage; Hauke wälzte sich schlaflos in seinen Kissen. »Was ist dir?«, frug ihn Elke, welche die Sorge um ihren Mann wach hielt, »drückt dich etwas, so sprich es von dir; wir haben's ja immer so gehalten!«

»Es hat nichts auf sich, Elke!«, erwiderte er, »am Deiche, an den Schleusen ist was zu reparieren; du weißt, dass ich das allzeit nachts in mir zu verarbeiten habe.« Weiter sagte er nichts; er wollte sich die Freiheit seines Handelns vorbehalten; ihm unbewusst, war die klare Einsicht und der kräftige Geist seines Weibes ihm in seiner augenblicklichen Schwäche ein Hindernis, dem er unwillkürlich auswich.

– – Am folgenden Vormittag, als er wieder auf den Deich hinauskam, war die Welt eine andere, als wie er sie tags zuvor gefunden hatte; zwar war wieder hohl Ebbe, aber der Tag war noch im Steigen, und eine lichte Frühlingssonne ließ ihre Strahlen fast senkrecht auf die unabsehbaren Watten fallen; die weißen Möwen schwebten ruhig hin und wider, und unsichtbar über ihnen, hoch unter dem azurblauen Himmel, sangen die Lerchen ihre ewige Melodie. Hauke, der nicht wusste, wie uns die Natur mit ihrem Reiz betrügen kann, stand auf der Nordwestecke des Deiches und suchte nach dem neuen Bett des Prieles, das ihn gestern so erschreckt hatte; aber bei dem vom Zenit herabschießenden Sonnenlichte fand er es anfänglich nicht einmal. Erst da er gegen die blendenden Strahlen seine Augen mit der Hand beschattete, konnte er es nicht verkennen; aber dennoch, die Schatten in der gestrigen Dämmerung mussten ihn getäuscht haben: es kennzeichnete sich jetzt nur schwach; die bloßgelegte Mäusewirtschaft musste mehr als die Flut den Schaden in dem Deich veranlasst haben. Freilich, Wandel musste hier geschafft werden, aber durch sorgfältiges Aufgraben und, wie Ole Peters gesagt hatte, durch frische Soden und einige Ruten Strohbestickung war der Schaden auszuheilen.

hohl Ebbe
niedrigster
Wasserstand bei
Ebbe

azurblau
himmelblau,
wolkenlos

Zenit
höchster Stand

Rute
altes deutsches
Längenmaß,
ca. 3,80 m

›Es war so schlimm nicht‹, sprach er erleichtert zu sich selber, ›du bist gestern doch dein eigner Narr gewesen!‹ – Er berief die Gevollmächtigten, und die Arbeiten wurden ohne Widerspruch beschlossen, was bisher noch nie geschehen war. Der Deichgraf meinte eine stärkende Ruhe in seinem noch geschwächten Körper sich verbreiten zu fühlen, und nach einigen Wochen war alles sauber ausgeführt.

Das Jahr ging weiter, aber je weiter es ging und je ungestörter die neugelegten Rasen durch die Strohdecke grünten, um so unruhiger ging oder ritt Hauke an dieser Stelle vorüber, er wandte die Augen ab, er ritt hart an der Binnenseite des Deiches, ein paarmal, wo er dort hätte vorübermüssen, ließ er sein schon gesatteltes Pferd wieder in den Stall zurückführen; dann wieder, wo er nichts dort zu tun hatte, wanderte er, um nur rasch und ungesehen von seiner Werfte fortzukommen, plötzlich und zu Fuß dahin; manchmal auch war er umgekehrt, er hatte es sich nicht zumuten können, die unheimliche Stelle aufs Neue zu betrachten; und endlich, mit den Händen hätte er alles wieder aufreißen mögen, denn wie ein Gewissensbiss, der außer ihm Gestalt gewonnen hatte, lag dies Stück des Deiches ihm vor Augen. Und doch, seine Hand konnte nicht mehr daran rühren; und niemandem, selbst nicht seinem Weibe, durfte er davon reden. So war der September gekommen; nachts hatte ein mäßiger Sturm getobt und war zuletzt nach Nordwest umgesprungen. An trübem Vormittag danach, zur Ebbezeit, ritt Hauke auf den Deich hinaus, und es durchfuhr ihn, als er seine Augen über die Watten schweifen ließ; dort, von Nordwest herauf, sah er plötzlich wieder, und schärfer und tiefer ausgewühlt, das gespenstische neue Bett des Prieles; so sehr er seine Augen anstrengte, es wollte nicht mehr weichen.

Als er nach Haus kam, ergriff Elke seine Hand. »Was hast du, Hauke?«, sprach sie, als sie in sein düstres Antlitz sah, »es ist doch kein neues Unheil? Wir sind jetzt so glücklich; mir ist, du hast nun Frieden mit ihnen allen!«

Diesen Worten gegenüber vermochte er seine verworrene Furcht nicht in Worten kundzugeben.

»Nein, Elke«, sagte er, »mich feindet niemand an; es ist nur ein verantwortlich Amt, die Gemeinde vor unseres Herrgotts Meer zu schützen.«

Er machte sich los, um weiteren Fragen des geliebten Weibes auszuweichen. Er ging in Stall und Scheuer, als ob er alles revidieren müsse; aber er sah nichts um sich her; er war nur beflissen, seinen Gewissensbiss zur Ruhe, ihn sich selber als eine krankhaft übertriebene Angst zur Überzeugung zu bringen.

– – Das Jahr, von dem ich Ihnen erzähle", sagte nach einer Weile mein Gastfreund, der Schulmeister, „war das Jahr 1756, das in dieser Gegend nie vergessen wird; im Hause Hauke Haiens brachte es eine Tote. Zu Ende des Septembers war in der Kammer, welche ihr in der Scheune eingeräumt war, die fast neunzigjährige Trin' Jans am Sterben. Man hatte sie nach ihrem Wunsche in den Kissen aufgerichtet, und ihre Augen gingen durch die kleinen bleigefassten Scheiben in die Ferne; es musste dort am Himmel eine dünnere Luftschicht über einer dichteren liegen, denn es war hohe Kimmung, und die Spiegelung hob in diesem Augenblick das Meer wie einen flimmernden Silberstreifen über den Rand des Deiches, so dass es blendend in die Kammer schimmerte; auch die Südspitze von Jeverssand war sichtbar.

Am Fußende des Bettes kauerte die kleine Wienke und hielt mit der einen Hand sich fest an der ihres Vaters, der daneben stand. In das Antlitz der Sterbenden grub eben der Tod das hippokratische Gesicht, und das Kind starrte atemlos auf die unheimliche, ihr unverständliche Verwandlung des unschönen, aber ihr vertrauten Angesichts.

revidieren
überdenken und
ändern

1756
Jahr mit einer
großen Sturmflut

Kimmung
→ S. 237

hippokratische
Gesicht
→ S. 237

»Was macht sie? Was ist das, Vater?«, flüsterte sie angstvoll und grub die Fingernägel in ihres Vaters Hand.

»Sie stirbt!«, sagte der Deichgraf.

»Stirbt!«, wiederholte das Kind und schien in verworrenes Sinnen zu verfallen.

Aber die Alte rührte noch einmal ihre Lippen: »Jins! Jins!« Und kreischend, wie ein Notschrei, brach es hervor, und ihre knöchernen Arme streckten sich gegen die draußen flimmernde Meeresspiegelung. »Hölp mi! Hölp mi! Du bist ja bawen Water... Gott gnad de annern!«

Ihre Arme sanken, ein leises Krachen der Bettstatt wurde hörbar; sie hatte aufgehört zu leben.

Das Kind tat einen tiefen Seufzer und warf die blassen Augen zu ihrem Vater auf. »Stirbt sie noch immer?«, frug es.

»Sie hat es vollbracht!«, sagte der Deichgraf und nahm das Kind auf seinen Arm. »Sie ist nun weit von uns, beim lieben Gott.«

»Beim lieben Gott!«, wiederholte das Kind und schwieg eine Weile, als müsse es den Worten nachsinnen. »Ist das gut, beim lieben Gott?«

»Ja, das ist das Beste.« – In Haukes Innerm aber klang schwer die letzte Rede der Sterbenden. ›Gott gnad de annern!‹, sprach es leise in ihm. ›Was wollte die alte Hexe? Sind denn die Sterbenden Propheten – –?‹

– – Bald nachdem Trin' Jans oben bei der Kirche eingegraben war, begann man immer lauter von allerlei Unheil und seltsamem Geschmeiß zu reden, das die Menschen in Nordfriesland erschreckt haben sollte; und sicher war es: am Sonntage Lätare war droben von der Turmspitze der goldne Hahn durch einen Wirbelwind herabgeworfen worden; auch das war richtig: im Hochsommer fiel, wie ein Schnee, ein groß Geschmeiß vom Himmel, dass man die Augen davor nicht auftun konnte und es hernach fast handhoch auf den Fennen

*Hölp mi ...
annern*
→ S. 237

nachsinnen
nachdenken

Geschmeiß
Fliegen,
Ungeziefer
Lätare
dritter Sonntag
vor Ostern

lag, und hatte niemand je so was gesehen. Als aber nach Ende September der Großknecht mit Korn und die Magd Ann Grete mit Butter in die Stadt zu Markt gefahren waren, kletterten sie bei ihrer Rückkunft mit schreckensbleichen Gesichtern von ihrem Wagen. »Was ist? Was habt ihr?«, riefen die andern Dirnen, die hinausgelaufen waren, da sie den Wagen rollen hörten.

Rückkunft
Rückkehr

Ann Grete in ihrem Reiseanzug trat atemlos in die geräumige Küche. »Nun, so erzähl doch!«, riefen die Dirnen wieder, »wo ist das Unglück los?«

»Ach, unser lieber Jesus wolle uns behüten!«, rief Ann Grete. »Ihr wisst, von drüben, überm Wasser, das alt Mariken vom Ziegelhof, wir stehen mit unserer Butter ja allzeit zusammen an der Apothekerecke, die hat es mir erzählt, und Iven Johns sagte auch, ›das gibt ein Unglück!‹, sagte er; ›ein Unglück über ganz Nordfriesland; glaub mir's, Ann Gret!‹ Und« – sie dämpfte ihre Stimme – »mit des Deichgrafs Schimmel ist's am Ende auch nicht richtig!«

»Scht! scht!«, machten die andern Dirnen.

– »Ja, ja; was kümmert's mich! Aber drüben, an der andern Seite, geht's noch schlimmer als bei uns! Nicht bloß Fliegen und Geschmeiß, auch Blut ist wie Regen vom Himmel gefallen; und da am Sonntagmorgen danach der Pastor sein Waschbecken vorgenommen hat, sind fünf Totenköpfe, wie Erbsen groß, darin gewesen, und alle sind gekommen, um das zu sehen; im Monat Augusti sind grausige rotköpfige Raupenwürmer über das Land gezogen und haben Korn und Mehl und Brot, und was sie fanden, weggefressen, und hat kein Feuer sie vertilgen können!«

vertilgen
vernichten

Die Erzählerin verstummte plötzlich; keine der Mägde hatte bemerkt, dass die Hausfrau in die Küche getreten war. »Was redet ihr da?«, sprach diese. »Lasst das den Wirt nicht hören!« Und da sie alle jetzt erzählen wollten: »Es tut nicht not; ich habe genug davon vernommen; geht an euere Arbeit, das bringt euch besseren Segen!« Dann nahm sie Ann Gret mit sich in die Stube und hielt mit dieser Abrechnung über ihre Marktgeschäfte.

So fand im Hause des Deichgrafen das abergläubische Geschwätz bei der Herrschaft keinen Anhalt; aber in die übrigen Häuser, und je länger die Abende wurden, um desto leichter, drang es mehr und mehr hinein. Wie schwere Luft lag es auf allen, und heimlich sagte man es sich, ein Unheil, ein schweres, würde über Nordfriesland kommen.

Es war vor Allerheiligen, im Oktober. Tagsüber hatte es stark aus Südwest gestürmt; abends stand ein halber Mond am Himmel, dunkelbraune Wolken jagten überhin, und Schatten und trübes Licht flogen auf der Erde durcheinander; der Sturm war im Wachsen. Im Zimmer des Deichgrafen stand noch der geleerte Abendtisch; die Knechte waren in den Stall gewiesen, um dort des Viehes zu achten; die Mägde mussten im Hause und auf den Böden nachsehen, ob Türen und Luken wohlverschlossen seien, dass nicht der Sturm hineinfasse und Unheil anrichte. Drinnen stand Hauke neben seiner Frau am Fenster; er hatte eben sein Abendbrot hinabgeschlungen; er war draußen auf dem Deich gewesen. Zu Fuße war er hinausgetrabt, schon früh am Nachmittag; spitze Pfähle und Säcke voll Klei oder Erde hatte er hie und dort, wo der Deich eine Schwäche zu verraten schien, zusammentragen lassen; überall hatte er Leute angestellt, um die Pfähle einzurammen und mit den Säcken vorzudämmen, sobald die Flut den Deich zu schädigen beginne; an dem Winkel zu Nordwesten, wo der alte und der neue Deich zusammenstießen, hatte er die meisten Menschen hingestellt, nur im Notfall durften sie von den angewiesenen Plätzen weichen. Das hatte er zurückgelassen; dann, vor kaum einer Viertelstunde, nass, zerzaust, war er in

Luken
Fensterläden

seinem Hause angekommen, und jetzt, das Ohr nach den Windböen, welche die in Blei gefassten Scheiben rasseln machten, blickte er wie gedankenlos in die wüste Nacht hinaus; die Wanduhr hinter ihrer Glasscheibe schlug eben acht.

5 Das Kind, das neben der Mutter stand, fuhr zusammen und barg den Kopf in deren Kleider. »Klaus!«, rief sie weinend, »wo ist mein Klaus?«

Sie konnte wohl so fragen, denn die Möwe hatte, wie schon im vorigen Jahre, so auch jetzt ihre Winterreise nicht mehr
10 angetreten. Der Vater überhörte die Frage; die Mutter aber nahm das Kind auf ihren Arm. »Dein Klaus ist in der Scheune«, sagte sie, »da sitzt er warm.«

»Warum?«, sagte Wienke, »ist das gut?«

– »Ja, das ist gut.«

15 Der Hausherr stand noch am Fenster. »Es geht nicht länger, Elke!«, sagte er, »ruf eine von den Dirnen; der Sturm drückt uns die Scheiben ein, die Luken müssen angeschroben werden!«

Auf das Wort der Hausfrau war die Magd hinausgelaufen;
20 man sah vom Zimmer aus, wie ihr die Röcke flogen; aber als sie die Klammern gelöst hatte, riss ihr der Sturm den Laden aus der Hand und warf ihn gegen die Fenster, dass ein paar Scheiben zersplittert in die Stube flogen und eins der Lichter qualmend auslosch. Hauke musste selbst hinaus, zu helfen,
25 und nur mit Not kamen allmählich die Luken vor die Fenster. Als sie beim Wiedereintritt in das Haus die Tür aufrissen, fuhr eine Böe hinterdrein, dass Glas und Silber im Wandschrank durcheinanderklirrten; oben im Hause über ihren Köpfen zitterten und krachten die Balken, als wolle der Sturm das Dach
30 von den Mauern reißen. Aber Hauke kam nicht wieder in das Zimmer; Elke hörte, wie er durch die Tenne nach dem Stalle schritt. »Den Schimmel! Den Schimmel, John! Rasch!« So hörte sie ihn rufen; dann kam er wieder in die Stube, das Haar

Tenne
Dreschplatz

zerzaust, aber die grauen Augen leuchtend. »Der Wind ist umgesprungen!«, rief er – »nach Nordwest, auf halber Spring-flut! Kein Wind; – wir haben solchen Sturm noch nicht er-lebt!«

Elke war totenblass geworden. »Und du musst noch ein-mal hinaus?« 5

Er ergriff ihre beiden Hände und drückte sie wie im Krampfe in die seinen. »Das muss ich, Elke.«

Sie erhob langsam ihre dunkeln Augen zu ihm, und ein paar Sekunden lang sahen sie sich an; doch war's wie eine 10 Ewigkeit. »Ja, Hauke«, sagte das Weib, »ich weiß es wohl, du musst!«

Da trabte es draußen vor der Haustür. Sie fiel ihm um den Hals, und einen Augenblick war's, als könne sie ihn nicht las-sen; aber auch das war nur ein Augenblick. »Das ist unser 15 Kampf!«, sprach Hauke, »ihr seid hier sicher; an dies Haus ist noch keine Flut gestiegen. Und bete zu Gott, dass er auch mit mir sei!« Hauke hüllte sich in seinen Mantel, und Elke nahm ein Tuch und wickelte es ihm sorgsam um den Hals, sie wollte ein Wort sprechen, aber die zitternden Lippen versagten es ihr. 20

Draußen wieherte der Schimmel, dass es wie Trompeten-schall in das Heulen des Sturmes hineinklang. Elke war mit ihrem Mann hinausgegangen; die alte Esche knarrte, als ob sie auseinanderstürzen solle. »Steigt auf, Herr!«, rief der Knecht, »der Schimmel ist wie toll; die Zügel könnten reißen.« Hauke 25 schlug die Arme um sein Weib. »Bei Sonnenaufgang bin ich wieder da!«

Schon war er auf sein Pferd gesprungen; das Tier stieg mit den Vorderhufen in die Höhe, dann, gleich einem Streithengst, der sich in die Schlacht stürzt, jagte es mit seinem Reiter die 30 Werfte hinunter, in Nacht und Sturmgeheul hinaus. »Vater, mein Vater!«, schrie eine klägliche Kinderstimme hinter ihm darein, »mein lieber Vater!«

Wienke war im Dunkeln hinter dem Fortjagenden hergelaufen; aber schon nach hundert Schritten strauchelte sie über einen Erdhaufen und fiel zu Boden.

Der Knecht Iven Johns brachte das weinende Kind der Mutter zurück; die lehnte am Stamme der Esche, deren Zweige über ihr die Luft peitschten, und starrte wie abwesend in die Nacht hinaus, in der ihr Mann verschwunden war; wenn das Brüllen des Sturmes und das ferne Klatschen des Meeres einen Augenblick aussetzten, fuhr sie wie in Schreck zusammen; ihr war jetzt, als suche alles nur ihn zu verderben und werde jäh verstummen, wenn es ihn gefasst habe. Ihre Knie zitterten, ihre Haare hatte der Sturm gelöst und trieb damit sein Spiel. »Hier ist das Kind, Frau!«, schrie John ihr zu, »haltet es fest!« und drückte die Kleine der Mutter in den Arm.

»Das Kind? – Ich hatte dich vergessen, Wienke!«, rief sie, »Gott verzeih mir's.« Dann hob sie es an ihre Brust, so fest nur Liebe fassen kann, und stürzte mit ihr in die Knie. »Herr Gott und du mein Jesus, lass uns nicht Witwe und Waise werden! Schütz ihn, o lieber Gott; nur du und ich, wir kennen ihn allein!« Und der Sturm setzte nicht mehr aus; es tönte und donnerte, als solle die ganze Welt in ungeheurem Hall und Schall zugrunde gehen.

»Geht in das Haus, Frau!«, sagte John, »kommt!« Und er half ihnen auf und leitete die beiden in das Haus und in die Stube.

– – Der Deichgraf Hauke Haien jagte auf seinem Schimmel dem Deiche zu. Der schmale Weg war grundlos, denn die Tage vorher war unermesslicher Regen gefallen; aber der nasse saugende Klei schien gleichwohl die Hufen des Tieres nicht zu halten, es war, als hätte es festen Sommerboden unter sich. Wie eine wilde Jagd trieben die Wolken am Himmel; unten lag die weite Marsch wie eine unerkennbare, von unruhigen Schatten erfüllte Wüste; von dem Wasser hinter dem Deiche, immer ungeheurer, kam ein dumpfes Tosen, als müsse es alles andere verschlingen. »Vorwärts, Schimmel!«, rief Hauke, »wir reiten unseren schlimmsten Ritt!«

Da klang es wie ein Todesschrei unter den Hufen seines Rosses. Er riss den Zügel zurück; er sah sich um: ihm zur Seite dicht über dem Boden, halb fliegend, halb vom Sturme geschleudert, zog eine Schar von weißen Möwen, ein höhnisches Gegacker ausstoßend; sie suchten Schutz im Lande. Eine von ihnen – der Mond schien flüchtig durch die Wolken lag am Weg zertreten: dem Reiter war's, als flattere ein rotes Band an ihrem Halse. »Klaus!«, rief er. »Armer Klaus!«

War es der Vogel seines Kindes? Hatte er Ross und Reiter erkannt und sich bei ihnen bergen wollen? – Der Reiter wusste es nicht. »Vorwärts!«, rief er wieder, und schon hob der Schimmel zu neuem Rennen seine Hufen; da setzte der Sturm plötzlich aus, eine Totenstille trat an seine Stelle; nur eine Sekunde lang, dann kam er mit erneuter Wut zurück; aber Menschenstimmen und verlorenes Hundegebell waren inzwischen an des Reiters Ohr geschlagen, und als er rückwärts nach seinem Dorf den Kopf wandte, erkannte er in dem Mondlicht, das hervorbrach, auf den Werften und vor den Häusern Menschen an hochbeladenen Wagen umherhantierend; er sah, wie im Fluge, noch andere Wagen eilend nach der Geest hinauffahren; Gebrüll von Rindern traf sein Ohr, die aus den warmen Ställen nach dort hinaufgetrieben wurden. ›Gott Dank! sie sind dabei, sich und ihr Vieh zu retten!‹, rief es in ihm; und dann mit einem Angstschrei: »Mein Weib! Mein Kind! – Nein, nein; auf unsere Werfte steigt das Wasser nicht!«

Vision
Erscheinung,
Traum

Aber nur ein Augenblick war es; nur wie eine Vision flog alles an ihm vorbei.

Eine furchtbare Böe kam brüllend vom Meer herüber, und ihr entgegen stürmten Ross und Reiter den schmalen Akt zum Deich hinan. Als sie oben waren, stoppte Hauke mit Gewalt sein Pferd. Aber wo war das Meer? Wo Jeverssand? Wo blieb das Ufer drüben? – – Nur Berge von Wasser sah er vor sich, die dräuend gegen den nächtlichen Himmel stiegen, die in der furchtbaren Dämmerung sich übereinanderzutürmen suchten und übereinander gegen das feste Land schlugen. Mit weißen Kronen kamen sie daher, heulend, als sei in ihnen der Schrei alles furchtbaren Raubgetiers der Wildnis. Der Schimmel schlug mit den Vorderhufen und schnob mit seinen Nüstern in den Lärm hinaus; den Reiter aber wollte es überfallen, als sei hier alle Menschenmacht zu Ende; als müsse jetzt die Nacht, der Tod, das Nichts hereinbrechen.

dräuend drohend

Doch er besann sich: es war ja Sturmflut; nur hatte er sie selbst noch nimmer so gesehen; sein Weib, sein Kind, sie saßen sicher auf der hohen Werfte, in dem festen Hause; sein Deich aber – und wie ein Stolz flog es ihm durch die Brust –, der Hauke-Haien-Deich, wie ihn die Leute nannten, der mochte jetzt beweisen, wie man Deiche bauen müsse!

Aber – was war das? – Er hielt an dem Winkel zwischen beiden Deichen; wo waren die Leute, die er hieher gestellt, die hier die Wacht zu halten hatten? – Er blickte nach Norden den alten Deich hinauf, denn auch dorthin hatte er einzelne beordert. Weder hier noch dort vermochte er einen Menschen zu erblicken; er ritt ein Stück hinaus, aber er blieb allein; nur das Wehen des Sturmes und das Brausen des Meeres bis aus unermessener Ferne schlug betäubend an sein Ohr. Er wandte das Pferd zurück: Er kam wieder zu der verlassenen Ecke und ließ seine Augen längs der Linie des neuen Deiches gleiten; er erkannte deutlich: langsamer, weniger gewaltig rollten hier die Wellen heran; fast schien's, als wäre dort ein ander Wasser. »Der soll schon stehen!«, murmelte er, und wie ein Lachen stieg es in ihm herauf.

beordert befohlen

ander anderes

Aber das Lachen verging ihm, als seine Blicke weiter an der Linie seines Deiches entlangglitten: an der Nordwestecke –

was war das dort? Ein dunkler Haufen wimmelte durcheinander; er sah, wie es sich emsig rührte und drängte kein Zweifel, es waren Menschen! Was wollten, was arbeiteten die jetzt an seinem Deich? – Und schon saßen seine Sporen dem Schimmel in den Weichen, und das Tier flog mit ihm dahin; der Sturm kam von der Breitseite; mitunter drängten die Böen so gewaltig, dass sie fast vom Deiche in den neuen Koog hinabgeschleudert wären; aber Ross und Reiter wussten, wo sie ritten. Schon gewahrte Hauke, dass wohl ein paar Dutzend Menschen in eifriger Arbeit dort beisammen seien, und schon sah er deutlich, dass eine Rinne quer durch den neuen Deich gegraben war. Gewaltsam stoppte er sein Pferd. »Halt!«, schrie er, »halt! Was treibt ihr hier für Teufelsunfug?«

Sie hatten in Schreck die Spaten ruhen lassen, als sie auf einmal den Deichgraf unter sich gewahrten; seine Worte hatte der Sturm ihnen zugetragen, und er sah wohl, dass mehrere ihm zu antworten strebten; aber er gewahrte nur ihre heftigen Gebärden, denn sie standen alle ihm zur Linken, und was sie sprachen, nahm der Sturm hinweg, der hier draußen jetzt die Menschen mitunter wie im Taumel gegeneinanderwarf, so dass sie sich dicht zusammenscharten. Hauke maß mit seinen raschen Augen die gegrabene Rinne und den Stand des Wassers, das, trotz des neuen Profiles, fast an die Höhe des Deichs hinaufklatschte und Ross und Reiter überspritzte. Nur noch zehn Minuten Arbeit – er sah es wohl –, dann brach die Hochflut durch die Rinne, und der Hauke-Haien-Koog wurde vom Meer begraben!

Der Deichgraf winkte einem der Arbeiter an die andere Seite seines Pferdes. »Nun, so sprich!«, schrie er, »was treibt ihr hier, was soll das heißen?«

Und der Mensch schrie dagegen: »Wir sollen den neuen Deich durchstechen, Herr, damit der alte Deich nicht bricht!«

»Was sollt ihr?«

– »Den neuen Deich durchstechen!«

»Und den Koog verschütten? – Welcher Teufel hat euch das befohlen?«

»Nein, Herr, kein Teufel; der Gevollmächtigte Ole Peters ist hier gewesen, der hat's befohlen!«

Der Zorn stieg dem Reiter in die Augen. »Kennt ihr mich?«, schrie er. »Wo ich bin, hat Ole Peters nichts zu ordinieren! Fort mit euch! An euere Plätze, wo ich euch hingestellt!«

ordinieren befehlen, anordnen

Und da sie zögerten, sprengte er mit seinem Schimmel zwischen sie: »Fort, zu euerer oder des Teufels Großmutter!«

»Herr, hütet Euch!«, rief einer aus dem Haufen und stieß mit seinem Spaten gegen das wie rasend sich gebärdende Tier; aber ein Hufschlag schleuderte ihm den Spaten aus der Hand, ein anderer stürzte zu Boden. Da plötzlich erhob sich ein Schrei aus dem übrigen Haufen, ein Schrei, wie ihn nur die Todesangst einer Menschenkehle zu entreißen pflegt; einen Augenblick war alles, auch der Deichgraf und der Schimmel, wie gelähmt; nur ein Arbeiter hatte gleich einem Wegweiser seinen Arm gestreckt; der wies nach der Nordwestecke der beiden Deiche, dort wo der neue auf den alten stieß. Nur das Tosen des Sturmes und das Rauschen des Wassers waren zu hören. Hauke drehte sich im Sattel: Was gab das dort? Seine Augen wurden groß. »Herr Gott! Ein Bruch! Ein Bruch im alten Deich!«

»Euere Schuld, Deichgraf!«, schrie eine Stimme aus dem Haufen. »Euere Schuld! Nehmt's mit vor Gottes Thron!«

Gottes Thron Gottes Gericht

Haukes zornrotes Antlitz war totenbleich geworden; der Mond, der es beschien, konnte es nicht bleicher machen; seine Arme hingen schlaff, er wusste kaum, dass er den Zügel hielt. Aber auch das war nur ein Augenblick; schon richtete er sich auf, ein hartes Stöhnen brach aus seinem Munde; dann wandte er stumm sein Pferd, und der Schimmel schnob und raste ostwärts auf dem Deich mit ihm dahin. Des Reiters Augen flogen scharf nach allen Seiten; in seinem Kopfe wühlten die Gedanken: Was hatte er für Schuld vor Gottes Thron zu tragen? – Der Durchstich des neuen Deichs – vielleicht, sie hätten's fertig gebracht, wenn er sein Halt nicht gerufen hätte; aber – es war noch eins, und es schoss ihm heiß zu Herzen, er wusste es nur zu gut – im vorigen Sommer, hätte damals Ole Peters' böses Maul ihn nicht zurückgehalten – da lag's! Er allein hatte die Schwäche des alten Deichs erkannt; er hätte trotz alledem das neue Werk betreiben müssen. »Herr Gott, ja, ich bekenn es«, rief er plötzlich laut in den Sturm hinaus, »ich habe meines Amtes schlecht gewartet!«

Zu seiner Linken, dicht an des Pferdes Hufen, tobte das Meer; vor ihm, und jetzt in voller Finsternis, lag der alte Koog mit seinen Werften und heimatlichen Häusern; das bleiche Himmelslicht war völlig ausgetan; nur von einer Stelle brach ein Lichtschein durch das Dunkel. Und wie ein Trost kam es an des Mannes Herz; es musste von seinem Haus herüberscheinen, es war ihm wie ein Gruß von Weib und Kind. Gottlob, sie saßen sicher auf der hohen Werfte! Die andern, gewiss, sie waren schon im Geestdorf droben; von dorther schimmerte so viel Lichtschein, wie er niemals noch gesehen hatte; ja selbst hoch oben aus der Luft, es mochte wohl vom Kirchturm sein, brach solcher in die Nacht hinaus. ›Sie werden alle fort sein, alle!‹, sprach Hauke bei sich selber; ›freilich auf mancher Werfte wird ein Haus in Trümmern liegen, schlechte Jahre werden für die überschwemmten Fennen kommen, Siele und Schleusen zu reparieren sein! Wir müssen's tragen, und ich will helfen, auch denen, die mir Leids getan; nur, Herr, mein Gott, sei gnädig mit uns Menschen!‹

Da warf er seine Augen seitwärts nach dem neuen Koog; um ihn schäumte das Meer; aber in ihm lag es wie nächtlicher Friede. Ein unwillkürliches Jauchzen brach aus des Reiters Brust: »Der Hauke-Haien-Deich, er soll schon halten; er wird es noch nach hundert Jahren tun!«

Ein donnerartiges Rauschen zu seinen Füßen weckte ihn aus diesen Träumen; der Schimmel wollte nicht mehr vorwärts.

Was war das? – Das Pferd sprang zurück, und er fühlte es, ein Deichstück stürzte vor ihm in die Tiefe. Er riss die Augen auf und schüttelte alles Sinnen von sich: Er hielt am alten Deich, der Schimmel hatte mit den Vorderhufen schon darauf gestanden. Unwillkürlich riss er das Pferd zurück; da flog der letzte Wolkenmantel von dem Mond, und das milde Gestirn beleuchtete den Graus, der schäumend, zischend vor ihm in die Tiefe stürzte, in den alten Koog hinab.

Wie sinnlos starrte Hauke darauf hin; eine Sündflut war's, um Tier und Menschen zu verschlingen. Da blinkte wieder ihm der Lichtschein in die Augen; es war derselbe, den er vorhin gewahrt hatte; noch immer brannte der auf seiner Werfte; und als er jetzt ermutigt in den Koog hinabsah, gewahrte er wohl, dass hinter dem sinnverwirrenden Strudel, der tosend vor ihm hinabstürzte, nur noch eine Breite von etwa hundert Schritten überflutet war; dahinter konnte er deutlich den Weg erkennen, der vom Koog heranführte. Er sah noch mehr: ein Wagen, nein, eine zweirädrige Karriole kam wie toll gegen den Deich herangefahren; ein Weib, ja auch ein Kind saßen darin. Und jetzt – war das nicht das kreischende Gebell eines kleinen Hundes, das im Sturm vorüberflog? Allmächtiger Gott! Sein Weib, sein Kind waren es; schon kamen sie dicht heran, und die schäumende Wassermasse drängte auf sie zu. Ein Schrei, ein Verzweiflungsschrei brach aus der Brust des Reiters. »Elke!«, schrie er, »Elke! Zurück! Zurück!«

Jauchzen
Jubel

Sündflut
Anspielung auf
die biblische
Sintflut

Aber Sturm und Meer waren nicht barmherzig, ihr Toben zerwehte seine Worte; nur seinen Mantel hatte der Sturm erfasst, es hätte ihn bald vom Pferd herabgerissen; und das Fuhrwerk flog ohne Aufenthalt der stürzenden Flut entgegen. Da sah er, dass das Weib wie gegen ihn hinauf die Arme streckte: Hatte sie ihn erkannt? Hatte die Sehnsucht, die Todesangst um ihn sie aus dem sicheren Haus getrieben? Und jetzt – rief sie ein letztes Wort ihm zu? – Die Fragen fuhren durch sein Hirn; sie blieben ohne Antwort: von ihr zu ihm, von ihm zu ihr waren die Worte all verloren: nur ein Brausen wie vom Weltenuntergang füllte ihre Ohren und ließ keinen andern Laut hinein.

»Mein Kind! O Elke, o getreue Elke!«, schrie Hauke in den Sturm hinaus. Da sank aufs neu ein großes Stück des Deiches vor ihm in die Tiefe, und donnernd stürzte das Meer sich hinterdrein; noch einmal sah er drunten den Kopf des Pferdes, die Räder des Gefährtes aus dem wüsten Gräuel emportauchen und dann quirlend darin untergehen. Die starren Augen des Reiters, der so einsam auf dem Deiche hielt, sahen weiter nichts. »Das Ende!«, sprach er leise vor sich hin; dann ritt er an den Abgrund, wo unter ihm die Wasser, unheimlich rauschend, sein Heimatsdorf zu überfluten begannen; noch immer sah er das Licht von seinem Hause schimmern; es war ihm wie entseelt. Er richtete sich hoch auf und stieß dem Schimmel die Sporen in die Weichen; das Tier bäumte sich, es hätte sich fast überschlagen; aber die Kraft des Mannes drückte es herunter. »Vorwärts!«, rief er noch einmal, wie er es so oft zum festen Ritt gerufen hatte. »Herr Gott, nimm mich; verschon die andern!«

Noch ein Sporenstich; ein Schrei des Schimmels, der Sturm und Wellenbrausen überschrie; dann unten aus dem hinabstürzenden Strom ein dumpfer Schall, ein kurzer Kampf.

entseelt — ohne Seele

Der Mond sah leuchtend aus der Höhe; aber unten auf dem Deiche war kein Leben mehr als nur die wilden Wasser, die bald den alten Koog fast völlig überflutet hatten. Noch immer aber ragte die Werfte von Hauke Haiens Hofstatt aus dem Schwall hervor, noch schimmerte von dort der Lichtschein, und von der Geest her, wo die Häuser allmählich dunkel wurden, warf noch die einsame Leuchte aus dem Kirchturm ihre zitternden Lichtfunken über die schäumenden Wellen.«

Der Erzähler schwieg; ich griff nach dem gefüllten Glase, das seit lange vor mir stand; aber ich führte es nicht zum Munde; meine Hand blieb auf dem Tische ruhen.

seit lange schon lange

»Das ist die Geschichte von Hauke Haien«, begann mein Wirt noch einmal, »wie ich sie nach bestem Wissen nur berichten konnte. Freilich, die Wirtschafterin unseres Deichgrafen würde sie Ihnen anders erzählt haben; denn auch das weiß man zu berichten: jenes weiße Pferdsgerippe ist nach der Flut wiederum, wie vormals, im Mondschein auf Jevershallig zu sehen gewesen; das ganze Dorf will es gesehen haben. Soviel ist sicher: Hauke Haien mit Weib und Kind ging unter in dieser Flut; nicht einmal ihre Grabstätte hab ich droben auf dem Kirchhof finden können; die toten Körper werden von dem abströmenden Wasser durch den Bruch ins Meer hinausgetrieben und auf dessen Grunde allmählich in ihre Urbestandteile aufgelöst sein – so haben sie Ruhe vor den Menschen gehabt. Aber der Hauke-Haien-Deich steht noch jetzt nach hundert Jahren, und wenn Sie morgen nach der Stadt reiten und die halbe Stunde Umweg nicht scheuen wollen, so werden Sie ihn unter den Hufen Ihres Pferdes haben.

Kirchhof Friedhof

Der Dank, den einstmals Jewe Manners bei den Enkeln seinem Erbauer versprochen hatte, ist, wie Sie gesehen haben, ausgeblieben; denn so ist es, Herr: dem Sokrates gaben sie ein

Sokrates → S. 237

Gift zu trinken, und unsern Herrn Christus schlugen sie an das Kreuz! Das geht in den letzten Zeiten nicht mehr so leicht; aber – einen Gewaltsmenschen oder einen bösen stiernackigen Pfaffen zum Heiligen oder einen tüchtigen Kerl, nur weil er uns um Kopfeslänge überwachsen war, zum Spuk und Nachtgespenst zu machen – das geht noch alle Tage.«

Als das ernsthafte Männlein das gesagt hatte, stand es auf und horchte nach draußen. »Es ist dort etwas anders worden«, sagte er und zog die Wolldecke vom Fenster; es war heller Mondschein. »Seht nur«, fuhr er fort, »dort kommen die Gevollmächtigten zurück; aber sie zerstreuen sich, sie gehen nach Hause; – drüben am andern Ufer muss ein Bruch geschehen sein, das Wasser ist gefallen.«

Ich blickte neben ihm hinaus; die Fenster hier oben lagen über dem Rand des Deiches; es war, wie er gesagt hatte. Ich nahm mein Glas und trank den Rest. »Haben Sie Dank für diesen Abend!«, sagte ich, »ich denk, wir können ruhig schlafen!«

»Das können wir«, entgegnete der kleine Herr, »ich wünsche von Herzen eine wohlschlafende Nacht!«

– – Beim Hinabgehen traf ich unten auf dem Flur den Deichgrafen; er wollte noch eine Karte, die er in der Schenkstube gelassen hatte, mit nach Hause nehmen. »Alles vorüber!«, sagte er. »Aber unser Schulmeister hat Ihnen wohl schön was weisgemacht; er gehört zu den Aufklärern!«

– »Er scheint ein verständiger Mann!«

»Ja, ja, gewiss; aber Sie können Ihren eigenen Augen doch nicht misstrauen; und drüben an der andern Seite, ich sagte es ja voraus, ist der Deich gebrochen!«

Ich zuckte die Achseln: »Das muss beschlafen werden! Gute Nacht, Herr Deichgraf!«

Er lachte: »Gute Nacht!«

überwachsen
übertroffen

Schenkstube
Gaststätte

Aufklärer
→ S. 238

beschlafen
darüber schlafen

–– Am andern Morgen, beim goldensten Sonnenlichte, das über einer weiten Verwüstung aufgegangen war, ritt ich über den Hauke-Haien-Deich zur Stadt hinunter.

Materialien

M Biografie

Lebenschronik

Theodor Storm, 1886

1815 Versuch der staatlichen Neuordnung Europas auf dem Wiener Kongress.

1817 Am 14. September wird Hans Theodor Woldsen Storm in Husum als Sohn des Advokaten Johann Casimir Storm (1790–1874) und seiner Frau Lucie Storm, geb. Woldsen, (1797–1879) geboren.

1826 Theodor besucht die Husumer Gelehrtenschule.

1830 Julirevolution in Frankreich.

1832 Hambacher Fest.

1833 Theodor Storm schreibt erste Gedichte.

1835 Der Schüler Theodor wechselt auf das Katharineum, dem ältesten Gymnasium in Lübeck. Er liest die Werke von Joseph von Eichendorff, Johann Wolfgang von Goethe und Heinrich Heine.

1837 Storm beginnt im April ein juristisches Studium an der Kieler Universität.

1838 Ab Ostern setzt er sein Studium an der Berliner Universität fort.

1839 Storm kehrt nach Kiel zurück, wo er weiter studiert und sich mit Theodor und Tycho Mommsen anfreundet.

1840 Der Student sammelt zusammen mit Theodor und Tycho Mommsen Märchen, Sagen und Lieder aus Schleswig-Holstein. Storm veröffentlicht erste Gedichte.

1842 Storm besteht in Kiel das juristische Staatsexamen und kehrt im Herbst nach Husum zurück, wo er als Anwalt in der Kanzlei seines Vaters arbeitet.

1843 Storm eröffnet eine eigene Anwaltspraxis und gründet einen Singverein. Mit Theodor und Tycho Mommsen veröffentlicht er das »Liederbuch dreier Freunde«.

1844 Storm verlobt sich mit seiner Cousine Constanze Esmarch (1825–1865), der Tochter des Bürgermeisters Ernst Esmarch. Sie heiraten am 15. September 1846 und leben in Husum. Außerdem besucht Storm das Volksfest bei Bredstedt, wo die Nordfriesen ihrem Wunsch nach Unabhängigkeit vom dänischen König Nachdruck verleihen.

Husum, Großstraße und Markt, um 1863

1847 Die Tochter des Senators Peter Jensen, Dorothea Jensen (1828–1903), und Theodor Storm beginnen ein Liebesverhältnis. Storm schreibt leidenschaftliche Liebesgedichte.

1848 Revolutionen in Europa. Storm nimmt an der Schleswig-Holsteinischen Freiheitsbewegung teil und setzt sich für die nationale Unabhängigkeit Schleswig-Holsteins von Dänemark ein. Storm schreibt für die Schleswig-Holsteinische Zeitung. Geburt seines ersten Sohnes Hans. Dorothea Jensen verlässt Husum.

1850 Storm und der Dichter Eduard Mörike beginnen einen Briefwechsel. Storm schreibt politische Gedichte und veröffentlicht seine erste Novelle »Immensee«.

1851 Die Sammlung »Sommer-Geschichten und Lieder« erscheint. Sie enthält die zu Storms Lebzeiten erfolgreichste Novelle »Immensee« und das Kindermärchen »Der kleine Häwelmann«. Geburt des Sohnes Ernst.

1852 Der dänische König verbietet Storm, der an seiner politischen-antidänischen Position festhält, als Anwalt weiter zu arbeiten. Storm fährt nach Berlin, um eine Anstellung im preußischen Justizdienst zu erhalten. Die erste Ausgabe der »Gedichte« erscheint.

1853 Storm zieht nach Potsdam um, wo er als preußischer Gerichtsassessor angestellt wird (zunächst ohne Gehalt). Es beginnen Storms »Exiljahre« (1853–1864), die er außerhalb seiner Husumer Heimat verbringt. Er macht in Preußen die Bekanntschaft mit den Mitgliedern der literarischen Vereine »Tunnel über der Spree« und »Rütli«, darunter mit Theodor Fontane, Franz Kugler und Adolph Menzel und es beginnen die Briefwechsel mit den Schriftstellern Paul Heyse und Theodor Fontane. Geburt des Sohnes Karl.

Storm in Berlin, 1852

1854 Joseph von Eichendorff und Storm treffen sich.

1855 Storm besucht Eduard Mörike in Stuttgart. Geburt der Tochter Lisbeth.

1856 Storm wird zum Kreisrichter in Heiligenstadt (Thüringen) ernannt und zieht dorthin um. Es erscheint die zweite vermehrte Auflage seiner »Gedichte«, die dritte im Jahr 1858.

Constanze Storm, 1857   Theodor Storm, 1857

1859 Storm beendet seine Novelle »Auf dem Staatshof«.

1860 Geburt der Tochter Lucie.

1862 Veröffentlichung der Novellen »Im Schloss« und »Auf der Universität«.

1863 Geburt der Tochter Elsabe.

1864 Nach Beendigung des Deutsch-Dänischen Kriegs erlangt Schleswig-Holstein die Unabhängigkeit von Dänemark. Storm wird zum Landvogt von Husum gewählt und kehrt dorthin zurück. Die vierte vermehrte Auflage der »Gedichte« erscheint.

1865 Geburt der Tochter Gertrud. Der Tod der Ehefrau Constanze am Kindbettfieber stürzt Storm in eine tiefe Lebenskrise. Storm reist auf Einladung des russischen Dichters Iwan Turgenjew nach Baden Baden.

Theodor Storm als Witwer mit seinen Kindern (außer Gertrud). Vorn (von links nach rechts): Lucie, Elsabe, Lisbeth; hinten: Karl, Ernst, Hans, 1866

1866 Deutsch-Österreichischer Krieg. Theodor Storm und Dorothea Jensen heiraten.

1867 Storms Amt des Landvogts wird aufgehoben.

1868 Storm wird zum Amtsrichter ernannt. »Sämtliche Schriften« Storms beginnen bis 1889 zu erscheinen. Geburt der Tochter Friederike.

1870–1871 Deutsch-Französischer Krieg. Storm spricht sich gegen den Krieg aus, sieht aber in Frankreich den Angreifer.

1871 Gründung des Deutschen Reichs.

1872 Storm reist nach Salzburg und München, wo er Paul Heyse trifft. Veröffentlichung der Novelle »Draußen im Heidedorf«.

1874 Storm wird zum Oberamtsrichter ernannt. Die Novellen »Pole Poppenspäler«, »Waldwinkel« und »Viola tricolor« erscheinen. Tod des Vaters.

1875 Veröffentlichung der Novelle »Ein stiller Musikant«.

Unterschrift des Dichters, um 1875

1876 Storm veröffentlicht die Novelle »Aquis submersus«. Er reist nach Würzburg, um seinem alkoholgefährdeten Sohn Hans zu helfen. Er wiederholt die Reise im folgenden Jahr.

1877 Beginn des Briefwechsels mit Gottfried Keller.

1878 Veröffentlichung der Novellen »Carsten Curator« und »Renate«.

1879 Storm wird zum Amtsgerichtsrat in Husum ernannt. Tod der Mutter. Veröffentlichung der Novelle »Eekenhof«.

1880 Storm wird auf eigenen Wunsch frühzeitig pensioniert und zieht in seinen Alterssitz nach Hademarschen um. Es erscheint die Novelle »Die Söhne des Senators«.

1881 Veröffentlichung der Novelle »Der Herr Etatsrat«.

Das Storm-Haus in Husum, Wasserreihe 31

1882 Veröffentlichung der Novelle »Hans und Heinz Kirch«.

1883 Veröffentlichung der Novelle »Schweigen«.

1884 Veröffentlichung der Novelle »Zur Chronik von Grieshuus«.

1885 Veröffentlichung der Novellen »John Riew'« und »Ein Fest auf Haderslevhuus« sowie der Neuauflage der »Gedichte«.

1886 Veröffentlichung der Novellen »Ein Doppelgänger« und »Bötjer Basch«. Aufenthalt in Weimar. Storm erkrankt schwer an einer Rippenfell- und Nierenentzündung. Im Dezember stirbt sein Sohn Hans.

Storm, 1884

Dichterzimmer in der Altersvilla in Hademarschen

1887 Die Novelle »Ein Bekenntnis« erscheint. Storm reist nach Sylt. Er wird zum Ehrenbürger der Stadt Husum ernannt. Storm erkrankt unheilbar an Magenkrebs.

1888 Er besucht zum letzten Mal Husum und beendet als letztes Werk den »Schimmelreiter«. Storm stirbt am 4. Juli in Hademarschen.

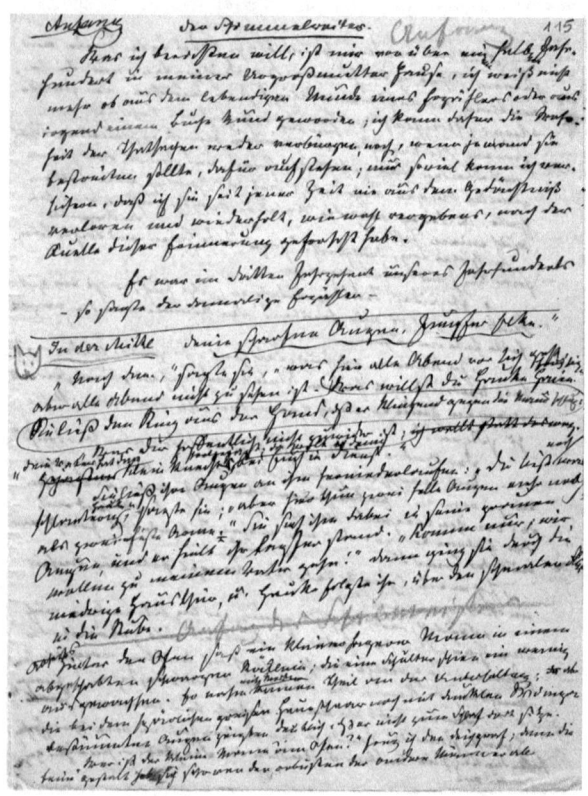

»Der Schimmelreiter«, Anfang der Novelle aus »Concept«

Theodor Storm

Die Stadt _____ ca. 1851

Am grauen Strand, am grauen Meer
Und seitab liegt die Stadt;
5 Der Nebel drückt die Dächer schwer,
Und durch die Stille braust das Meer
Eintönig um die Stadt.

Es rauscht kein Wald, es schlägt im Mai
Kein Vogel ohn Unterlass;
10 Die Wandergans mit hartem Schrei
Nur fliegt in Herbstesnacht vorbei
Am Strande weht das Gras.

Doch hängt mein ganzes Herz an dir,
Du graue Stadt am Meer;
15 Der Jugend Zauber für und für
Ruht lächelnd doch auf dir, auf dir,
Du graue Stadt am Meer.

Unterlass
Unterbrechung

für und für
weiter und weiter

Theodor Storm

Meeresstrand _____ 1854/55

Ans Haff nun fliegt die Möwe,
Und Dämmrung bricht herein;
Über die feuchten Watten   5
Spiegelt der Abendschein.

Graues Geflügel huschet
Neben dem Wasser her;
Wie Träume liegen die Inseln
Im Nebel auf dem Meer.   10

Ich höre des gärenden Schlammes
Geheimnisvollen Ton,
Einsames Vogelrufen –
So war es immer schon.

Noch einmal schauert leise   15
Und schweiget dann der Wind;
Vernehmlich werden die Stimmen,
Die über der Tiefe sind.

Haff
hier: Meer

Watten
Watt bei Ebbe

gärend
blubbernd

vernehmlich
hörbar

Franziska Gräfin zu Reventlow

Erinnerungen an Theodor Storm _____ 1897

Storms äußere Erscheinung hatte etwas von einer Märchen-
gestalt an sich, der kleine, etwas gebeugte Mann mit dem langen, schlohweißen Bart und den milden hellblauen Augen,
der in seinem schwarzen Beamtenrock so still und unauffällig
einherging. So sah man ihn Tag für Tag, im Sommer mit einem
breitkrempigen, weißen Strohhut, winters mit brauner Pelz-
mütze und dickem, weißem Shawl um den Hals, durch die
winkeligen Gassen der kleinen Stadt gehen, um seinen Amtsgeschäften obzuliegen oder seinen Spaziergang zu machen.

    Storms Lieblingsweg war der Seedeich, der, hart an der
Stadt beginnend, sich meilenweit in die grüne Marsch hinein-
schlängelt. Gegen Westen blickt man auf das Meer mit den
vorgelagerten, meist »wie Träume im Nebel« liegenden Inseln
und landeinwärts auf weite grüne Wiesenflächen, die in unab-
sehbarer Ferne mit dem Horizont verschwimmen. Mit der
Heimatliebe aller eingebornen Küstenbewohner, die selbst in
der schönsten Gebirgs- oder Waldgegend die andern oft unverständliche Sehnsucht nach diesem unendlich weiten Horizont ihres Flachlandes nicht los werden, hing Storm an seiner
Heimatgegend. Stundenlang konnte er an Sonntagen dem
Anschlagen der Wellen gegen den Strand und dem einför-
migen Schrei der Seevögel lauschen oder in die rotblühende
Heide, die sich auf der andern Seite der Stadt hindehnt, hin-
einwandern.

Rock
Mantel

Shawl
Schal

obzuliegen
nachzugehen

Theodor Fontane

Storms »Husumerei« _____ 1908

Preußen wird von sehr vielen als ein Schrecknis empfunden, aber Storm empfand dieses Schrecknis ganz besonders stark. […] Vieles in »Berlin und Potsdam« war immer sehr ledern und ist es noch; wenn's aber zum Letzten und Eigentlichsten kommt, was ist dann, um nur ein halbes Jahrhundert als Beispiel herauszugreifen, die ganze schleswig-holsteinische Geschichte neben der Geschichte des Alten Fritzen! […]

Alten Fritzen
→ Seite 238

Für alles das aber hatte der von mir als Mensch und Dichter, als Dichter nun schon ganz gewiss, so sehr geliebte Storm nicht das geringste Verständnis, und dass er dies Einsehen nicht hatte, lag nicht an »Potsdam und seinen geschniegelten Parks«, das lag an seiner das richtige Maß überschreitenden, lokalpatriotischen Husumerei, die sich durch seine ganze Produktion – auch selbst seine schönsten politischen Gedichte nicht ausgeschlossen – hindurchzieht. Er hatte für die Dänen dieselbe Geringschätzung wie für die Preußen. Dies aber sich selber immer »Norm« sein ist ein Unsinn, abgesehen davon, dass es andre, das mindeste zu sagen, verdrießlich stimmt.

*das mindeste
zu sagen*
um es vorsichtig
auszudrücken

Arbeitsanregungen

1. Vergleiche die Fotografie des Dichters auf Seite 144 mit der Beschreibung der Gräfin Franziska zu Reventlow auf Seite 155. Schildere den Eindruck, den der Dichter auf dich ausübt.

2. Notiere Auffälligkeiten oder Fragen in Bezug auf Storms Biografie und Werk. Diskutiere diese anschließend in einer Gesprächsrunde innerhalb deiner Klasse.

3. Informiere dich über eine weitere Novelle Storms und verfasse dazu eine Inhaltsangabe. Stelle die Novelle deiner Klasse vor.

4. Suche dir ein politisches Ereignis oder eine berühmte Person oder Dichter aus dem Umfeld Storms aus. Informiere dich in Lexika, Fachbüchern, Internet etc. genauer über die Hintergründe bzw. Werke, die geistesgeschichtlichen Strömungen oder politischen Entwicklungen. Stelle deine Ergebnisse in anschaulicher Weise als Zitat-Kommentar-Bild-Collage dar. Als Präsentationsmedien bieten sich an: Folie, Plakat, PowerPoint (oder Ähnliches), Webseite etc.

5. Untersuche, welche Beziehung und Einstellung des lyrischen Ichs in den Gedichten zur »Stadt«, mit der Husum gemeint ist, und zum »Meeresstrand« deutlich werden.

6. Fontane beklagt sich über die »Husumerei« Storms. Setze dich mit diesem Vorwurf auseinander. Berücksichtige dabei auch die Äußerungen der Gräfin Reventlow über Storms Heimatliebe.

Entstehung

Im Jahr 1885 beginnt Theodor Storm damit, die Novelle »Der Schimmelreiter« zu konzipieren und zu schreiben. In Briefen an den Dichter Paul Heyse, Literaturwissenschaftler Erich Schmidt, Theologen Heinrich Schleiden und an seine Verleger, 5 *die Gebrüder Paetel, geht Storm auf seine Probleme und Fortschritte bei der Arbeit am »Schimmelreiter« ein.*

Theodor Storm

Brief an Erich Schmidt _____ 3. Februar 1885

Jetzt aber rührt sich ein alter mächtiger Deichsagenstoff in 10 mir, und da werde ich die Augen offenhalten; aber es gilt vorher noch viele Studien! Die Sache wird ein paar Jahrhunderte zurückliegen.

Theodor Storm

Brief an Heinrich Schleiden _____ 7. Oktober 1885 15

Ich mühe mich nun um einen festen Stoff zur Winterarbeit; der »Schimmelreiter«, das Deichgespenst, von dem ich Dir sagte, wäre mir das liebste; aber ich verstehe es noch nicht recht anzufassen.

Theodor Storm

Brief an Paul Heyse _____ 4. Dezember 1885

Dann habe ich große Lust eine Deichnovelle zu schreiben,
»Der Schimmelreiter«, wenn ich es nur noch werde bewälti-
5 gen können.

Theodor Storm

Brief an die Gebrüder Paetel _____ 5. Dezember 1885

Nach Neujahr hoffe ich mit der Deich- und Sturmflut-No-
velle »Der Schimmelreiter« zu beginnen, die wohl im Sommer
10 ihre Vollendung finden könnte, und die ich Ihnen dann sen-
den werde.

Theodor Storm

Brief an Paul Heyse _____ 29. August 1886

In Arbeit ferner: »Der Schimmelreiter«, eine Deichgeschich-
15 te; ein böser Block, ein hartes Stück Arbeit, da es gilt eine
Deichgespenstsage auf die vier Beine einer Novelle zu stellen,
ohne den Charakter des Unheimlichen zu verwischen.

ein böser Block
**ein hartes Stück
Arbeit**

Theodor Storm

Brief an die Gebrüder Paetel _____ 8. Juni 1887

Am »Schimmelreiter« wird alle Woche 4 oder 5 Mal ein
Stückchen geschrieben und so rückt er langsam weiter; ich
habe noch Rekonvaleszenz-Nachleiden, und allerlei Brust-
und Magenkrampf, was mich sehr im Arbeiten beschränkt.

Rekonvaleszenz
Genesung, hier:
Beschwerden
nach einer
überstandenen
Krankheit

Theodor Storm

Brief an Paul Heyse _____ 20. Oktober 1887

Mein vielgenannter »Schimmelreiter« ist bis S. 92 der Rein-
schrift gediehen, und Sonntag will ich nach Heide, um mit
meinem Deichsachverständigen Freunde Bau-Inspektor
Eckermann ein Nötiges weiter zu besprechen. Aus einem
Jungen ist Hauke Haien nun auf diesen 92 S. zum Deichgrafen
geworden; nun bedarf es der Kunst, ihn aus einem Deichgrafen zu einem Nachtgespenst zu machen. Ich fürchte, das
Thema hätte mir 10 Jahre früher kommen müssen.

Theodor Storm

Brief an die Gebrüder Paetel _____ 5. Dezember 1887

»Der Schimmelreiter« schreitet stark vorwärts und wird jedenfalls zum 15. Februar eingeliefert werden können. Ist das
früh genug zum Aprilheft? Es wird die bei Weitem größte
Novelle, die ich geschrieben.

Aprilheft
→ Seite 238

Theodor Storm

Brief an die Gebrüder Paetel _____ 16. Dezember 1887

Mein Sachverständiger ist mein Freund, der Provinzial-Bau-
Inspektor Eckermann dort, den Sie auch am 14. 9. hier mit   *dort*
Frau und 2 Töchtern sahen; wir kommen Monat um Monat   in Heiligenstadt
mit den erwachsenen Kindern einen Tag nebst Nacht zuein-
ander. Er war sehr mit mir zufrieden; ich werde nächstens
auch einen Koog eindeichen können.

Theodor Storm

Brief an Paul Heyse _____ 18. Dezember 1887

Im Januar werde ich wohl mit dem »Schimmelreiter« fertig,
dem Größten, was ich bisher schrieb. Ich denke, wenn auch
nicht das Ganze, so wird Dich Einzelnes interessieren.

Theodor Storm

Brief an Paul Heyse _____ 11. Februar 1888

Übrigens habe ich die Vormittage dort wie nach Rückkehr
hier an meinem »Schimmelreiter« gearbeitet, den ich am 9ten   *hier*
des Monats beendet habe und den Du zunächst in dem April-   in Hademarschen
und Maiheft der »Deutschen Rundschau« wirst lesen können.
Ich hätte ihn wohl vor 10 Jahren schreiben sollen; jetzt ist
denn geworden, was rebus sic stantibus werden können. Im   *rebus sic stantibus*
Sommer 86 begann ich damit, dann kam die Krankheit, dann   unter den
begann ich im letzten Spätsommer wieder.   gegebenen
                                                               Umständen

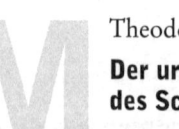

Theodor Storm

Der ursprüngliche Schluss des Schimmelreiters _____ 1888

*Als Theodor Storm die Druckvorlage des »Schimmelreiters«
korrigierte, entschloss er sich die folgende Schlussszene zu strei-
chen. Sie stand ursprünglich zwischen den Zeilen: »[...] das
geht noch alle Tage« und »Als das ernsthafte Männlein das
gesagt hatte, stand es auf und horchte nach draußen.« (S. 140)*

Es soll nämlich, und ich darf das nicht vergessen, damals doch
noch einer auf dem neuen Deich zurückgeblieben sein, während die Übrigen südwärts nach der Stadt und von dort nach
ihren Kirchdorf auf der Geest zurückgeflohen waren, wo sie
außer ihrem Deichgrafen nebst Weib und Kind die ganze
Marsch beisammen fanden.

Der Zurückgebliebene aber sollte jener Carstens, der
frühere Dienstjunge des Deichgrafen gewesen sein, ein eben-
abergläubiger so abergläubiger, als, wenn seine Neugierde ins Spiel kam,
abergläubischer waghalsiger Geselle, und derzeit noch im Dienst des Ole Peters. Er wollte an der Binnenkante des Deiches dem letzten
Ritte seines früheren Herrn gefolgt sein; und einen ganzen
Sack voll hatte er bei seiner Rückkehr auszukramen. »Hu
aber, Frau Vollina«, sagte er zu seiner Wirtin, und das Weib
kreuzte schon in behaglichem Schauder die Hände über ihren
Leib, »da begab sich etwas! Ich lag dicht hinter ihm am Deich;
da stieß er dem Schimmel die Sporen in die Seiten und riss das
Maul auf und schrie; verstehen konnt' ich's nicht, der Lärm
umher war gar zu grauslich! Aber es wird wohl sein dummes
›Vorwärts!‹ gewesen sein, womit er allezeit sein Tier zu trei-
ben pflegte. Ja, vorwärts! Was meint Ihr, Frau Vollina?«

»Ja, was mein' ich?«, plapperte das Weib. »So sprich doch
Carsten!«

»Da ist nicht gut zu sprechen, Frau!«, fuhr Carsten fort: »So arg ich meine Augen aufriss, ich sah itzt weder den Schimmel, noch ein ander Pferd; nur den Reiter sah ich, und es war noch, als ritte er mit seinen Beinen in der Luft; aber ein schwarzes Unding war über ihm und hielt ihn in seinen Krallen. Dann begann ein fürchterliches Hülfsgeschrei, das lauter war, als Sturm und Wasser; aber, Frau, wen der Teufel in den Krallen hat, dem kann nur Gott zu Hülfe kommen!«

»Und dann? Und dann?«, rief Frau Vollina. »Ja, Frau; dann sah ich weiter nichts; ich hörte nur die großen Wasser, die in unsren Koog hinabstürzten und lief – denn mir war plötzlich die Angst ins Gemüt gefahren – auf dem Deich zur Stadt hinunter, um nur mein eigen bisschen Leben aus dieser schreckbaren Einsamkeit zu retten. Aber« – und er dämpfte seine Stimme, und Frau Vollina neigte ihren runden Kopf zu seinen Lippen – »das Schrecklichste sah ich gestern Abend; ich war bei hellem Mondschein auf den Deich hinaus, bis gerad' vor Jeverssand – das weiße Pferdsgerippe, das fort war, so lang der Schimmel in des Deichgrafs Stall gestanden – es liegt wieder dort! Geht nur hin und sehet selbst!«

Aber Frau Vollina stieß einen Schrei aus: »Herr Gott und Jesus, seid uns gnädig!«

– »Das«, sagte nach einer Weile der Schulmeister, »ist das Ende von Hauke Haiens Geschichte, wenn Sie sich dieselbe im Dorfe wollen erzählen lassen. Und so ist es immer weiter gegangen, und der arme Deichgraf, der tüchtigsten einer, die wir hier gehabt haben, ist allmählich zu einer Schreckgestalt erniedrigt worden: bei Hochfluten müssen seine verstäubten Atome sich zu einem Scheinbild wiederum zusammenfinden; das muss auf seinem Schimmel über die Deiche galoppieren und, wenn Unheil kommen soll, sich in den alten Bruch hinabstürzen. *Credat judaeus Apella* pflegten wir auf der Universität zu sagen.«

Entstehung | **163**

M Meines eigenen Abenteuers gedenkend wollte ich für den Gespensterglauben einen bescheidenen Vorbehalt erbitten; aber mein Gastfreund fiel mir in die Rede: »Ja, ja, werter Herr«, sagte er; »Sie wollen einwenden, Sie haben ihn selbst gesehen! Was Sie gesehen haben, weiß ich nicht: es könnte auch ein Leibhaftiger, das heißt, ein Mensch gewesen sein; dort draußen auf dem Sophienhof, der Besitzer hat einen Bruder bei sich, einen alten wunderlichen Junggesellen; die Leute halten ihn für einen Narren, er selbst treibt Astronomie und hält sich für einen großen Wetterkundigen. Der hat ein hager Angesicht und ein paar tief liegende Augen und reitet am liebsten im fliegenden Sturm auf den Deichen hin und wieder; ob er einen Schimmel hat, weiß ich nicht zu sagen; unmöglich ist das nicht. Aber – einerlei, mag reiten, wer da will, nur den Deichgrafen Hauke Haien lasst mir aus dem Spiel; der hat wie kaum ein andrer seine Ruh' verdient!«

Arbeitsanregungen

1. Beschreibe unter welchen Umständen und Schwierigkeiten Storm seine Novelle verfasste. Stelle dar, worauf Storm besonderen Wert bei der Arbeit an dem Text legte.

2. Suche die verschiedenen Bezeichnungen und Beschreibungen Storms für seine Novelle heraus und vergleiche sie.

3. Storm unterbrach immer wieder die Arbeit am »Schimmelreiter«, um andere Novellen zu schreiben oder weil er schwer krank war. Schreibe Storm einen Brief, in dem du ihn motivierst, weiter am »Schimmelreiter« zu arbeiten.

4. Untersuche den ursprünglichen Schluss der Novelle. Sprecht darüber, warum Storm diese Szene wohl gestrichen hat.

5. Der Verleger Gebrüder Paetel bittet dich als Sachverständigen um deine Meinung, ob die Szene wirklich gestrichen werden soll. Lege ihm dazu deine begründete Meinung dar.

Verstehen und Deuten

Auf der Suche nach dem Schimmelreiter

Storm las ungefähr im Alter von 21 Jahren die Geschichte »Der gespenstige Reiter«. Später war er unsicher, wo genau er zum ersten Mal von der Schimmelreiter-Sage erfuhr. So ver- 5
mutete er 1870, dass ihm Lena Wies, eine Husumer Bäckers-tochter, die Sage erzählt hatte, als er noch ein Kind war. 1881 glaubte er die Sage im »Husumer Wochenblatt« gelesen zu haben, doch in dieser Zeitschrift ist der Text nicht zu finden. Der Beginn des »Schimmelreiters« nennt die mündliche Über- 10
lieferung und den Abdruck in einer Zeitschrift als mögliche Quellen für die Sage.

Storm verließ sich, als er die »Schimmelreiter«-Novelle konzipierte, nicht nur auf seine Erinnerung, sondern suchte nach Hinweisen auf den Schimmelreiter in verschiedenen Sa- 15
gensammlungen.

Ludwig Strackerjan
Aberglaube und Sagen _____ 1867

Sagen haben mancherlei Beziehungen zum Aberglauben. Der Aberglaube stellt feste Sätze oder Behauptungen auf, und die 20
Sage berichtet von Begebenheiten, in welchen diese Sätze ihre Erfüllung gefunden haben, in die Wirklichkeit übertragen sind. Der Aberglaube lässt z.B. einen wichtigen Bau nur ge-lingen, wenn ein Mensch in das Fundament gemauert ist, und

die Sage verkündet, diese oder jene Kirche, dieses oder jenes Schloss, dieser Deich habe nicht eher stehen oder halten wollen, bis ein unschuldiges Kind mit eingemauert und im Deich sei vergraben worden. Der Aberglaube hält daran fest, dass böse Menschen nach ihrem Tode wiedergehen müssen, und die Sage weiß zu erzählen, wie in Feld und Wald, auf Straßen oder in Häusern ein Mörder, Meineidiger, Geizhals, Wucherer als Spuk die Gegend unsicher macht. Der Aberglaube will, dass über Glocken, die nicht geweiht oder getauft sind, der Teufel die Herrschaft habe, die Sage bezeichnet die Stellen (Tümpel, Sümpfe), in welchen der Teufel Glocken, die er aus den Türmen gerissen, versenkt hat.

Anderseits gibt es Sagen, die eine Beziehung zum Aberglauben vermissen lassen, aber uns fast wie Aberglaube anmuten. Bleiben wir bei den Glocken stehen, so herrschte früher der Glaube, der Klang einer Glocke sei um so reiner oder heller oder schöner, je mehr Gold und Silber der Glockenspeise beigemischt werde. Daraus entwickelte sich an Orten, die über ein gutes Geläute verfügten, die Sage, beim Gusse desselben wären vornehme Fräulein vom nahen Schlosse gekommen und hätten ihr sämtliches Geschmeide in die flüssige Glut geworfen. Der Historiker lauscht gern den Sagen, die im Volke gehen; ihnen liegt oft ein wahrer Kern zugrunde, und so dienen sie dazu, den Forscher auf die richtige Fährte zu bringen.

Geschmeide
Schmuck

Karl Müllenhoff

Der Strandvogt _____ 1845

Lorenz Jens Grethen war lange zur See gewesen und hatte viel
auf Grönland gefahren. Nachher erhielt er die Oberaufsicht
über das Strandwesen in Sylt und tat viel zur Verminderung 5
der Räubereien. Einmal aber hat er bei einem Raubmorde die
Augen zugedrückt. Dafür irrt er noch heute fortwährend am
Strande umher, rettet aber bei Nachtzeit die Schiffbrüchigen,
weckt die Strandvögte und muntert sie auf, wenn sie lässig
werden, und an die Strandläufer teilt er Ohrfeigen aus, dass 10
sie so leicht nicht wieder kommen. Durch Herrn Hansen auf
Sylt.

Eine ähnliche Erzählung auch in Dithmarschen von einem
Außendeichspächter.

In Lauenburg: Ein Deichgraf reitet den Deich an der Elbe 15
entlang, um nachzusehen. Man zwingt ihn, in die Fluten hin-
einzureiten. Seitdem sieht man ihn allnächtlich auf seinem
weißen Pferde.

lässig
nachlässig

durch
Herrn Hansen
Herr Hansen
teilte die Sage
dem Autor mit

Karl Müllenhoff

Das vergrabene Kind _____ 1845

Bei Heiligensteden war am Stördeich ein großes Loch, das
man auf keine Weise ausfüllen konnte, so viel Erde und Steine
man auch hineinwarf. Weil aber der ganze Deich sonst weg-
gerissen und viel Land überschwemmt wäre, musste das Loch
doch auf jeden Fall ausgefüllt werden. Da fragte man in der
Not eine alte kluge Frau: die sagte, es gäbe keinen andern Rat,
als ein lebendiges Kind da zu vergraben, es müsse aber frei-
willig hineingehen. Da war da nun eine Zigeunermutter, der
man tausend Taler für ihr Kind bot und die es dafür austat.   *austat*
Nun legte man ein Weißbrot auf das eine Ende eines Brettes   hergab
und schob dieses so über das Loch, dass es bis in die Mitte
reichte. Da nun das Kind hungrig darauf entlang lief und nach
dem Brote griff, schlug das Brett über und das Kind sank unter. Doch tauchte es noch ein paarmal wieder auf und rief
beim ersten Mal: »Ist nichts so weich als Mutters Schoß?« und
beim zweiten Male: »Ist nichts so süß als Mutters Lieb?« und
zuletzt: »Ist nichts so fest als Mutters Treu?«

Da aber waren die Leute herbeigeeilt und schütteten viel
Erde auf, dass das Loch bald voll ward und die Gefahr für
immer abgewandt ist. Doch sieht man bis auf den heutigen
Tag noch eine Vertiefung, die immer mit Seegras bewachsen
ist.

Ludwig Strackerjan

Sage aus Hohenkirchen _____ 1867

In einer der großen Sturmfluten waren die Deiche Jeverlands
an vielen Stellen durchbrochen, am breitesten und tiefsten in
der Nähe des Kirchdorfs Wiarden, das damals noch näher an
der See lag als jetzt, seitdem sich das alte Wangerland mit
einem breiten Saume fruchtbarer Groden umgürtet hat. Zwar
war das Meer schon in seinen alten Stand zurückgewichen,
aber täglich rollte die Flut wieder über das Land hin und zerstörte die schwachen Werke, die von den Bewohnern aufgerichtet wurden. Die einzelnen Spaten voll Erde, die eine Men-
schenhand bewegte, konnten nicht widerstehen; wenn nicht
ganze Wagen voll Erde auf einmal in die Lücke gebracht werden konnten, durfte man nicht hoffen, den Deich wieder her-
zustellen. Aber niemand wagte es, mit einem Wagen in die
brausende Flut hineinzufahren, deren Tiefe man nicht kannte,
und die nach der Höhe der Wogen zu urteilen unergründlich
schien. Da versprach man demjenigen, welcher zuerst mit einer Ladung Erde durch das Wasser fahren würde, alles Land,
das in der Nähe des Deichbruchs lag.

Lange ging niemand ein auf das lockende Gebot, bis endlich ein junger Bursche auf einen bereitstehenden Wagen
sprang und kühn die Pferde in die Flut trieb. Voll Erstaunen
rief das Volk: »De rasenden Mähren!« und gab das Leben des
Burschen wie der Tiere auf, aber mutig strebte das Gespann
vorwärts und erreichte das jenseitige Ufer. Nun war der erste
Schritt getan, andere folgten nach, und bald erhob sich der
Deich in alter Höhe. Das Land, welches man dem Burschen
versprochen hatte, wurde in ein Gut vereinigt und heißt noch
in diesem Augenblicke Rasenmeer.

Saum
Streifen,
Landstrich
Groden
→ Seite 238

De rasenden
Mähren
die wilden Pferde

Johann Georg Theodor Grässe

Der Heuersche Kolk bei Rechtenfleth in Osterstade _____ 1871

Zwischen den Dörfern Sandstedt und Rechtenfleth liegt dicht
innerhalb des Deiches, der hier eine große Biegung macht, ein
stiller, tiefer, schilfumkränzter Wasserkolk, der Überrest eines
großen Deichbruches, der vor vielen Jahren, man weiß nicht
wann, bei einer Sturmflut geschehen ist. Als man nun den zer-
störten Deich wieder herstellen wollte, versank jede Karre
voll Sand wieder in die Tiefe. Alle Mühe, die Lücke wieder
auszufüllen, war vergebens, denn der Zorn Gottes ruhte auf
der Feldmark um der Üppigkeit und Gottlosigkeit willen der
Bewohner Sandstedts und Rechtenfleths. Man arbeitete den
ganzen Frühling, Sommer und Herbst hindurch: der Winter
war vor der Tür, aber die Arbeit war nicht um ein Haar vor-
gerückt, der Boden schien unergründlich.

Da befragte man eine weise Frau: »Ihr werdet bis an den
jüngsten Tag arbeiten können«, antwortete diese, »wenn Ihr
den Himmel nicht zuvor versöhnt habt. Den Ersten, der am
nächsten Morgen vorübergeht, den ergreifet, werft ihn in die
Tiefe und bedeichet ihn, dann wird erst der Grund fest werden!«

Der Erste aber, welcher am andern Morgen vorüberging,
war ein reicher stolzer Bauer, namens Heuer. Sie ergriffen ihn,
warfen ihn in die Tiefe und bedeichten ihn, und es geschah wie
die weise Frau gesagt hatte. Der Grund wurde fest und bald
war der Deich mit Gottes Hilfe vollendet. Der einsame Kolk
heißt aber seitdem der Heuersche und bei stiller Nacht soll es
da unten in der Tiefe stöhnen und klagen.

Wasserkolk
Wasserloch

Feldmark
Gegend
Üppigkeit
Verschwendung,
Ausschweifung

N⁰ 45.

Sonnabend,
am 14. April
1838.

Danziger Dampfboot

für

Geist, Humor, Satire, Poesie,
Welt- und Volksleben, Korrespondenz, Kunst, Literatur und Theater.

Literatur.

Titelblatt der Zeitschrift »Danziger Dampfboot« von 1838, in der die Geschichte vom »gespenstigen Reiter« zum ersten Mal abgedruckt war, die der 20-jährige Storm gelesen und die wohl den eigentlichen Anstoß zum »Schimmelreiter« gegeben hat.

Anonym

Der gespenstige Reiter. Ein Reiseabenteuer __ 1838

Es war in den ersten Tagen des Monates April, im Jahre 1829 – so erzählte mir mein Freund –, als Geschäfte von Wichtigkeit mein persönliches Erscheinen in Marienburg erforderlich machten; ich musste mich also zu einer Reise dahin entschließen, so gern ich sie auch bis zur schönern Jahreszeit aufgeschoben hätte, denn wer selten reiset, macht so eine Partie lieber bei schönem Wetter; allein die Notwendigkeit der Sache machte, dass ich meine Reise beschleunigen musste.

Ein gemietetes Reitpferd stand um vier Uhr nachmittags vor meiner Türe; ich ließ den Braunen nicht lange warten, schwang mich hinauf, und nach wenigen Minuten hatte ich Danzig im Rücken.

Mein Weg längs der Chaussee ging gut, und das einzige Hindernis, welches ich zu bekämpfen hatte, war das kalte, unangenehme, regnichte Wetter.

regnichte
regnerische

Durchfroren und durchnässt kam ich bei ziemlicher Dun-
5 kelheit in Dirschau an, stieg im erstgelegenen Gasthof ab, um
ein wenig zu ruhen, meinem sich einfindenden Appetit durch
einen Imbiss zu begegnen und durch einen erwärmenden
Trunk meine Glieder zu erfrischen; fragte unter anderm den
Wirt, wie es mit der Weichsel stände, und bekam zur Antwort:

Weichsel
→ **Seite 238**

10 »Schlecht; Ihr Hinüberkommen wird nicht allein beschwer-
lich, sondern auch gefährlich sein.« Doch ich durfte mich
nicht abschrecken lassen, weil ich nach meinem Bestim-
mungsorte musste, und wo möglich wollte ich dort noch an
demselben Abend eintreffen; ich bezahlte dem Wirte meine
15 Rechnung und eilte weiter; aber angekommen an der Weichsel, wurde ich von den Fährknechten zu meinem Schrecken
unterrichtet, dass das heutige Hinüberkommen für keinen
Preis ausführbar sei, wenn ich nicht mit Gewalt in die Arme
des Todes eilen wolle; auch sahe ich zum Teil die Unmöglich-
20 keit der Sache wohl selber ein; doch wurde mir der Vorschlag
gemacht, dass ich bis zur Güttländer Fähre reiten solle, weil
dort das Hinüberschaffen vielleicht noch zu bewerkstelligen
sein würde. Ich ließ mir dieses nicht zweimal sagen, griff in
die Zügel, lenkte um, und fort ging's zur Güttländer Fähre. –
25 Dunkler und dunkler wurde es rings um mich, nur hin und
wieder drang das Leuchten eines Sternes durch die Nebelwol-
ken, fremd war mir die in schwarze Schatten gehüllte Gegend,
kein menschliches Wesen erblickte ich, und nur das Brausen
des Sturmes und das Geprassel des durch das Wasser immer
30 höher gehobenen und geborstenen Eises waren meine schau-
rigen Begleiter. – Da plötzlich höre ich dicht hinter mir das
rasche Trappeln eines Pferdes, und freudig, in dem Wahne,
einen Gesellschafter nahe zu haben, blicke ich mich erwar-

Wahne
falsche
Vorstellung

Verstehen und Deuten | **173**

tungsvoll um und sehe – nichts –, wohl aber trabt es immer schärfer und näher, mein Brauner schnaubt und stampft, kaum vermochte mein spitziger Sporn ihn vorwärtszutreiben, und ein kalter Schauer überlief meinen ganzen Körper; doch beruhigte ich mich, da mein sonderbarer Begleiter verschwunden zu sein schien; als ich ihn aber plötzlich wieder, ohne ihn zu sehen, vor mir hersprengen hörte, war es, als wollten mir meine Glieder die Dienste versagen, ein Fieberfrost durchrieselte mich, und mein Pferd wurde höchst unruhig; was aber die Unheimlichkeit noch mehr vermehrte, war: dass dieses unbegreifliche Wesen mir plötzlich und pfeilschnell vorüberzusausen schien – so hörte sich das ungewöhnliche Geräusch wenigstens an, welches sich wieder allmählich verlor, um aber, wie es schien, mit erneuter Schnelligkeit zurückzukehren; es wieder hören, dicht hinter mir haben, die anscheinende Gestalt eines weißen Pferdes, mit einem schwarzen, menschenähnlichen Gebilde darauf sitzend, mir im fliegenden Galopp vorbeireiten zu sehen, war eins; mein Brauner machte einen Seitensprung, und es fehlte nicht viel, so wären wir beide den Damm, ohne es zu wollen, hinabgestürzt.

Ich habe die letzten Feldzüge mitgemacht, feindliche Kugeln töteten neben mir meine besten Kameraden, vom Kanonendonner bebte die Erde, doch mich machte nichts erbeben; aber hier auf dem Weichseldamme, ich gestehe es zu meiner Schande, zitterte ich an allen Gliedern. –

Da hörte ich in der Ferne das Bellen eines Hundes und wurde das Blinken eines Lichtes gewahr. Ha!, dachte ich, da werden sich auch Menschen befinden, wie du einer bist. Schnell ritt ich dem Lichtscheine entgegen und kam an eine sogenannte Wachtbude; ich stieg ab und fragte die darin versammelte Menge, ob ich bei ihnen die Nacht über verweilen könnte – denn für heute war ich des Reisens satt –, und meine Frage wurde mit Ja beantwortet.

Froh, ein schützendes Obdach gefunden zu haben, brachte ich zuerst mein Pferd in Sicherheit, setzte mich dann ruhig in eine Ecke, pflegte mich, so gut es sich tun ließ, und hörte die Gespräche der Landleute, die hier auf Eiswache waren, mit an; ließ aber wohlbedächtig, um mich nicht Neckereien preiszugeben, nichts von meinem überstandenen Abenteuer merken. ...

Da war's, als rauschte irgendetwas dem Fenster vorbei. Mit einem Schreckensausruf sprangen mehrere Männer auf, und einer von ihnen sagte: »Es muss irgendwo große Gefahr sein, denn der Reiter auf dem Schimmel lässt sich sehen«, und der größte Teil eilte hinaus.

Der Reiter nun befremdete mich nicht, wohl aber die gemachte Bemerkung, weshalb ich den neben mir sitzenden alten Mann ersuchte, mir hierüber eine genügende Erklärung zu geben, worauf ich folgende Auskunft erhielt:

»Vor vielen Jahren, da sich auch unsere Vorfahren hier einst versammelt hatten, um auf den gefahrdrohenden Eisgang genau achtzuhaben, bekleidete ein entschlossener, einsichtsvoller und allgemein beliebter Mann aus ihrer Mitte das Amt eines Deichgeschworenen. An einem jener verhängnisvollen Tage entstand eine Stopfung des Eises, mit jeder Minute stieg das Wasser und die Gefahr; der erwähnte Deichgeschworene, der einen prächtigen Schimmel ritt, sprengte auf und nieder, überzeugte sich überall selbst von der Gefahr und gab zu deren Abwehr die richtigsten und angemessensten Befehle; dennoch unterlagen die Kräfte der schwachen Menschen der schrecklichen Gewalt der Natur, das Wasser fand durch den Damm einen Durchweg, und schrecklich war die Verheerung, die es anrichtete. Mit niedergeschlagenem Mute kam der Deichgeschworene in gestrecktem Galopp beim Deichbruche an, durch den sich das Wasser mit furchtbarer Gewalt und brausendem Getöse auf die so ergiebigen Fluren

Obdach
Dach über dem Kopf

Verheerung
Zerstörung

ergoss; laut klagte er sich an, auf diese Seite nicht genug acht-
gegeben zu haben, sah darauf still und unbewegt dieses Schrecken der Natur einige Augenblicke an; dann schien ihn die
Verzweiflung in vollem Maße zu ergreifen, er drückt seinem
Schimmel die Sporen in die Seiten, ein Sprung – und Ross und 5
Reiter verschwinden in dem Abgrund. – Noch scheinen beide
nicht Ruhe gefunden zu haben, denn sobald Gefahr vorhanden ist, lassen sie sich noch immer sehen.« –

Ich setzte am andern Morgen meine Reise weiter fort, sah
den Reiter nicht wieder, wohl aber die schreckliche Verhee- 10
rung, die das Wasser im obengenannten Jahre angerichtet hatte.

Hiermit schloss mein Freund, beteuerte die Wahrheit der
Sache und schien durch mein Kopfschütteln verdrießlich
werden zu wollen. 15

Deich und Wirtshaus am »Akt«

Arbeitsanregungen

1. Informiert euch in Lexika oder im Internet über die Textsorte »Sage«. Stellt ihre Merkmale zusammen und unterscheidet sie von anderen kurzen literarischen Formen wie dem Märchen, der Fabel und der Legende. Sucht und lest dazu Sagen aus eurer Region.

2. Skizziere, wie Storm mit den Sagen als Ideengeber für seinen »Schimmelreiter« umgeht. Ermittle dazu, welche Elemente und Motive er aus den Sagen übernommen und welche er verändert hat. Diskutiert, ob man den »Schimmelreiter« als Sage bezeichnen kann.

3. Untersuche, welche Rolle der Aberglaube im »Schimmelreiter« einnimmt. Welche abergläubischen Elemente findest du wieder?

4. Überprüfe, inwiefern man die Erzählung »Der gespenstige Reiter« (S. 172 ff.) als Kern der Novelle der »Schimmelreiter« bezeichnen kann. Notiere dazu die Gemeinsamkeiten der beiden Texte.

5. Schreibe die Erzählung »Der gespenstige Reiter« als Sage und als Zeitungsbericht um. Vergleiche die beiden Texte und beschreibe ihre jeweilige Wirkung.

6. Verfasse eine moderne Version der Schimmelreiter-Sage, die in der Gegenwart passiert. Überlege vorher, wo die Sage spielen soll, was schützenswert erscheint oder bedroht ist, worauf der Held heutzutage reiten wird, ob beispielsweise Motorrad, Auto oder doch auf einem Pferd.

Realismus:
Die Wirklichkeit und Vergangenheit als Vorbild

Theodor Fontane

Was ist Realismus? _____ 1853

darunter
gemeint ist der
Realismus

Was unsere Zeit nach allen Seiten hin charakterisiert, das ist ihr Realismus. [...] Vor allen Dingen verstehen wir nicht darunter das nackte Wiedergeben alltäglichen Lebens, am wenigsten seines Elends und seiner Schattenseiten. Traurig genug, dass es nötig ist, derlei sich von selbst verstehende Dinge noch erst versichern zu müssen. [...] Wohl ist das Motto des Realismus der Goethesche Zuruf:

Greif nur...
aus Goethes
„Faust" Vorspiel
auf das Theater

Greif nur hinein ins volle Menschenleben,
Wo du es packst, da ist's interessant,

aber freilich, die Hand, die diesen Griff tut, muss eine künstlerische sein. Das Leben ist doch immer nur der Marmorsteinbruch, der den Stoff zu unendlichen Bildwerken in sich trägt; sie schlummern darin, aber nur dem Auge des Geweihten sichtbar und nur durch seine Hand zu erwecken. Der Block an sich, nur herausgerissen aus einem größern Ganzen, ist noch kein Kunstwerk, und dennoch haben wir die Erkenntnis als einen unbedingten Fortschritt zu begrüßen, dass es zunächst des Stoffes, oder sagen wir lieber des Wirklichen, zu allem künstlerischen Schaffen bedarf. [...]

Wenn wir in Vorstehendem [...] uns lediglich negativ verhalten und überwiegend hervorgehoben haben, was der Realismus nicht ist, so geben wir nunmehr unsere Ansicht über das, was er ist, mit kurzen Worten dahin ab: Er ist die Widerspiegelung alles wirklichen Lebens, aller wahren Kräfte und Interessen im Elemente der Kunst; er ist, wenn man uns diese scherzhafte Wendung verzeiht, eine »Interessenvertretung« auf seine Art. Er umfängt das ganze reiche Leben, das Größte

wie das Kleinste: den Kolumbus, der der Welt eine neue zum
Geschenk machte, und das Wassertierchen, dessen Weltall der
Tropfen ist; den höchsten Gedanken, die tiefste Empfindung
zieht er in sein Bereich, und die Grübeleien eines Goethe wie Lust und Leid eines Gretchen sind sein Stoff. Denn
alles das ist wirklich. Der Realismus will nicht die bloße Sinnenwelt und nichts als diese; er will am allerwenigsten das
bloß Handgreifliche, aber er will das Wahre. Er schließt nichts
aus als die Lüge, das Forcierte, das Nebelhafte, das Abgestor-
bene [...].

Sinnenwelt
die Welt, die mit
den Sinnen
erfasst werden
kann
Forcierte
Gezwungene

Anton Heimrich

Nordfriesische Chronik _____ 1668

Wie auch Anno 1636 [...]. Zu Londen in des Landschreibers
Behausung ein sonderbares Blutzeichen ist geschehen, massen da er sich waschen wollen, er nicht allein zu unterschie-
denen malen Blut gefunden, sondern auch im Handbecken
5 Totenköpfe gesehen, die teils wie ein Erbs, teils etwas größer gewesen, und ist die Materia derselben so hart gewesen,
dass da andere Leute dazu gefodert worden, etwas davon sei
abgefallen.
    Also ist auch Anno 1648, den 12. Juni und Anno 1653, den
1. Mai ein starker Hagel gefallen, so beide große Steine und
Schlossen herunter geworfen, und ist für dem letzten ein groß
Geschmeiß einer sonderlichen Art von Fliegen fast wie ein
Schnee herunter gefallen, dass man nerlich die Augen dafür
hat können auftun.

Anno
im Jahr
massen
als, denn

Materia
Gegenstand,
Materie
gefodert
gefordert,
gerufen

Schlossen
Hagel
für
vor
nerlich
kaum

J. Laß

Sammlung Husumscher Nachrichten _____ 1756

annoch
auch noch

Der 11te Sept. des 1751sten Jahrs ist annoch unvergessen, jedoch bleibt der 7. Oktober dieses Jahrs in mehrerem ja fürchterlicherm Andenken, zumal da bekannt, dass die Gefahr, so dieser Tag teils durch einen abscheulichen Sturm-Wind, teils durch die außerordentliche wütende Wellen des schäumenden und hoch auflaufenden Wassers, so wohl Jungen als Alten angedrohet hat, bis auf die späteste Zeiten Spuren nachlassen werde. Ich beziehe mich überhaupt in Hinsicht anderer Örter auf die politische Zeitungen vom Oktober Monat h. a. In Hinsicht der Stadt Husum, und derer auf der Nähe derselben belegenen Örter, und Halligen aber bemerke folgende erschreckende Umstände.

*politische
Zeitungen*
Nachrichten
h. a.
huius anni,
diesen Jahres

Der Wind wehete an demselben Tag erstlich aus dem Westen, nachhero drehete selbiger sich nach Nord-Westen, und fing an dergestalt heftig zu werden, dass auch die aller ältesten Leute dergleichen Sturm-Wind gehöret zu haben, sich nicht entsinnen können.

nachhero
nachher

So heftig dieser Sturm war, so heftig fing das Wasser an zu steigen. Die Wut desselben war unbeschreiblich. Es schiene als wann die getürmte Wellen des mit aller Macht brausenden Wassers auf einmal Häuser und Keller umstürzen und anfüllen wollten. […]

wann
wenn

Die Hattstetter-Marsch brach durch und bekam eine Wehle von 7 Ruten und 16 Ruten tief, welche jedoch nach Ablauf einiger Wochen GOtt Lob! wieder zugeschlagen wurde.

Ruten
alte Maßeinheit,
ungefähr eine
Länge von
etwa 3, 80 m

Claus Harms

Hans Momsen aus Fahretoft ───────── 1843

Hans Momsen. Ein Zahl-, ein Maß- und auch ein Kraftmann.
Ein Friese. (Die Friesen rechnen gut.)

5   (Nach Paulsen und Sörensen in den Prov. Berichten 1813
und 14.)

   Hans Momsen, geboren 1735 in Fahretoft und gestorben
in Fahretoft 1811, gehört zu den merkwürdigsten Männern,
die unser Vaterland aufzuweisen gehabt und nach ihrem Tode
10 den Nachkommen darzustellen hat; während sie leben tun sie
es selber.

   Was ist er gewesen? Ein Landmann und eines Landmannes
Sohn, der als ein solcher sich zu einem Mathematiker und zu
einem Künstler gemacht hat. Er hat sich dazu gemacht, das ist
15 in einem so genauen Wortsinn zu nehmen, wie bei nicht Vielen, die auch etwas aus sich oder sich zu etwas gemacht haben.
Die Schule des Orts kann sich Momsens als ihres Zöglings
nicht rühmen, im Gegenteil, sein Schullehrer hatte gar kein
Wohlgefallen daran, dass der Schüler schön ritzen und pri-
20 cken konnte, wie seine Risse und Figuren genannt wurden.
Das Haus hob ihn auch so wenig, dass der Vater vielmehr
höchst unzufrieden damit war, wenn der Sohn zeichnete,
goss, lötete, drechselte. Und Privatstunden hat Momsen nicht
eine einzige gehabt; wer sollte sie ihm geben in Fahretoft?
25 Doch der Schmied daselbst war sein Freund.

   Wie meistens die ersten Anreize, die dem Geist eine Richtung geben, im Verborgenen gelegen sind, also bei Momsen
auch, indessen, was ihn insonderheit für die Mathematik ein-
und hingenommen hat, darüber findet sich eine Nachricht.
30 Sein Vater, der etwas vom Landmessen verstand, zeichnete
einmal die Figur eines gemessenen Stück Landes. Der Sohn
sah zu und fragte den zeichnenden und berechnenden Vater

Zögling
Schüler

ritzen
hier: zeichnen
pricken
stechen, sticheln
Risse
Zeichnungen

insonderheit
insbesondere

Meinmal, warum dies eben so und nicht anders wäre. Die Frage schien dem Vater nicht übel, er konnte sie aber nicht beantworten, die Theorie ging ihm ab, und sagte: Suche auf dem Boden unter meinen Büchern da eins heraus, das Euklid betitelt ist, das wird dir sagen, was du verlangst. Er fand den Euklid, aber der war in einer Sprache geschrieben, die er nicht verstand, in holländischer. Mit Hülfe einer holländischen Fibel und einer holländischen Bibel ward er aber bald der Sprache mächtig, dagegen die Figuren machten ihm ziemlich lange zu schaffen. Wo er ging und stand, trug er seinen Euklid bei sich, und studierte ihn so fleißig, dass er in seinem vierzehnten Jahr ihn doch völlig inne hatte.

Daneben trieb er viele andre Dinge, bauete kleine Mühlen, Schiffe, arbeitete in Stahl, Messing, Kupfer und Blei. Dem Vater gefiel das wenig und um die Grillen, wie ers nannte, dem Sohn recht gründlich auszutreiben, schickte er ihn nach der Konfirmation, im Sommer 1752, an den Deich, wo er von Ostern bis Martini den ganzen Tag Erde schieben musste. Allein hier auch setzte er seine Studien fort in den Zwischenstunden, und eine Nacht um die andere wandte er für seine wissenschaftlichen und mechanischen Arbeiten an. Im Winter darauf war er fleißig besonders in Verfertigung verschiedener Instrumente, Messketten, Boussolen, Bestecke u. a. m., die alle sich durch Genauigkeit und Schönheit auszeichneten.

Euklid
→ Seite 233

Grillen
Launen,
Interessen

Boussole
Kompass

J. Mejer

Ausschnitt aus einer Landkarte _____ 1652

Die Landkarte des Husumer Kartographen J. Mejer erschien
in Danckwerths »Landesbeschreibung« 1652. Sie zeigt den
»Nie koog« vor der Hattstedter Marsch, einem Gebiet nörd-
lich von Husum, vor der großen Sturmflut von 1634.

ALTE DEICH-LINIE

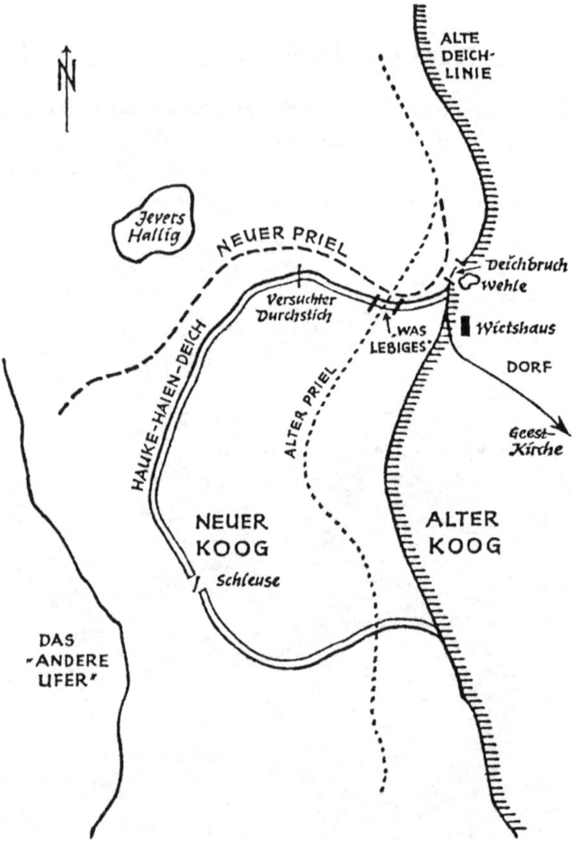

Jevers Hallig

NEUER PRIEL

Deichbruch-wehle

Versuchter Durchstich

HAUKE-HAIEN-DEICH

"WAS LEBIGES"

Wirtshaus

DORF

ALTER PRIEL

Geest-Kirche

NEUER KOOG

Schleuse

ALTER KOOG

DAS "ANDERE UFER"

Arbeitsanregungen

1. Erkläre in eigenen Worten die Vorstellungen Fontanes von realistischer Literatur. Gehe auch darauf ein, warum die Literatur realistisch sein solle, allerdings nicht zu realistisch.

2. Diskutiert, ob die Geschichte vom »Schimmelreiter« eine realistische Erzählung ist. Belegt eure Ansicht mit Beispielen aus dem Text.

3. Untersucht, welche Informationen Theodor Storm aus den Chroniken und Nachrichten übernommen hat. Beschreibt die Wirkung, die die diese Zitate und Übernahmen erzielen. Lies dazu die Seiten 127 f., 132 f. und 179 f.

4. Vergleicht den Artikel über Hans Momsen aus Fahretoft mit der Darstellung der Jugend von Hauke Haien. Lies dazu S. 14–17 und 181 f.

5. Was passiert wo? Ordnet wichtige Ereignisse der Karte von den Schauplätzen der Schimmelreiter-Novelle zu.

6. Vergleicht die Karte von den Schauplätzen der Novelle mit der Karte von 1652. Überlegt, warum Storm seiner Novelle wohl diese alte Karte von einem Küstenverlauf, den es zu seiner Zeit nicht mehr gab, zugrunde legte.

Stichwort »Sturmflut« _____ 2006

Beaufort-Skala
→ Seite 238

Der Sturm ist definiert als Wind ab Stärke neun bis elf nach der Beaufort-Skala. Ab Stärke zehn sprechen die Meteorologen von schwerem Sturm und ab Stärke elf von einem orkanartigen Sturm. Ein Orkan – der Begriff entspricht dem spanischen Wort huracán (Hurrikan) – hat mindestens eine Geschwindigkeit von 118 Kilometern pro Stunde, das entspricht der höchsten Windstärke zwölf.

Der stärkste je in Deutschland gemessene Orkan hatte nach Angaben des Meteorologen Jens Hoffmann vom Deutschen Wetterdienst 335 Kilometer in der Stunde und wurde am 12. Juni 1985 auf der Zugspitze mit einem Staudruckmesser aufgezeichnet.

Tiden
Gezeiten (Ebbe und Flut)

Der Sturm wühlt das Meer zu hohen Wellenbergen auf. Der Küste droht eine Sturmflut, wenn ein Orkan mit der Springflut zusammenfällt. In der Nordsee tritt statistisch bis zu zehn Mal im Jahr eine leichte Sturmflut auf. Dabei steigt der Wasserstand bis zu zwei Metern über dem mittleren Tidehochwasser. Bei schweren Sturmfluten sind es zwei bis drei Meter über dem normalen Stand. Sehr schwere Sturmfluten mit mehr als drei Meter Pegelanstieg treten etwa einmal in 20 Jahren auf.

Pegel
Stab oder Latte zur Messung des Wasserstandes

Sturmfluten haben die Nordseeküste beständig verändert. Die verheerendste in den Chroniken erwähnte Überschwemmung war die »zweite Marcellusflut«, bei der am 16. Januar 1362 rund 100 000 Menschen ums Leben gekommen sein sollen. Seit dem 12. Jahrhundert versuchen sich die Küstenbewohner gegen diese Naturkatastrophen mit Deichen zu schützen.

Doch alle Hoffnungen auf sturmflutsichere Deiche wurden zuletzt in diesem Jahrhundert am 16. Februar 1962 zunichte gemacht. Damals starben bei einer Flutkatastrophe allein in Hamburg 314 Menschen. In jenen Tagen hatte sich
5 der damals noch bundesweit unbekannte Innensenator der Hansestadt und spätere Bundeskanzler Helmut Schmidt einen Namen als Krisenmanager gemacht.

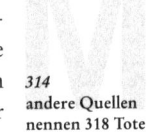

314
**andere Quellen
nennen 318 Tote**

Die Flut vom 3. und 4. Januar 1976 war die bis heute höchste an fast allen Pegeln der deutschen Nordsee. Mit 6,45
10 Meter über Normalnull am Pegel Hamburg-St. Pauli lag der Wasserstand noch 75 Zentimeter über dem der Sturmflut von 1962. Diese und weitere schwere Fluten waren eine ernste Belastungsprobe für die nach 1962 gebauten neuen Hochwasserschutzanlagen, die aber alles bestens bestanden.

15 ## Die Nacht, als das Wasser kam ⸺⸺⸺ 2008

In der Nacht vom 16. auf den 17. Februar 1962 wütete in Hamburg die schlimmste Sturmflut der Stadtgeschichte. Mehr als 300 Menschen starben. Ganze Stadtteile wurden verwüstet. Der Orkan »Vincinette« fegte mit 130 Stundenkilo-
20 metern über Norddeutschland hinweg und drängte das Wasser der Nordsee in die Deutsche Bucht und weiter in die Elbe. Er entwurzelte Bäume, zerstörte Dächer und ließ den Wasserstand der Elbe steigen, bis die Deiche brachen. Für die Einwohner der Hansestadt kam die Sturmflut überraschend. An
25 hohe Wasserpegelstände waren sie gewöhnt. Niemand hatte hier mit dem Schlimmsten gerechnet. Die Wetterberichte kündigten einen Orkan über der Nordsee an, von einer schlagartigen Wetteränderung für Hamburg war jedoch nicht die Rede.

M Erst gegen 20 Uhr gab das Deutsche Hydrographische Institut in Hamburg eine Sturmflutwarnung für die gesamte Nordseeküste heraus: Das Hochwasser sollte einen Pegelstand von über 4,70 m über Normalnull erreichen. Das hatte es seit über hundert Jahren nicht gegeben. Am späten Nach- 5 mittag bereits hatten das Seewetteramt und das Hydrografische Institut die Rundfunkanstalten und die Behörden über den Sturm an der Nordsee informiert. Die Wetternachrichten berichteten jedoch nichts von einer Gefahr für Hamburg.

Nach 21 Uhr begannen die örtlichen Feuerwehren und 10 Mitarbeiter des Technischen Hilfswerks damit, erste Sturmschäden zu beseitigen. Zuvor war die höchste Alarmstufe für die Deichverteidigung ausgerufen worden. Rund eine Stunde später brach in Cuxhaven der erste Deich. Die Flutwelle zog weiter elbaufwärts in Richtung Hamburg. 15

Bis 2 Uhr in der Nacht trafen über 50 Meldungen von Deichbrüchen im Seewetteramt ein. Es zeichnete sich ab, dass eine Flutkatastrophe riesigen Ausmaßes die Hansestadt treffen würde.

Sturmflut, Hamburg 1962

Das Wasser überraschte die meisten Hamburger im Schlaf. Die Flut überschwemmte rund ein Sechstel des Stadtgebietes. Wilhelmsburg mit seinen 80.000 Einwohnern versank in den Wassermassen. Auch die Innenstadt blieb nicht verschont. Bis
5 zum Rathaus drang das Hochwasser vor, floss in die Keller von Banken und Wirtshäusern und brach in den alten Elbtunnel ein. In den frühen Morgenstunden standen rund 20 Prozent der Stadt unter Wasser. 60 Deiche um Hamburg waren inzwischen gebrochen, Strom und Licht waren ausgefallen,
10 und viele der vom Wasser eingeschlossenen Menschen saßen bei Temperaturen um den Gefrierpunkt durchnässt auf ihren Dächern oder in Bäumen.

Helmut Schmidt als Initiator der großen Rettungsaktion _____ 2008

15 Zum Zeitpunkt der großen Hamburger Sturmflut war Helmut Schmidt Innensenator (damals: Polizeisenator) der Hansestadt. Er hatte wie die meisten am Morgen des 17. Februars keinerlei Überblick über die Ausmaße der Überschwemmungen. Im Hauptquartier der Hamburger Polizei waren in
20 der Nacht spärliche Funknachrichten über konkrete Auswirkungen der Sturmflut eingelaufen. Polizeistreifen, Bundeswehrsoldaten und Amateurfunker berichteten von Deichbrüchen, Ertrunkenen, Obdachlosen und einzelnen Hilfsaktionen. Mühsam musste sich der Senator aus den einzelnen Berichten
25 einen ersten Überblick über das Geschehene verschaffen.

Schmidt reagierte schnell und bat viele militärische Oberbefehlshaber aus ganz Europa persönlich um Unterstützung. Er forderte Pioniere, Sturmboote und Hubschrauber an, die innerhalb weniger Stunden in Hamburg eintrafen. Der spä-

Pioniere
Soldaten mit bautechnischen Hilfsmitteln

Novum
Neuheit

zivil
nicht militärisch

tere Bundeskanzler machte sich mit seinem energischen und umsichtigen Handeln einen Namen als Krisenmanager. Ein absolutes Novum war damals die Beteiligung der Bundeswehr an einer solchen Hilfsaktion. Eine ebenso gerühmte wie umstrittene Maßnahme, weil die Bundeswehr laut Verfassung keine zivilen Aufgaben übernehmen durfte. 5

Mithilfe der Hubschrauber gewann die Polizei einen Überblick über die Lage. Mehr als 200 Millionen Kubikmeter Wasser waren über die Deiche und durch die Deichbrüche in die Niederungsgebiete gelaufen. Alle Verkehrswege, die 10 Hamburg sonst mit dem Süden Deutschlands verbanden, waren überschwemmt und damit vorerst unterbrochen. Die größten Schäden traten an den Deichen im Gebiet der Süderelbe auf, zwischen Moorburg und Neuenfelde/Cranz. Am folgenschwersten aber traf die Katastrophe Wilhelmsburg, 15 den Stadtteil am Ufer des Spreehafens. Dort, in dem tiefliegenden Schrebergartengelände mit den noch von Flüchtlingen bewohnten Behelfsheimen, hatten die Wassermassen viele Menschen im Schlaf überrascht. Mehr als 200 Menschen konnten sich nicht mehr rechtzeitig in Sicherheit bringen. 20

Die Hubschrauberbesatzungen retteten am Tag nach der Flutkatastrophe etwa 400 Hilfesuchende von Hausdächern. Dabei riskierten sie mit gewagten Flugmanövern ihr eigenes Leben. Per Handschlag zogen sie die auf ihren Dächern ausharrenden Menschen in die Hubschrauber. Später versorgten 25 sie die in Häusern eingeschlossenen Bürger mit Wolldecken und Lebensmitteln. Bei den Hamburgern hießen die rettenden Hubschrauberbesatzungen bald nur noch die »fliegenden Engel«.

Mit Booten und Flößen versuchten Pioniere, Eingeschlossene aus ihren Häusern zu befreien. Das Thermometer zeigte 30 nur knapp über null Grad. In den überschwemmten Kleingartenkolonien der Elbinsel Wilhelmsburg waren Familien mit

Kindern untergebracht, die durch die nass gewordene Kleidung stark unterkühlt waren, sodass sich die Helfer mit der Bergung beeilen mussten.

Trotz der großangelegten Rettungsaktion verloren 315 Menschen – darunter fünf Helfer im Einsatz – ihr Leben. Etwa 20 000 Bürger mussten nach der Flut für längere Zeit anderweitig untergebracht werden. Während Soldaten und zivile Helfer tagelang die Bruchstellen an den Deichen ausbesserten, begann die Baubehörde parallel mit den Planungen für ein neues Deichsystem. Der Hamburger Senat geriet in die Kritik: Die Behörden hätten nicht angemessen reagiert und die Bevölkerung nicht rechtzeitig gewarnt, zudem hätten Katastrophenpläne gefehlt. Sachverständige nahmen daraufhin die Geschehnisse vom Februar 1962 noch einmal genau unter die Lupe – vor allem, um daraus für zukünftige Sturmfluten zu lernen.

Sturmflut, Hamburg, 1962

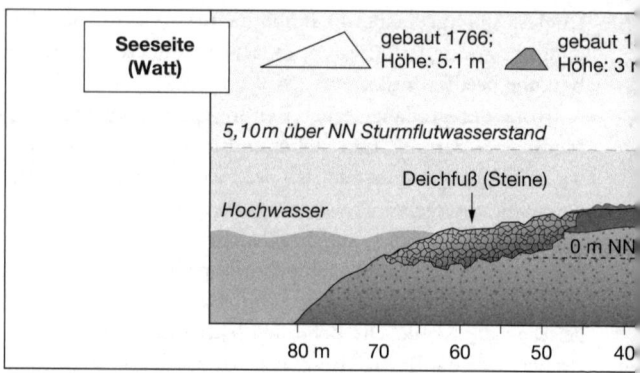

Modernes Deichprofil (im Vergleich mit älteren Deichprofilen)

Deichbau und Küstenschutz _____ 2007

Vor über 2.000 Jahren begannen die Menschen an der Nordsee ihre Häuser auf kleineren Erdhügeln zu bauen. Die so
genannten Warften oder Wurten, wie sie früher in Dithmarschen genannt wurden, sollten Schutz vor dem immer weiter   5
ansteigenden Meer bieten. Die ersten Warften wurden auf
Misthügeln gebaut und mit einer Schicht Kleierde bedeckt.
Ab 1100 hatten die bis zu fünf Meter hohen Warften auch
einen Kern aus lehmhaltiger Erde.

Bis heute schützen Warften die Bewohner der Halligen im   10
Watt vor Überflutungen, denn bei einer schweren Sturmflut
werden die kleinen Ringdeiche ringsherum meist über-
schwemmt, sodass nur noch die Warften aus dem Meer ragen.
Einen absoluten Schutz vor Sturmfluten boten und bieten die
Warften, genau wie Deiche, allerdings bis heute nicht.   15

Die ersten Deiche waren Überlaufdeiche und wurden
wahrscheinlich von Bauern gebaut, die ihre Felder vor ein-
dringendem Salzwasser schützen wollten – der Deichbau an

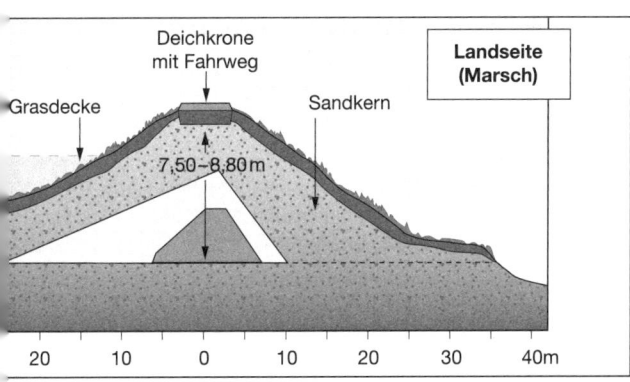

der Küste war geboren. Aufgrund des steigenden Meeresspiegels wurden diese ersten Schutzbauwerke im Laufe der Zeit immer höher und auch die Form änderte sich. Baute man zu Beginn u. a. so genannte Stackdeiche mit einer Wand aus Holzbohlen, die oft unterspült wurden, sind die Deiche heute sehr flach und vor Unterspülungen durch Steine und Asphalt gesichert.

Zu Beginn des Deichbaus war der Meeresspiegel niedriger als heute, und trotzdem waren die Deiche zu niedrig, um vor Sturmfluten zu schützen. Im Gegensatz zu den Warften, die drei Meter hoch sein konnten, hatten die Deiche meist eine Höhe von unter zwei Metern. Ähnlich wie die heutigen Sommerdeiche der Halligen waren sie nicht darauf ausgerichtet, schweren Sturmfluten zu widerstehen. […]

Durch die zahlreichen Überflutungen und Deichbrüche klüger geworden, bauten die Marschbewohner ihre Deiche im Laufe der Zeit immer höher und auch das Profil änderte sich: Immer flacher liefen die Schutzwälle zur Seeseite zu, aber auch zur Landseite wurde es flacher. Im Durchschnitt

M wuchsen die Deiche seit dem 12. Jahrhundert rund 40 Zentimeter pro Jahrhundert, sodass die Deiche um 1850 bereits eine Höhe von 5,5 Meter erreicht hatten.

Deiche, die ohne Vorland direkt ans Meer grenzten, wurden an ihrem Fuß mit einem Deckwerk aus Holz oder Steinen gegen die Abtragung und Unterspülung gesichert – eine Methode, die heute zwar noch angewendet wird, aber im Laufe der Zeit um einiges verbessert wurde. [...]

Heute sind Deiche längst keine einfachen Erdwälle mehr, sondern gut durchdachte mehrschichtige Bauwerke. Anstatt von Schubkarren und Handarbeit sind auf einer modernen Deichbaustelle heute Bagger, Kräne und Lastwagen im Einsatz. Auch der Ablauf vom ersten Grund bis zum fertigen Deich ist genau geplant. So beginnt der Bau eines neuen Deiches meist im Frühjahr, wenn die Gefahr von Sturmfluten sehr gering ist und genügend Zeit bis zur Sturmflutsaison im Herbst bleibt. Um den Neubau vor möglichen Überflutungen zu schützen, wird davor ein so genannter Kajedeich gebaut, der später keine Schutzfunktion mehr hat.

Deiche, die an der Nordseeküste zu finden sind, bestehen hauptsächlich aus Sand, der direkt vor Ort von Saugbaggern aus dem Meer gewonnen wird. Der Sand wird auf das Land gespült und muss nun trocknen. Ist der Sand trocken, formen Bagger und Planierraupen den Deichkern, der anschließend mit einer bis zu einem Meter dicken Schicht Kleierde bedeckt wird. Ist der Deichkern bedeckt, wird Gras gesät, das die Schafe später kurz halten. Der Deichfuß wird zusätzlich durch Steine, Asphalt oder Mauerwerk geschützt, da dieser den Fluten besonders ausgesetzt ist und die Gefahr besteht, dass die Wellen den Deich unterhöhlen. Die Wege auf der Innen- und Außenseite dienen zum Abtransport von Treibsel und als Materialweg, wenn Reparaturen am Deich notwendig sind.

Treibsel
Treibgut

Spatenrecht _____ 2007

Das Spatenrecht ist das älteste Deichrecht. Wenn ein Bauer
seinen Hof und den Deich nicht mehr pflegen konnte, so
steckte er einen Spaten in den Deich. Derjenige, der den Spaten herauszog, übernahm den Hof und so auch die Pflege des
Deiches.

Der Küstenschutz baut vor _____ 2007

Ein Orkan aus Nordwest, die Flut steigt, Brecher klatschen
gegen Mauern, Strände und Deiche. »Wir sind auf den Klimawandel gut vorbereitet«, sagt der Leiter des Amtes für Länd-
liche Räume (ALR) in Husum, Johannes Oelerich. Seine Ex-
perten sind dafür verantwortlich, dass bei Sturmfluten die
Nordseeküsten nicht überschwemmt werden und das Meer
ganze Landstriche verschlingt.

Seedeiche, die bis zu 8,5 Meter über Normalnull (NN)
hoch sind und am Fuß 100 Meter breit, schützen tief liegende
Marschen mit ihren ertragreichen Ackerböden, Viehweiden,
Städten und Dörfern. Wie hoch kann man aber Deiche bauen,
wenn das Wasser steigt? »Da lässt sich kein Grenzwert nennen. Das hängt vom Platz und den Baugrundverhältnissen
ab«, sagt der promovierte Ingenieur. »Alle zehn Jahre wird
geprüft, ob die tatsächlichen Abmessungen der Deiche den
Sollabmessungen entsprechen«, erklärt er.

Die Erkenntnisse der Klimaforscher fließen dabei in die
Planungen für den Deichbau ein. So sei aus dem Jahr 2001 ein
Zuschlag von 30 bis 50 Zentimetern für den Meeresspiegelan-
stieg berücksichtigt. Im neuen Weltklimabericht der UN wird
ein Höchstwert von 59 Zentimetern in diesem Jahrhundert

angenommen, als wahrscheinlich gilt eher die Hälfte. »Deiche,
die heute verstärkt werden, sind für die nächsten 100 Jahre
bemessen«, sagt Oelerich. […]

Der Orkan »Kyrill« und die früheren Stürme dieses Winters hatten die Strände der Nordfriesischen Inseln mehr als ⁵
eine Millionen Kubikmeter Sand gekostet. Wie viel inzwischen wieder angespült wurde, sei nicht bekannt, sagt der
Leiter der Küstengewässerkunde beim ALR Husum, Dirk
van Riesen. Um hierüber detaillierte Aussagen treffen zu können, wurden verschiedene Küstenstücke nach den Stürmen ₁₀
luftgestützt mit Lasertechnik vermessen. Sie werden mit Laservermessungen aus dem Frühjahr dieses Jahres verglichen.

Damit Deiche, Dünen, Lahnungen und Steinkanten den
Wellen trotzen können, gibt das Land Schleswig-Holstein jedes Jahr rund 45 Millionen Euro aus, davon etwa 20 Millionen ₁₅
für Investitionen wie die Verstärkungen der Deiche. Daran
soll sich in den kommenden Jahren auch nichts ändern. Rund
400 Kilometer lange Deiche von Nordfriesland bis zum Kreis
Pinneberg schützen an der Westküste Schleswig-Holsteins
250 000 Menschen und deren Häuser vor Überschwem ₂₀
mungen.

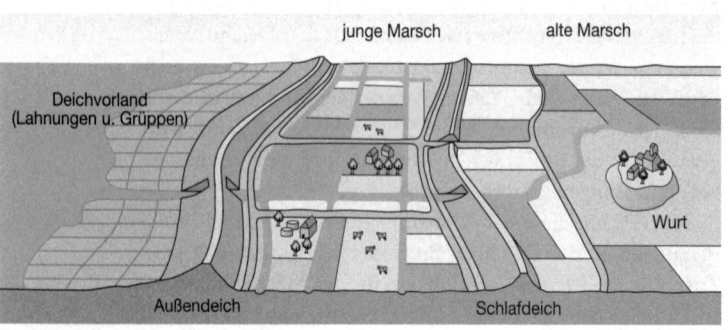

Blockbild der Nordseeküste

Arbeitsanregungen

1. Erläutere, welche Gefahr von Sturmfluten für die Küsten und ihre Bewohner ausgehen und warum es keinen absolut sicheren Schutz vor Sturmfluten gibt. Gehe dabei auch auf die Sturmflut in Hamburg 1962 ein.

2. Beschreibe, wie die Menschen versucht haben, sich vor Sturmfluten zu schützen. Skizziere dazu die Entwicklung des Deichbaus, indem du von verschiedenen Deichtypen das Profil zeichnest. Überlege, ob der von Hauke Haien gebaute Deich als moderner Deich bezeichnet werden kann.

3. »Wer nicht deichen will, muss weichen«, hieß es früher und noch heute müssen die Bewohner an der Küste »Deichschutz« an ihre Gemeinde zahlen. Erkläre, warum der Deichschutz heute und das Spatenrecht früher so ernst genommen werden.

4. Beschreibe aus der Sicht eines Küstenbewohners in einem Brief an einen Bewohner der Alpen, der das Leben an der Küste nicht kennt, welche Bedeutung der Küstenschutz für sie hat und wie sich durch den Klimawandel auch der Küstenschutz ändert.

5. Zukünftige Stürme können beliebte Ferieninseln wie Hiddensee und Sylt auseinanderbrechen. Diskutiert, ob man die Inseln um jeden Preis zusammenhalten sollte.

Der »Schimmelreiter« – eine Novelle

Goethe über die Novelle _____ 1827

*Als Goethe eine Erzählung beendet hatte, wurde überlegt,
welchen Titel er der Novelle geben sollte. In einem Gespräch
Goethes mit Johann Peter Eckermann vom 29. Januar 1827
wurde in diesem Zusammenhang Grundsätzliches über die
Gattung Novelle gesagt:*

Es kam sodann zur Sprache, welchen Titel man der Novelle
geben solle; wir taten manche Vorschläge, einige waren gut für
den Anfang, andere gut für das Ende, doch fand sich keiner,
der für das Ganze passend und also der rechte gewesen wäre.
»Wissen Sie was«, sagte Goethe, »wir wollen es die ›Novelle‹
nennen; denn was ist eine Novelle anders als eine sich ereig-
nete unerhörte Begebenheit. Dies ist der eigentliche Begriff,
und so vieles, was in Deutschland unter dem Titel Novelle
geht, ist gar keine Novelle, sondern bloß Erzählung oder was
Sie sonst wollen.«

Paul Heyse

Über die Novelle _____ 1871

In der Einleitung für die Sammlung zum »Deutschen Novel-
lenschatz« legte Paul Heyse, ein naher Freund Theodor
Storms, sein Verständnis der Novelle dar, mit dem er – wie
auch Goethe – einen großen Einfluss auf die Schriftsteller und
Wissenschaftler ausübte.

Im Allgemeinen aber halten wir auch bei der Auswahl für
unsern Novellenschatz an der Regel fest, der Novelle den
Vorzug zu geben, deren Grundmotiv sich am deutlichsten
abrundet und – mehr oder weniger gehaltvoll – etwas Eigenartiges, Spezifisches schon in der bloßen Anlage verrät. Eine
starke Silhouette – um nochmals einen Ausdruck der Maler-
sprache zu Hülfe zu nehmen – dürfte dem, was wir im eigentlichen Sinne Novelle nennen, nicht fehlen, ja wir glauben, die
Probe auf die Trefflichkeit eines novellistischen Motivs werde
in den meisten Fällen darin bestehen, ob der Versuch gelingt,
den Inhalt in wenige Zeilen zusammenzufassen, in der Weise,
wie die alten Italiener ihren Novellen kurze Überschriften
gaben, die dem Kundigen schon im Keim den spezifischen
Wert des Themas verraten.

Wer, der im Boccaz die Inhaltsangabe der neunten Novelle des fünften Tages liest: »Federigo degli Alberighi liebt, ohne Gegenliebe zu finden; in ritterlicher Werbung verschwen-
det er all seine Habe und behält nur noch einen einzigen
Falken; diesen, da die von ihm geliebte Dame zufällig sein
Haus besucht und er sonst nichts hat, ihr ein Mahl zu bereiten, setzt er ihr bei Tische vor. Sie erfährt, was er getan, ändert
plötzlich ihren Sinn und belohnt seine Liebe, indem sie ihn
zum Herrn ihrer Hand und ihres Vermögens macht« – wer
erkennt nicht in diesen wenigen Zeilen alle Elemente einer

Silhouette
Umriss, der sich
von einem Hin-
tergrund abhebt

Boccaz
→ Seite 238

rührenden und erfreulichen Novelle, in der das Schicksal zweier Menschen durch eine äußere Zufallswendung, die aber die Charaktere tiefer entwickelt, aufs liebenswürdigste sich vollendet? Wer, der diese einfachen Grundzüge einmal überblickt hat, wird die kleine Fabel je wieder vergessen, zumal wenn er sie nun mit der ganzen Anmut jenes im Ernst wie in der Schalkheit unvergleichlichen Meisters vorgetragen findet.

Wir wiederholen es: eine so einfache Form wird sich nicht für jedes Thema unseres vielbrüchigen modernen Kulturlebens finden lassen. Gleichwohl aber könnte es nicht schaden, wenn der Erzähler auch bei dem innerlichsten oder reichsten Stoff sich zuerst fragen wollte, wo »der Falke« sei, das Spezifische, das diese Geschichte von tausend anderen unterscheidet.

Theodor Storm

Verteidigung der Novelle ──────────── 1881

Nach einer Zeitungsnotiz hat neuerdings einer unserer gelesensten Romanschriftsteller bei Gelegenheit einer kürzeren, von ihm als »Novelle« bezeichneten Prosadichtung die Novelle als ein Ding bezeichnet, welches ein Verfasser dreibändiger Romane sich wohl einmal am Feierabend und gleichsam zur Erholung erlauben könne, an das man aber ernstere Ansprüche eigentlich nicht stellen dürfe.

Ob die so eingeleitete Arbeit einer solchen Herabsetzung ihrer Gattung bedurfte, vermag ich nicht zu sagen. Indessen sei es mir gestattet, wie vordem bei Gelegenheit meines Hausbuches aus deutschen Dichtern zur Lyrik, so hier zur Novellistik, als der Dichtungsart, welche die spätere Hälfte meines

Fabel
Kern einer
Geschichte
Anmut
Schönheit
Schalkheit
Spaß, Scherz

vordem
früher

Lebens begleitet hat, auch meinerseits ein Wort zu sagen.

Die Novelle, wie sie sich in neuerer Zeit, besonders in den letzten Jahrzehnten, ausgebildet hat und jetzt in einzelnen Dichtungen in mehr oder minder vollendeter Durchführung vorliegt, eignet sich zur Aufnahme auch des bedeutendsten Inhalts, und es wird nur auf den Dichter ankommen, auch in dieser Form das Höchste der Poesie zu leisten. Sie ist nicht mehr, wie einst, »die kurzgehaltene Darstellung einer durch ihre Ungewöhnlichkeit fesselnden und einen überraschenden Wendepunkt darbietenden Begebenheit«; die heutige Novelle ist die Schwester des Dramas und die strengste Form der Prosadichtung. Gleich dem Drama behandelt sie die tiefsten Probleme des Menschenlebens; gleich diesem verlangt sie zu ihrer Vollendung einen im Mittelpunkte stehenden Konflikt, von welchem aus das Ganze sich organisiert, und demzufolge die geschlossenste Form und die Ausscheidung alles Unwesentlichen; sie duldet nicht nur, sie stellt auch die höchsten Forderungen der Kunst. [...]

Im Übrigen geht es mit der Novellistik wie mit der Lyrik; alle meinen es zu können, und nur bei wenigen ist das Gelingen, und auch dort nur in glücklicher Stunde.

Arbeitsanregungen

1. Fasse in eigenen Worten die Erklärungen für die Textgattung Novelle nach Goethe, Heyse und Storm zusammen. Beschreibe dazu auch die Gemeinsamkeiten und Unterschiede der Ausführungen.

2. Überlege, was im »Schimmelreiter« die »unerhörte Begebenheit« (Goethe) sein könnte. Vergleicht eure Vorschläge.

3. Nach Heyse gehört zu jeder Novelle ein »Falke«, etwas Spezifisches, ein Dingsymbol. Diskutiert, was alles der »Falke« im »Schimmelreiter« sein kann: Schimmel, Meer, Deich …?

4. Untersucht, welche für eine Novelle notwendigen »tiefsten Probleme des Menschenlebens« (Storm) im »Schimmelreiter« behandelt werden. Welcher Konflikt ist zentral und steht im Mittelpunkt der Novelle?

5. Weise nach, dass es sich bei dem »Schimmelreiter« um eine Novelle handelt.

Hauke Haien und sein Umfeld

Nach dem Sieg über Frankreich im deutsch-französischen Krieg kam es zur Gründung des Deutschen Reichs im Jahre 1871. Der spätere Reichskanzler Otto von Bismarck gründete
₅ *das Reich von oben ohne Mitsprache des Volkes mit »Blut und Eisen«, dessen erster Kaiser der preußische König Wilhelm I. wurde. Eine Folge des Krieges und der Reichsgründung sind die »Gründerzeit« oder »Gründerjahre«.*

Peter Zolling
₁₀ **Gründerjahre** _____ 2005

Erst einmal aber sonnten sich die meisten Deutschen im Glanz ihres durch militärische Triumphe gewonnenen Reichs. Der Sieg über Frankreich und die erreichte Einheit verliehen der Wirtschaft mächtig Auftrieb. Der Verlierer musste fünf
₁₅ Milliarden Goldfranc Kriegsentschädigungen (Reparationen) zahlen, obgleich in Deutschland überhaupt nichts zerstört worden war. Dieses Geld kurbelte Investitionen an, neue Unternehmen entstanden, alte weiteten ihre Produktion aus. Aktiengesellschaften schossen über Nacht wie Pilze aus dem
₂₀ Boden, Spekulationsfieber erfasste die Menschen. Ein Wirtschaftsführer hatte den Eindruck, dass sich die ganze Nation »in eine riesenhafte Aktiengesellschaft verwandeln« würde.

Weit verbreitet war der Glaube, an der Börse ganz schnell -und ohne Arbeit - reich werden zu können. Ein Zeitzeuge
₂₅ erinnerte sich später: »Und alle, alle flogen sie ans Licht, und alle tanzten mit in dieser Hetzgaloppade um das angebetete goldene Kalb: der gewitzte Kapitalist und der unerfahrene Kleinbürger, der General und der Kellner, die Dame von Welt,

Investitionen
Anlegen von Kapital in Sachgütern

Spekulation
gewagtes, risikoreiches Geschäft

Hetzgaloppade
Wettlauf
Goldene Kalb
Götzenbild aus dem Alten Testament, 2. Mose 32

die arme Klavierlehrerin und die Marktfrau.« Neureiche lie-
ßen die Champagnerkorken knallen, und es entwickelte sich
ein Klima von Protzsucht und Überheblichkeit, das bereits
bei den Siegesfeiern für die deutsche Einheit zu spüren gewe-
sen war. Nur wenige hatten einen Blick dafür, dass in den ₅
Arbeitervierteln der großen Industriestädte, wie etwa in der
Reichshauptstadt Berlin, Armut und Elend zunahmen. Durch
Mietwucher vertrieben, hausten viele Menschen in grauen
Wohnblocks auf engstem Raum, geplagt von Krankheit und
Geldnot. ₁₀

Doch der »Tanz ums goldene Kalb« hielt nicht ewig an.
Ein Börsensturz im Oktober 1873 löste eine Kette von Pleiten
und Konkursen bei Banken und Unternehmen aus. So schnell
der scheinbare Reichtum gewonnen war, so schnell zerrann er
auch. »Krach! Krach!«, schilderte ein Beobachter die Er- ₁₅
schütterung, »und durch ganz Deutschland hallte es, dieses
kleine zermalmende Wort.« Während viele ihr Vermögen ein-
büßten, verloren andere ihren Arbeitsplatz. Der Börsenkrach
von 1873 wirkte lange nach. Weniger in der Wirtschaft, die
sich nach einigen Jahren allmählich erholte, dafür aber in Po- ₂₀
litik und Gesellschaft.

Jost Hermand

Hauke Haien – Kritik oder Ideal des
gründerzeitlichen Übermenschen? _____ 1965

So weit scheint alles zum Bilde des gründerzeitlichen Über- ₂₅
menschen zu passen: der Überreiche des Willens, der jenseits
von Gut und Böse steht, trotz seiner Härte und Grausamkeit
Neues schafft, Macht gewinnt und Macht verwaltet und
schließlich tragisch untergeht. Und doch wird einem nicht

wohl bei einer solchen Interpretation. Sie stimmt, aber sie stimmt nur zum Teil, indem sie einen Aspekt dieser Novelle bewusst isoliert. Unter ›realistischer‹ Perspektive ließe sich nämlich auch eine ganz andere Erzählschicht herauspräparie-

5 ren, die dem vordergründigen Machtmenschentum und damit den ›gründerzeitlichen‹ Elementen diametral widerspricht. Man könnte daher vieles, was bisher angeführt wurde, ebensogut unter einem kritisch-negativen Gesichtspunkt betrachten, ohne dass dadurch der logische Zusammenhang dieser

10 Novelle in Frage gestellt würde. Denn für jedes Phänomen werden dem Leser zwei Erklärungen nahegelegt: eine idealistisch-heroisierende und eine realistisch-analytische, wodurch Hauke Haien und das in ihm verkörperte Heldenbild in ein eigenartiges Zwielicht geraten. Der Begriff ›Gründerzeit‹

15 trifft also nur auf einen Aspekt dieses Werkes zu, die unbewusste Verklärung und nicht die geheime Scheu vor den hier entfesselten Mächten. […]

Dasselbe gilt für die magischen Elemente. Auch hier handelt es sich nicht nur um eine Steigerung ins Übermensch-

20 liche, sondern zugleich um eine Stammescharakteristik des Friesischen, die nicht ohne realen Hintergrund ist. So schreibt Storm am 4. August 1882 an Keller, dass ihm Friesland stets als die »Heimat des zweiten Gesichts« erschienen sei. […] Das Magische hat daher im ›Schimmelreiter‹ neben seinem grün-

25 derzeitlich-mythischen Aspekt auch eine psychologische Funktion. Selbst die bösen Ahnungen, wie sie in den Fieberträumen Elkes und den Worten der alten Trine zum Ausdruck kommen, wirken durchaus glaubwürdig, da sie völlig mit der realistischen Menschenschilderung dieser Gegend überein-

30 stimmen. […]

Auch der Deichbau, die Krönung von Haukes Leben, lässt sich in dieser doppelten Sehweise betrachten. Denn neben aller genialen Intuition, wie sie zum gründerzeitlichen Genie-

herauspräparieren
erkennen,
herausarbeiten
diametral
völlig entgegengesetzt

zweites Gesicht
Fähigkeit in die
Zukunft zu sehen

Intuition
Eingebung

begriff gehört, wird wiederum ein deutlicher Nachdruck auf das Reale gelegt. So ist nicht nur von Visionen, sondern ebensosehr von fleißigem Studium und sorgfältiger Kalkulation die Rede. Auf diese Weise tritt neben den Übermenschen ständig der realistische Rechner und ›Aufklärer‹, der verzweifelt gegen die rückständigen Bauern kämpft. Schon dass ihm die Idee des neuen Deichprofils erst nach langen Beobachtungen kommt, stammt noch aus der Welt von »Soll und Haben«, das heißt aus dem Bereich jener bürgerlichen Arbeitsethik, wie sie die vorgründerzeitliche Ära bestimmt. Ebenso desillusionierend, jedenfalls im Hinblick auf sein Übermenschentum, ist das starke Gewinnverlangen, das Hauke Haien zur Arbeit treibt. So sorgt er schon im Voraus dafür, dass ihm später einmal der größte Anteil im neuen Koog zufallen wird. In diesem Punkte könnte man ihn mit den Aktienspekulanten und Bodenaufkäufern der siebziger Jahre vergleichen, deren kommerzielle Skrupellosigkeit zu den charakteristischen Zügen dieser Zeit gehört. [...]

Und damit kommen wir zum wichtigsten Punkt des Ganzen: zur Schuldfrage. Gibt es hier überhaupt eine solche, oder steht Hauke Haien nicht jenseits von Gut und Böse, wie es an manchen Stellen den Anschein hat? [...]

[So] wird bei Storm, trotz aller Übermenschlichkeit, auch im ›Schimmelreiter‹ eine im Psychologischen begründete Schuld herausgearbeitet. Schon dass Hauke und Elke auf den Tod ihres Vaters lauern, deutet in diese Richtung. Eng damit verbunden ist die Lieblosigkeit, die ihre Ehe charakterisiert. Immer wieder hört man von einem schlechten Gewissen, dem sich beide nicht entziehen können. Obwohl nirgends einer eindeutigen Christlichkeit das Wort geredet wird, wird Haukes Verhalten doch mit einigen religiösen Skrupeln gesehen. So schwatzt die alte Trine nicht nur Unsinn, wenn sie sagt: »Du strafst ihn, Gott der Herr!«. Auch die Worte der

Soll und Haben
→ Seite 239

desillusionierend
ernüchternd

Skrupellosigkeit
ohne moralische
Bedenken,
Gewissenlosigkeit

Skrupel
Vorbehalt, Bedenken

kleinen Wienke: »Du kannst das doch! Kannst du nicht alles?«, wirken wie eine deutliche Warnung. Wie im Sprichwort scheinen hier Kinder und Narren die Wahrheit zu sagen. Überhaupt ist nirgends etwas von einer wahren Begnadung zu spüren. Das eine Kind, das dieser Ehe entspringt, wirkt wie ein Produkt der Lieblosigkeit, das zum Schwachsinn verurteilt ist. Schon dadurch wird hinter Haukes Ehrgeiz und Arbeitsfanatismus ein deutliches Fragezeichen gesetzt. Und so hat man am Schluss, trotz aller gründerzeitlichen Glorifizierung des großen Einzelnen, eher das Gefühl einer Warnung als das einer rückhaltlosen Verherrlichung. Ein Beweis dafür ist, dass in diesem Werk alles Behagliche und Humane fehlt, das Storm sonst so zu preisen versteht. Denn schließlich besteht Hauke einzige ›Leistung‹ in einem großen, aber doch rücksichtslos durchgeführten Gewaltmanöver, das allzu deutlich an die Parole von ›Blut und Eisen‹ erinnert. Und damit wird man unwillkürlich an Storms Verhältnis zu Bismarck erinnert, den er zeit seines Lebens als Mensch und Gründer abgelehnt hat.

Glorifizierung
Verherrlichung

Der Schluss des ›Schimmelreiters‹ lässt sich daher nicht nur als ein heroisch-grandioser Untergang, sondern auch als ein Akt der Vergeltung interpretieren.

Winfried Freund
Hauke Haien und die Dorfgemeinschaft_____ 1987

Trotz aller Widerstände gegen den Deichgrafen ist die Dorfgemeinschaft wohl kaum als Gegenspiel aufzufassen, sondern vielmehr als Komplement zu dem ehrgeizigen, theoriebesessenen Einzelgänger. In der Novelle wird klar unterschieden zwischen nur Bequemen und solchen, die an der Sache orien-

Komplement
Ergänzung

fiktiv
ausgedacht
konservativ
am Her-
gebrachten,
Gewohnten fest-
halten

tiert sind, bereit, auch persönliche Opfer zu bringen. Die fik-
tive Gesellschaftsstruktur dürfte im Wesentlichen die konser-
vativen und fortschrittlichen Anteile innerhalb der
Realgesellschaft widerspiegeln. Mag der größere Teil dem
neuen Deichbauprojekt auch ablehnend gegenüberstehen, so   5
gibt es doch einige, die den Argumenten des Fortschritts zu-
gänglich sind. Er wird in der Tat nur von wenigen getragen,
während die Menge aus Bequemlichkeit beim Alten verharrt.
Aber es gilt, gerade die Bequemen anzusprechen, ihnen nahe-
zubringen, dass es auch um ihre Zukunft geht.   10

Hier unterlaufen dem Deichgrafen kaum wiedergutzuma-
chende Fehler, indem er befiehlt und fordert, wo er bitten und
werben müsste. Sein herrisch schroffes Wesen fordert die
feindseligen Reaktionen der ohnehin Unwilligen geradezu
heraus. So beispielsweise bei dem Zwischenfall mit dem   15
Hund. Die Frontenbildung ist weniger das Ergebnis einer un-

aufhebbaren dualistischen Spannung als vielmehr die Konse-
quenz aus dem unpolitischen Verhalten des Verantwortlichen.
Reformen sind in einer quasi demokratischen Gruppe wie der
Kooggemeinschaft nur mit breiter Zustimmung durchsetz-   20
bar, nämlich immer dann, wenn der Reformer nicht nur durch
die Qualität seines Projekts, sondern auch durch persönliche
Qualitäten überzeugt, beispielsweise durch Toleranz und An-

teilnahme und die Fähigkeit zu vermitteln. Aber der Egozent-
riker vermag keine menschliche Wärme auszustrahlen, kein   25
wirkliches Vertrauensverhältnis zu begründen, weil sein Verhalten keine Solidarität zu erkennen gibt. […] Seine ichsüch-
tige Werkbesessenheit versperrt ihm den Zugang zum Mitmenschen. Als Konstrukteur ist Hauke groß, als Mensch
versagt er.   30

Winfried Freund

Hauke und Elke _____ 1987

Elke [...] vereinsamt paradoxerweise gerade in ihrer Ehe als *paradox*
Folge der männlichen Ich- und Werkbesessenheit. Was ihr zu **widersinnig**
tun übrig bleibt, ist, die Wunden zu heilen, die der Ehrgeiz
ihres Mannes geschlagen hat. Sie nimmt die alte Frau ins Haus
und versucht, das schroffe Verhalten Haukes den Arbeitern
und dem Gesinde gegenüber auszugleichen. Ihr Handeln
strahlt etwas von der Wärme aus, die die Frau der männlich
verhärteten Welt vermitteln kann. »Das können nur wir Frau-
en!«, lässt sie Hauke wissen, nachdem sie sein Haus nach dem
Tod des Vaters behaglicher gemacht hat. Am Anfang tritt sie
für Hauke bei ihrem Vater ein und bemüht sich später, das
gereizte Verhältnis zwischen Hauke und Ole zu entspannen.
Überhaupt ermöglicht erst ihre Liebe den Aufstieg Haukes.

Sichtbarer Ausdruck der durch das Verschulden des Mannes menschlich unfruchtbaren Ehe ist die neunjährige Kin-
derlosigkeit. Wo er verbissen der Befriedigung seines Ehr-
geizes nachjagt und der Frau nichts bleibt, als allein ihrer
Arbeit nachzugehen, muss das Kind als Frucht einer erfüllten
Ehe ausbleiben. Als es sich dann sehr spät doch noch einstellt,
spiegelt sich in der zurückbleibenden Entwicklung des Kindes der unterentwickelte Zustand der ehelichen Gemeinschaft
der Eltern.

Paul Barz

Von Hauke Haien und anderen
Wiedergängern _____ 1982

Dieser Schimmelreiter ist ein ›Wiedergänger‹, einer von
jenen, die im Grab keine Ruhe finden, ob sie nun ein ›unehr-
liches‹ Ende gefunden oder eine alte Schuld zu begleichen
haben. So will es der Volksglaube, und seine Angst vor Wie-
Mythos   dergängern ist ebenso alt wie der Mythos selbst: Da werden
sehr alte   Hufeisen über die Tür genagelt oder Messer auf die Schwelle
Erzählung   gelegt, um Wiedergängern den Eintritt zu verwehren. Leichen
werden wieder ausgegraben und vorsorglich gepfählt oder die
Häupter von Hingerichteten, mit dem Blick zur Stätte ihres
Verbrechens, auf hohe Stäbe gesteckt. Dies alles führt in grau-
este Urzeit zurück: Schon an Moorleichen der vorgeschicht-
lichen Phase wurden Spuren gefunden, die auf Abwehrmaß-
nahmen gegen das Wiedergängertum schließen lassen. Auch
die Friesen haben ihre Wiedergänger.

Auf der Insel Amrum sind es zum Beispiel die ›Gongers‹,
die nachts am Bett ihrer Verwandten stehen, triefend nass, so
dass noch am nächsten Tag auf dem Boden Wasserlachen zu
sehen sind. Der also Heimgesuchte weiß dann aber, dass jener,
den er als ›Gonger‹ sah, ertrunken ist. Peinlich wird es jedoch,
wenn sich solch ein Gonger ausgerechnet bei der Hochzeit
seiner hinterbliebenen Frau zeigt, die das Trauerjahr nicht ab-
gewartet hat. Dann flüchten die Gäste kreischend vor dem
triefenden Spuk, und aus ist es zunächst einmal mit der Fest-
tagsfreude.

Auch der vor allem auf den nordfriesischen Inseln übliche
(und gräuliche) Brauch, Schiffbrüchige zu erschlagen und zu
berauben, spiegelt sich in mancher Wiedergängersage, so in
der Sylter Geschichte vom Dietkjendälmann, der als riesiger
Schatten zwischen den Dünen erscheint, Stellvertreter für al-

le, deren Gebeine noch nicht christlich begraben wurden, sondern in den Dünen verscharrt liegen. Auf dem Festland wiederum raunt es von den ›Wogemannen‹, Seeräubern des 14. Jahrhunderts, die einst im heutigen Westerhever auf Eiderstedt ihre von einem Priel umschlossene Burg hatten und von dort zu ihren Raubzügen starteten. 1370 war es zunächst aus mit den Wogemannen. Der Chronist Peter Sax berichtet: »Dem Mannsvolke, sechzig an der Zahl, schlug man die Köpfe ab und warf ihre Leichen ins Meer.« Doch zuweilen gibt das Meer auch diese seine Toten wieder. Dann kehren sie in das Pastorat zurück, das am Standort ihrer einstigen Burg errichtet wurde, und einmal gar hat sich solch ein wiedergehender Wogemanne vom erbebenden Pfarrer seine gerade vorbereitete Predigt vorlesen lassen. Wie sie ihm gefallen hat, wird nicht berichtet. Es ist also keine sonderlich feine Gesellschaft, in der nun auch der Spuk vom »Schimmelreiter« seinen Platz hat. Doch will Storm nicht lediglich eine weitere Gespenstergeschichte schreiben. Er will anderes und mehr. Seinem Verleger Paetel schreibt er: »… es ist ein heikel Stück, nicht nur in puncto Deich- und anderen Studien dazu, sondern auch, weil es seine Mucken hat, einen Deichspuk in eine würdige Novelle zu verwandeln, die mit den Beinen auf der Erde steht!…«

›Würdig‹ also, sprich: ›seriös‹ soll die Novelle sein, mit ein wenig Deichspuk als Zugabe. Und tatsächlich hat ja Storm auch eine eher nüchterne Materie gewählt: die Entwicklung des Deichbaus sowie den ganz unromantischen, hart-sachlichen Kampf eines einzelnen gegen Mensch und Meer. Das steht in jeder Hinsicht ›mit den Beinen auf der Erde‹. Andererseits: Erst die irrationalen Momente, eben der ›Spuk‹, geben dem Stoff Anziehungskraft und poetische Dimension. Auch darüber dürfte sich Storm im Klaren sein. […]

Pastorat
Pfarrwohnung

Materie
Gegenstand,
Thema des
Erzählens

irrational
nicht mit der
Vernunft zu
erklären

Magnificent Den ›Schimmelreiter‹ kennt auch, wer Storms Erzählung nie gelesen hat. Und dieser Deichspuk aus einer für die meisten doch sehr entlegenen Region rückt würdig in die Reihe jener großen Wiedergänger, die in Jahrhunderten über den schlicht gruseligen Nachtspuk hinaus mythische, geradezu archetypische Dimension gewonnen haben. 5

Sie sind die großen ›Wanderer‹ im abendländischen Bewusstsein, Ausdruck für Ängste wie Sehnsüchte des Menschen: Angst vor ewiger Ruhelosigkeit, vergeblicher Suche nach nie erreichtem Ziel, aber auch Sehnsucht nach Erlösung, 10 Frieden, nach einem Tod, der noch für anderes steht als nur für anonyme Vergänglichkeit.

Arbeitsanregungen

1. Erkläre, welche Umstände, Ereignisse und Verhaltensweisen die Gründerjahre prägten. Informiere dich auch über Spuren der Gründerzeit in deiner Region.

2. Beschreibe, inwiefern der Deich, den Hauke Haien bauen lässt, ein Beispiel für den gründerzeitlichen Glauben an Fortschritt und Technik ist. Gehe dabei auch darauf ein, welche Rolle Aberglauben und Spuk während des Deichbaus einnehmen.

3. Untersuche, inwiefern sich Hauke Haien an dem Deichbruch schuldig gemacht hat. Skizziere dazu das Verhältnis zwischen Hauke Haien und der Dorfbevölkerung sowie Hauke Haiens Verhalten gegenüber seinen Mitmenschen.

4. Die Ehe zwischen Hauke und Elke wird als lieblos bezeichnet. Überprüfe, ob du dieser Behauptung zustimmen kannst.

5. Charakterisiere die Figur Hauke Haien. Gehe dabei auf seine Person als Aufklärer, Rechner, Ehemann und Vater, Deichgraf, Planer und Erbauer des Koogs ein.

6. Erkläre in eigenen Worten, warum Hauke Haien ein Wiedergänger ist.

7. »Die Wirtschafterin unseres Deichgrafen würde sie Ihnen anders erzählt haben«, sagt der Schulmeister. Beschreibe die Figur des Schimmelreiters aus der Perspektive der abergläubischen Wirtschaftlerin.

Wirkung und mediale Gestaltung

Für das Hamburger Thalia-Theater bearbeitete der Schrift-
steller John von Düffel den Text des »Schimmelreiters«. In
einem Interview erklärt er, wie und warum er sich mit Storms
Novelle beschäftigte und sie für die Bühne umschrieb.   5

Nah am Wasser gebaut _____ 2008

Hamburger Abendblatt: Im »Schimmelreiter« gibt es nur wenige Dialoge, die Figuren sind eher wortkarg. Wie sind Sie
damit umgegangen?

    von Düffel: Man muss schauen, welche Vorgänge erzähl-   10
bar sind. Das Meer ist ein Hauptdarsteller, es gibt viele gewaltige Naturbeschreibungen, und es musste auch im Stück Platz
sein für Storms starke Epik. Manche Naturbeschreibungen
sind richtige Anklagen. Und einiges, was bei Storm in der
dritten Person erzählt wird, ist bei uns ein Monolog. Solche   15
Möglichkeiten zu finden, ist meine Hauptarbeit gewesen. Ich
habe nicht Storm nachgedichtet, sondern versucht, Storm-
Sätze für die Figuren zu übersetzen. Die Fassung, an der auch
die Dramaturgin Juliane Koepp mitgearbeitet hat und mit der
die Regisseurin Jorinde Dröse in die Proben gegangen ist, war   20
kein fertiges Stück, sondern eine »episch-dramatische Ver-
suchsanordnung«.

    Hamburger Abendblatt: Empfinden Sie es als Vor- oder
Nachteil, dass wohl fast jeder Zuschauer die Vorlage gelesen
hat?   25

    von Düffel: Eher als Vorteil. Es geht uns ja darum, eine
mögliche Lesart zu zeigen. Und die lässt sich besser beurtei-
len, genießen oder auch kontrovers diskutieren, wenn man

Epik
erzählende
Dichtung wie
Roman, Novelle

die Geschichte kennt. Die meisten werden den Stoff wohl in der Schule gelesen haben. Das Theater kann da eine neue Bereicherung sein. Es erspart aber nicht das Lesen! Es ist eher eine Ergänzung.

5 *Hamburger Abendblatt:* Storm hat gesagt, es sei ihm schwergefallen, die »Deichgespenstsage«, wie er es nannte, »auf die vier Beine einer Novelle zu stellen, ohne den Charakter des Unheimlichen zu verwischen«. Hatten Sie es da mit der dramatischen Form leichter?

10 *von Düffel*: Wir erzählen gar nicht so sehr das Unheimliche. Storm behauptet ja auch nicht, dass Haien der Schimmelreiter ist, sondern erzählt, wie der Mythos entsteht. Ich finde, dass Storm zu Unrecht als Naturdichter eingestuft wird, er ist auch Gesellschaftsdichter. Er stellt den Einzelnen

15 der Gruppe gegenüber, den Veränderer der Dorfgemeinschaft. Die hat gute Gründe, gegen seine Pläne zu sein, aber sie argumentiert, wie wir es auch heute oft hören: Das ist immer gut gegangen, das geht auch weiter gut. Durchwurschteln versus das Umsetzen einer Erkenntnis in die Tat. Erzählt wird die

20 Verschiebung des Gleichgewichts zwischen Natur und Mensch. Das ist ein sehr aktueller Bezug. Aber es gibt natürlich auch bei uns einen dunklen, atmosphärisch starken Theaterraum, in dem Wind und Wasser eine entscheidende Rolle spielen. Es wird ziemlich feucht!

25 *Hamburger Abendblatt:* Ihr »Schimmelreiter« ist also auch ein Stück über den Klimawandel?

von Düffel: Nicht im engeren Sinne. Aber ein Stück über den Ingenieursgeist und die Gefahren der Grenzüberschreitung. Man kann sehr gut Analogien zur Gegenwart herausle-

30 sen, muss sie aber nicht brutal mit dem Holzhammer herausklopfen.

versus
gegen

Analogien
Ähnlichkeiten,
Übereinstimmungen

Susann Oberacker

Wahn und Wassernebel _____ 2008

Geschichte
hier: Inhalt des
»Schimmel-
reiters«

[...] Das ist die Geschichte. Doch was Jorinde Dröse uns genau damit sagen will, bleibt hinter den nebligen Wassermassen, die die Bühne überfluten, verborgen. Trotz guter Bilder, die die Wortkargheit der Friesen und die bedeckten Himmel Norddeutschlands widerspiegeln (Bühne: Susanne Schuboth), gibt es zu wenig Fassbares, das uns angeht, das uns angreift, bei dem wir mitfiebern.

Genie und Wahnsinn liegen dicht beieinander. Vermutlich deshalb tritt Ole Lagerpusch als Hauke Haien mit wildem Blick und fahrigen Bewegungen auf. Immer wieder brüllt der seinen Glaubenssatz hinaus: »Das lässt sich dämmen!« Paula Dombrowski als Elke an seiner Seite spielt die tapfere Dulderin, die allein die riesige Tafel mit Haukes Skizzen trägt, allein dessen spinnerte Genialität erträgt. Der Rest des Ensembles gibt die Dorfgemeinschaft, hockt auf Eimern knö-

Ensemble
Schauspieltruppe

cheltief im Wasser, palavert und pafft pünktlich zum Rauch-
verbot Unmengen von Zigaretten.

palavern
ohne Ergebnis
diskutieren

Was klar wird: Hier kämpft ein Einzelner gegen ein ganzes
Dorf. Und: Hier verrennt sich einer in eine Idee. Doch warum? Weil er inmitten von depperten Friesen der einzige
Schlaukopf ist? Oder weil er inmitten von zwar naiven, aber
braven Bauern der einzige Idiot ist? Letzteres scheint es am
Ende zu sein. Von den anderen mit Schlick beworfen, schreit
Hauke Haien, dass sein Deich das achte Weltwunder sei. Ein
armer Irrer, der uns zwar leid tut, aber leider auch fremd
bleibt.

*Andrea Paluch und Robert Habeck erzählen eine moderne
Version des »Schimmelreiters«, die in der Gegenwart spielt. In
ihrem Roman »Hauke Haiens Tod« erscheinen die gleichen Personen und Namen wie bei Storm, allerdings ändern sie auch
einiges; so sind vor allem der Knecht Iven Johns und Hauke
Haiens Tochter Wienke die Hauptfiguren in ihrem Roman.* ₅

Andrea Paluch/Robert Habeck

Hauke Haiens Tod (Auszug) _____ 2001

Er dachte, dass im Augenblick höchster Bedrohung der
Mensch keine Zeit mehr für Gefühle hat. Doch Hauke Haien ₁₀
stand in der Sturmflutnacht die Furcht ins Gesicht geschrieben. Er hatte Angst, wieder an den Deich zu fahren. Iven
kannte ihn als hartgesottenen Mann. Was Haien sich vor-
nahm, setzte er rücksichtslos um. Ole Peters schloss er aus
allen Gremien der Gemeinde aus und isolierte ihn im Ort. ₁₅
Kurz bevor Haien mit seinem Deichplan rausrückte, kaufte er
Peters die entscheidenden Hektar Land ab, die ihm den dicks-
ten Batzen am neuen Koog sicherten. Peters' Gattin in spe,
Vollina Haders, musste ihre gelbe Stute einschläfern, nachdem das Pferd sich auf dem Deich die Vorderläufe gebrochen ₂₀
hatte. Haien hatte ein Schafrost entfernt, um Vollina daran zu
hindern, mit dem Gaul über die Dossierung zu reiten. Carsten
zwang er, den Hof zu verlassen, weil er über ihn lästerte. Antje Wohlers, die durch den Scheunenbrand hoch verschuldet
war, nahm er das Land für einen Spottpreis ab. Gegen den ₂₅
Widerstand der Bauern setzte er den Deich durch, obwohl
Laster und Planierraupen ihnen die Felder verwüsteten. Ent-
schädigungszahlungen lehnte er ab, weil der Deich zu ihrem
Nutzen gebaut wurde. Um dem Ganzen die Krone aufzuset-

in spe
in Zukunft

Dossierung
→ Seite 234

zen, boxte er auch noch den Bau einer kostspieligen Schleuse durch. In jener Oktobernacht aber, als der Südwest auf Nordwest drehte, dunkelbraune Wolken zerfetzte und die Regenböen am Gesicht rissen, war er eingeschüchtert. Ein Zögern zerfraß seine Entschlossenheit. Der grimmige Gesichtsausdruck konnte es nicht überspielen. Er musste sich zwingen, mutig zu sein. »Der Mond ist noch ganz jung, Johns. Der Wind ist umgesprungen auf halbe Springflut. Ich habe solchen Sturm noch nicht erlebt.«

Vor dem schmalen Mond, dessen Sichel ab und an durch den schwarzen Himmel stach, tobten irr die Wolkenschwaden. Hauke Haien war den ganzen Tag draußen gewesen und kam erst am frühen Abend zurück, um etwas zu essen, die triefende Kleidung zu wechseln und zu sehen, wie die Lage auf dem Hof war. Er untersagte Iven, mit der Feuerwehr auszurücken. Vor Wienkes Fenster hatte der Sturm einen Laden abgerissen. Haien trug Iven auf, einen Verschlag davorzunageln, bevor der Wind die Scheibe eindrücken konnte. Im Norddeichradio wurde vor einer schweren Sturmflut gewarnt. Windstärke zwölf, Tendenz zunehmend. Als Iven in Wienkes Zimmer kam, war die Scheibe bereits zerschlagen. Er beugte sich aus dem Fenster. Eine Bö riss ihm die Luft aus der Lunge. Der Regen war eisig und die Tropfen wie Messerstiche. Die alte Esche vor dem Fenster ächzte und Äste und Zweige prasselten zu Boden. Haien kam aus dem Haus. Er hatte seine alten Bundeswehrstiefel, die Wathose und die gelbe Öljacke an. Elke brachte ihn zu seinem Jeep. Sie war im Nu bis auf die Haut durchnässt. Sie küssten sich und das Wasser troff aus ihren Haaren in sein Gesicht. Iven dachte an Ann Grethe. Vielleicht hatte auch sie Angst. Elke Haien sah ihrem Mann nach. Sie stand noch an der Auffahrt, als er schon lange verschwunden war. Nägel im Mund und die Füße hinter ein Heizungsrohr geklemmt, um nicht aus dem Fenster geworfen

Wathose
**wasserdichte
Hose, die bis zur
Brust reicht**

zu werden, trieb Iven die Eisenstifte in das aufgeweichte Holz der Giebelfassade. Es dauerte eine gute Viertelstunde, weil er die Pausen zwischen den Sturmschlägen abwarten musste. Unten kam Ann Grethe aus dem Haus. Sie war sehr aufgeregt und lief zu Elke Haien, die noch immer starr im Unwetter stand. Ann Grethe brüllte ihr etwas ins Ohr, worauf sich Elkes Lähmung löste. Iven drehte zwei Bretter zu einem Kreuz und schob eine Spanplatte von innen dagegen. Kurze Zeit später kam Elke zu ihm, Wienke auf dem Arm. Ihre Haare klebten in nassen Strähnen am Kopf.

»Du musst mir Starthilfe geben. Ich muss zu Hauke.«

Mustang
Automarke
»Du kannst den Mustang nicht nehmen. Die Batterie ist zu schwach.« Iven hatte erst am Vortag den Generatorregler an der Lichtmaschine ausgetauscht. Aber abends war die Batterie schon wieder leer.

»Ich muss, Iven. Schnell.«

Iven überbrückte die Batterie mit dem Trecker. Als das Auto lief, warnte er sie nochmals.

»Du darfst den Motor nicht ausmachen. Er springt nicht wieder an.«

»Ich werde daran denken.« Dann gab sie ihm ihre Tochter.

»Pass gut auf sie auf!«

Iven ging nicht zu Ann Grethe. Er sah, wie sie den Hof verließ, aber er sprach sie nicht an.

Der Schimmelreiter in der Kunst

Franz Karl Basler-Kopp (1879–1937), Der Schimmelreiter 1 und 2

Jens Rusch, Der illustrierte Schimmelreiter:
Hauke Haien mit Landkarte

Jens Rusch, Der illustrierte Schimmelreiter:
Elke, Wienke und Kutsche in den Fluten

Der Schimmelreiter. Szenenfotos aus Filmen

»Der Schimmelreiter«, UFA 1933/34, Matthias Wiemann als Hauke Haien

»Der Schimmelreiter«, BRD 1977/78; oben: Gert Fröbe als alter Deichgraf;
unten: John Philip Law als Schimmelreiter

»Der Schimmelreiter«, DDR/Polen 1984, Jolanta Grusznic als Elke und Sylvester Groth als Hauke

Arbeitsanregungen

1. Erläutere die Absichten, die John von Düffel mit seiner Inszenierung des »Schimmelreiters« verfolgt.

2. Betrachte die Bilder zu der Aufführung und lese die Kritik von Susann Oberacker. Überzeuge deine Mitschülerinnen und Mitschüler davon, warum du die Inszenierung besuchen würdest oder nicht.

3. Vergleiche die Figur Hauke Haiens in dem Roman »Hauke Haiens Tod« mit der Figur im »Schimmelreiter«. Welche Gemeinsamkeiten und Unterschiede stellst du fest? Schreibe einen Brief an die beiden Autoren, in dem du deine Meinung zu ihrem Umgang mit dem literarischen Hauke Haien äußerst.

4. Verfasse eine Geschichte eines Schimmelreiters, die in der Gegenwart spielt.

5. Ordne die Bilder Franz Karl Basler-Kopps und Jens Ruschs in den Textzusammenhang ein. Welche Ereignisse werden dargestellt? Findest du die Bilder passend?

6. Überlegt, welches Szenenfoto ihr für ein Filmplakat wählen würdet. Seht euch eine Verfilmung des »Schimmelreiters« an und schreibt eine Fernsehkritik.

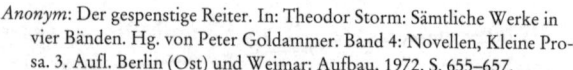

Textquellen

Anonym: Der gespenstige Reiter. In: Theodor Storm: Sämtliche Werke in vier Bänden. Hg. von Peter Goldammer. Band 4: Novellen, Kleine Prosa. 3. Aufl. Berlin (Ost) und Weimar: Aufbau, 1972. S. 655–657.

Barz, Paul: Der wahre Schimmelreiter. Die Geschichte einer Landschaft und ihres Dichters Theodor Storm. Hamburg: Ernst Kabel, 1982. S. 33–34 und 41.

Fontane, Theodor: Von Zwanzig bis Dreißig. In: Theodor Fontane: Sämtliche Werke. Herausgegeben von Edgar Groß, Kurt Schreinert, Rainer Bachmann, Charlotte Jolles, Jutta Neuendorff-Fürstenau. Bd. 15. München: Nymphenburger Verlagshandlung, 1967. S. 199–200.

Fontane, Theodor: Was ist Realismus? Auszug aus: Ders.: Unsere lyrische und epische Poesie seit 1848. In: Andreas Huyssen: Bürgerlicher Realismus. Stuttgart: Reclam, 1978 (Die deutsche Literatur. Ein Abriß in Text und Darstellung 11, RUB 9641). S. 52–57.

Freund, Winfried: Hauke Haien und die Dorfgemeinschaft/Hauke und Elke. Aus: Winfried Freund: Theodor Storm. Stuttgart, Berlin, Köln, Mainz: Kohlhammer, 1987 (Sprache und Literatur 126). S. 152–153, 157–158.

Goethes Gespräche. Herausgegeben von Woldemar Freiherr von Biedermann. Band 6, Leipzig: Biedermann, 1890. S. 39–40.

Grässe, Johann Georg Theodor: Sagenbuch des Preußischen Staates. Bd. 2. Glogau: Carl Flemming, 1871. S. 982 f.

Harms, Claus: Hans Momsen aus Fahretoft. In: Hans Wagener (Hrsg.): Theodor Storm: Der Schimmelreiter. Erläuterungen und Dokumente. Stuttgart: Reclam, 1976 (RUB 8133). S. 56–58.

Heimrich, Anton: Nordfriesische Chronik. In: http://www.storm-gesell-schaft.de/Schimmelreiter/html/index.htm

Hermand, Jost: Hauke Haien – Kritik oder Ideal des gründerzeitlichen Übermenschen? In: Ders.: Von Mainz nach Weimar (1793–1919). Studien zur Deutschen Literatur. Stuttgart: Metzlersche Verlagsbuchhandlung, 1969 (zuerst 1965). S. 250–268, Zitate S. 261–267.

Heyse, Paul: Über die Novelle. Auszug aus: Andreas Huyssen: Bürgerlicher Realismus. Stuttgart: Reclam, 1978 (Die deutsche Literatur. Ein Abriß in Text und Darstellung 11, RUB 9641). S. 67–68.

Laß, J.: Sammlung Husumscher Nachrichten (1756). In: Hans Wagener (Hrsg.): Theodor Storm: Der Schimmelreiter. Erläuterungen und Dokumente. Stuttgart: Reclam, 1976 (RUB 8133). S. 54–55.

Müllenhoff, Karl: Sagen, Märchen und Lieder der Herzogthümer Schleswig, Holstein und Lauenburg. Kiel: Schwerssche Buchhandlung, 1845. S. 185, S. 259.

Oberacker, Susann: Wahn und Wassernebel. In: Kieler Nachrichten vom 07.01.2008. http://www.kn-online.de/artikel/2282836

Paluch, Andrea/*Habeck*, Robert: Hauke Haiens Tod. Zürich, München, Piper 2006 [zuerst 2001]. S. 67–70.

Reventlow, Franziska Gräfin zu: Autobiographisches. Ellen Olestjerne. Novellen, Schriften, Selbstzeugnisse. Herausgegeben von Else Reventlow. Mit einem Nachwort von Wolfdietrich Rasch, München: Langen Müller, 1980. S. 288–289.

Storm, Theodor: »Die Stadt« und »Meeresstrand«. Aus: Theodor Storm: Sämtliche Werke in vier Bänden. Herausgegeben von Peter Goldammer. Bd. 1. 4. Auflage. Berlin und Weimar: Aufbau, 1978. S. 112.

Storm, Theodor: Eine zurückgezogene Vorrede aus dem Jahre 1881. In: Max Bucher, Werner Hal, Georg Jäger und Reinhard Wittmann (Hrsg.): Realismus und Gründerzeit: Manifeste und Dokumente zur deutschen Literatur 1848–1880. Bd. 2. Stuttgart: J. B. Metzlersche Verlagsbuchhandlung, 1975. S. 368–369.

Storm, Theodor: Ursprünglicher Novellenschluss. In: Theodor Strom: Der Schimmelreiter. Sylter Novelle (Entwurf). Text, Entstehungsgeschichte, Quellen, Schauplätze, Abbildungen. Hrsg. in Verbindung mit der Theodor-Storm-Gesellschaft von Karl Ernst Laage. Heide: Westholsteinische Verlagsanstalt Boyens & Co., S. 123–125.

Storm, Theodor – *Paul Heyse*: Briefwechsel. Kritische Ausgabe. Band 3: 1882-1888. Hg. in Verbindung mit der Theodor-Storm-Gesellschaft von Clifford Albrecht Bernd. Berlin: Erich Schmidt, 1974. S. 123, 140, 161, 162, 166.

Storm, Theodor – *Erich Schmidt*: Briefwechsel. Kritische Ausgabe. Band 2: 1880–1888. Hg. in Verbindung mit der Theodor-Storm-Gesellschaft von Karl Ernst Laage. Berlin: Erich Schmidt, 1976. S. 107.

Storm, Theodor – *Heinrich Schleiden*: Briefwechsel. Kritische Ausgabe. Hg. in Verbindung mit der Theodor-Storm-Gesellschaft von Peter Goldammer. Berlin: Erich Schmidt, 1995 (Storm-Briefwechsel Band 14). S. 61.

Storm, Theodor – *Gebrüder Paetel*: Briefwechsel. Kritische Ausgabe. Hg. in Verbindung mit der Theodor-Storm-Gesellschaft von Roland Berbig. Berlin: Erich Schmidt, 2006 (Storm-Briefwechsel Band 16). S. 194, 228, 237, 241.

Strackerjan, Ludwig: Aberglaube und Sagen aus dem Herzogtum Oldenburg. Hrsg. K. Willoh. 2. Aufl., Oldenburg: Stalling, 1909. Bd. 1. S. 10.

Strackerjan, Ludwig: Aberglaube und Sagen aus dem Herzogtum Oldenburg. Hrsg. K. Willoh. 2. Aufl., Oldenburg: Stalling, 1909. Bd. 2. S. 408 f.

Zolling, Peter: Gründerjahre. In: Ders.: Deutsche Geschichte von 1871 bis zur Gegenwart. Wie Deutschland wurde, was es ist. Bonn 2005: Lizenzausgabe der Bundeszentrale für politische Bildung (Schriftenreihe 523). München/Wien: Carl Hanser, 2005. S. 33 f.

Textquellen ohne Verfasserangaben

Stichwort »Sturmflut«. Aus: www.welt.de/vermischtes/article91553/Stich-
    wort_Sturmflut.html 01.11.2006

Die Nacht, als das Wasser kam. Aus:
www1.ndr.de/kultur/geschichte/grossesturmflut2.html und
www1.ndr.de/kultur/geschichte/sturmflutrettung2.html v. 26.05.2008

Deichbau und Küstenschutz und Spatenrecht. Aus: Sturmflutenwelt
    »Blanker Hans«, Büsum, 2007. S. 33–35. © Therese Sonntag (14. 4.
    1981), HOCHZWEI-büro für visuelle Kommunikation gmbh & co.
    Org, www.hoch 2.org im Auftrag von Sonja Schukat von der Sturmflu-
    tenwelt »Blanker Hans«.

Der Küstenschutz baut vor. Aus: www.focus.de/wissen/wissenschaft/klima/
    sturmfluten_aid_53091.html v. 10.04.2007

Nah am Wasser gebaut (Thalia-Dramaturg John von Düffel über seine Büh-
    nenfassung des Storm-Klassikers). In: Hamburger Abendblatt vom
    4.01.2008. http://www.abendblatt.de/daten/2008/01/04/833200.html

Bildquellen

Seite 144–152, 176, 183: Theodor-Storm-Gesellschaft, Husum.

Seite 172: Bibliothek der Hansestadt Lübeck.

Seite 184: aus: Theodor Storm: Der Schimmelreiter. Hrsg. V. K. E. Laage. Westholsteinische Verlagsanstalt, Heide 1970.

Seite 188, 191: Schroedel-Archiv, Braunschweig.

Seite 192, 193, 196: Heidolph, Kottgeisering.

Seite 216, 217: picture-alliance, Frankfurt/M./dpa/Sebastian Widmann.

Seite 221: Dr. Werner Kneubühler, Böckten.

Seite 222, 223: Jens Rusch, Brunsbüttel, www.jensrusch.de.

Seite 224: ullstein bild, Berlin.

Seite 225 o.: ullstein bild, Berlin/dpa.

Seite 225 u.: Cinetext, Frankfurt/M.

Seite 226: Verfilmung des DDR-Fernsehen/Deutsches Rundfunkarchiv, Standort Potsdam-Babelsberg/Zeise.

Anmerkungen

S. 9

Feddersen Storms Urgroßmutter mütterlicherseits Elsabe Feddersen (1741–1829).

Marsch fruchtbares, dem Meer abgewonnenes Land hinter den Deichen.

Hallig kleine unbedeichte Insel, die bei Flut überschwemmt werden kann, auf dem aber auf Hügeln (Werften) Gehöfte liegen, die vom Hochwasser nicht erreicht werden.

S. 11

Binnenseite dem Meer abgewandte, dem Festland zugewandte Seite.

Koog durch Eindeichung dem Meer abgewonnenes Land.

Wehle durch eine Sturmflut ausgespülte Vertiefung oder See hinterm Deich.

S. 12

Werfte aufgeworfener Erdhügel, auf dem Gebäude und Dörfer liegen.

Ricks Holzpfähle mit Querbalken vor Häusern, an deren Ringen Tiere festgebunden werden.

Diekgraf ... Water Deichgraf und Gevollmächtigte und welche von den anderen Interessenten. Sie treffen sich wegen der Sturmflut.

Deichgraf verantwortlich für den Erhalt und den Bau der Deiche.

Gevollmächtigter angesehener Landbesitzer, Vertreter der Bauern und Unterstützer des Deichgrafs.

S. 15
Hans Mommsen Bauer (1735–1811) aus Fahretaft in Nordfriesland.

Fenne durch Gräben umgrenztes, eingehegtes Stück Marschland.

Euklid griechischer Mathematiker (um 300 v. Chr.), dessen »Geometrie« bis ins 20. Jahrhundert die Grundlage des Geometrieunterrichts bildete.

S. 16
Martini 11. November. Tag des Heiligen Martin von Tours (ca. 316–397).

S. 18
Wunderkind aus Lübeck Christian Heinrich Heinecken (1721–1725), sprach fließend Deutsch, Lateinisch, Französisch und besaß ein sehr großes wissenschaftliches Wissen.

Äquinoktialstürme Stürme zur Tag- und Nachtgleiche (21. März und 23. September).

Springflut Flut nach Voll- und Neumond, oft mit höherem Wasserstand.

S. 19
Watten Watt, von der Flut überschwemmtes Land, das bei Ebbe begehbar ist.

S. 22
Kiebitz Vogel der flachen Wiesen- und Weidelandschaft. Kiebitzeier galten als Delikatesse.

S. 28
Tabaksjauche Flüssigkeit, die beim Kautabakkauen entsteht und ausgespuckt wird.

S. 28
Deich- und Sielrechnungen Kostenabrechnung für die Instandhaltung der Deiche und Siele.

S. 30
Wandbett in die Wand eingebautes Bett, das man mit Türen verschließen kann, um die Wärme zu halten.

Pesel nur zu außerordentlichen Gelegenheiten genutzte gute Stube neben dem Wohnzimmer.

Schlaguhr Uhr, die durch Töne die Stunden schlägt.

S. 36
Deichordnung Gesetze zur Pflege und zum Neubau der Deiche.

Frühlingschau Überprüfung der Deiche im Frühjahr auf Schäden.

S. 37/234
Dossierung Böschung, nach Storm die »Abfall-Linie des Deiches«.

S. 38
Bestickung Befestigung der frischen oder beschädigten Grasnarbe am Deich durch Stroh.

Demat Tagesmahd; Fläche, die ein Mann an einem Tag abmähen kann, etwa ein halber Hektar.

Amtmann Oberdeichgraf, zugleich Verwaltungsbeamter und studierter Jurist.

S. 40
Eisboseln Bosseln, beliebtes Weitwurfspiel mit bleibeschwerten Holzkugeln, bei dem im Freien zwei Mannschaften gegeneinander antreten.

S. 40

Kretler Spielführer und redegewandter Sprecher der Mannschaften.

S. 41

Kirchenspielkrug Gasthaus (Krug) eines Kirchspiels (Kirchengemeinde).

Tageslöhnersohn Tagelöhner sind Landarbeiter ohne eigenen Grundbesitz, sie erhalten für jeden Tag Arbeit ihren Lohn.

S. 46

Erzengel Michael Erzengel, der Sage nach Sieger über Drachen und Teufel.

S. 47

Fuß ca. 30 Zentimeter, ein Halbstieg Fuß entspricht ungefähr drei Metern.

S. 50

Altenteil Form der Altersvorsorge für Bauern, die eine Wohnung und Versorgung nach Übergabe des Hofes an den Nachfolger einschließt.

S. 57

Bruch Stelle, wo der Deich bei einer Sturmflut gebrochen ist.

S. 61

Traupfennig Bezahlung für den Pfarrer, die bei einer Trauung fällig wird.

Dat is de Dod ... Uperstahn Dies ist der Tod, der jeden frisst/ nimmt Kunst und Wissenschaft dir weg;/der kluge Mann ist nun gestorben,/Gott schenke ihm eine selige Auferstehung.

S. 63

Spiegel hier: aus Aberglauben wurden die Spiegel nach dem Tod eines Menschen abgedeckt.

S. 63

Beilegerofen Ofen, der die Stube und auch die Küche wärmt, aber keine Öffnung in der Stube hat. Das Brennmaterial wird in der Küche nachgelegt, »beigelegt«.

Hest du … heran Hast du deine Arbeit gut gemacht,/so kommt der Schlaf von selbst heran.

Ringreiten Volksfest um Pfingsten, bei dem die Reiter im Galopp unter einem Holzbalken hindurchreiten und versuchen mit einem Speer durch einen herabhängenden Ring zu stechen.

S. 70

Priel Wasserlauf im Wattenmeer, dessen Verlauf oft wechselt.

S. 88

Wie Lawrenz sein Kind nicht lang war der Sohn des Hamburger Laurentius Damm soll bei seiner Konfirmation 2,80 m groß gewesen sein (um 1600).

S. 90

Sturzkarren kleine Gespanne mit Gabeldeichsel, die zum Leeren umgestürzt wurden.

S. 96

Kindbettfieber gefährliche Krankheit, an der früher viele Frauen nach der Geburt starben.

S. 97

Warmkorb gewölbt geflochtener Korb mit einem Wärmebecken zum Wärmen von Wäsche, besonders Windeln.

S. 98

Konventikel heimliche Versammlung einer außerkirchlichen religiösen Gruppe.

lebendigen Glauben das angeblich wahre gelebte Christentum besonders frommer Christen.

S. 98

separatistische Konventikelwesen von der evangelischen Landeskirche abgesonderte Gruppe radikaler, besonders frommer Christen, die sich heimlich trifft.

S. 105

Katechismus evangelisches Lehrbuch für den Religionsunterricht, das auf Martin Luther zurückgeht.

S. 109

Zeitlichkeit in der Zeit, also sie waren verstorben, haben das Zeitliche gesegnet.

Gardinenbett ein Bett, das durch einen Vorhang vom Raum abgetrennt werden kann.

S. 117

Undinger böse, unheilbringende Personen, die zwischen Leben und Tod wandeln.

S. 120

Lahnungen lange Pfahlreihen, die zum Schutz der Deiche ins Watt hinausgesteckt werden.

S. 125

Kimmung Luftspiegelung, durch die Landschaftsbilder scharf und anscheinend greifbar nah erscheinen.

hippokratisches Gesicht Gesicht eines Sterbenden, benannt nach dem Arzt Hippokrates (460 bis ca. 375 v. Chr.).

S. 126

Hölp mi... annern Hilf mir, Hilf mir! Du treibst ja auf dem Wasser ... Gott sei den anderen gnädig!

S. 139

Sokrates bedeutender griechischer Philosoph (470–399 v. Chr.), der durch einen Giftbecher hingerichtet wurde.

S. 140
Aufklärer Vertreter der Vernunft und Wissenschaft, Gegner des Aberglaubens.

S. 156
Alten Fritzen König Friedrich II., der Große (1740–1786), während seiner Herrschaft wurde Preußen zur europäischen Großmacht.

S. 160
Aprilheft »Der Schimmelreiter« erschien zuerst in zwei Teilen in der Zeitschrift »Deutsche Rundschau« im April und Mai 1888.

S. 163
Credat judaeus Apella Zitat aus Horaz, Satiren 1,5,100: »Das möge der Judäer Apelles glauben (ich nicht)!«.

S. 170
Groden Wiese, die außerhalb eines Deichs liegt und oft später dann eingedeicht wird.

S. 173
Weichsel Hauptstrom Polens, der in einem Delta an der Danziger Bucht (Ostsee) mündet.

S. 186
Beaufort-Skala Auf der Beaufort-Skala wird die Windgeschwindigkeit gemessen. Ab Windstärke 9 spricht man von Sturm, ab 12, der höchsten messbaren Windstärke, von einem Orkan.

S. 199
Boccaz = Boccaccio (1313–1375) verfasste das »Decamerone«, eine weltberühmte Sammlung von 100 Novellen, die an zehn Tagen von sieben Frauen und drei Herren erzählt werden.

S. 206
Soll und Haben Bestseller des bürgerlichen Realismus von Gustav Freytag (1855).

In unserer Reihe Texte • Medien sind u. a. folgende Textausgaben mit Materialien für die Sekundarstufen I und II erschienen:

Georg Büchner: Dantons Tod (47022)
Georg Büchner: Woyzeck (47028)
Friedrich Christian Delius: Der Spaziergang von Rostock nach Syrakus (47012)
Annette von Droste-Hülshoff: Die Judenbuche (47001)
Joseph von Eichendorff: Aus dem Leben eines Taugenichts (47065)
Johann Wolfgang von Goethe: Faust I (mit DVD) (47009)
Johann Wolfgang von Goethe: Die Leiden des jungen Werthers (mit DVD) (47030)
Gerhart Hauptmann: Bahnwärter Thiel (47025)
E.T.A. Hoffmann: Der Sandmann (47010)
Ödön von Horváth: Geschichten aus dem Wiener Wald (47057)
Franz Kafka: Die Verwandlung und andere Erzählungen (47005)
Heinrich von Kleist: Michael Kohlhaas (47027)
Gotthold Ephraim Lessing: Nathan der Weise (47011)
Hans J. Massaquoi: »Neger, Neger, Schornsteinfeger!« (47002)
Friedrich Schiller: Die Räuber (47058)
Friedrich Schiller: Kabale und Liebe (47423)
Friedrich Schiller: Wilhelm Tell (47428)
Arthur Schnitzler: Traumnovelle (47006)
Frank Wedekind: Frühlings Erwachen (47427)
Die Poetry-Slam-Expedition: Bas Böttcher (47061)

Eine aktuelle Übersicht zu weiteren Ausgaben und Ausgaben in Vorbereitung unter
www.schroedel.de/textemedien